Giulio Andreotti

L'Urss vista da vicino

Rizzoli

ISBN 88-17-85184-3

Prima edizione: novembre 1988

L'Urss vista da vicino

PRESENTAZIONE

Avevo pensato, dopo la parentesi della mia bizzarra raccolta di estratti parlamentari, *Onorevole, stia zitto* — che ha avuto, e in parte continua ad avere, uno straordinario e imprevisto successo di recensioni e di pubblico —, di tornare al modello dei *Visti da vicino*, per proseguire nei bozzetti (non biografie) di personaggi da me incontrati, presentati ai lettori secondo un parziale, talvolta persino futile, angolo visuale. La mia lista di attesa si è allungata ancora, e dovrei anche scrivere qualche supplemento a seguito di nuove esperienze su persone già considerate nei volumi pubblicati: per confermare impressioni, eventualmente rettificare in meglio o in peggio giudizi, completare comunque i tratti di alcuni disegni.

Mi ha però attratto un soggetto di cui oggi molto si parla: l'Unione Sovietica. Avrei potuto comprendere determinate figure (Gromyko, Kosygin, Gorbaciov, Ševardnadze) nello schema dei *Visti*, ma mi sono domandato — arrivando a una conclusione positiva — se non fosse stato meglio descrivere, con una certa ampiezza, quarant'anni di *impressioni* sulla Russia suscitate in un politico italiano.

Riguardano una realtà che non è stata mai estranea al nostro quadro nazionale. Nulla vi era di grezzo nella lunga convinzione postbellica che l'azione internazionale di Mosca condizionasse anche la situazione dell'Occidente, sia per il peso che avevano i comunisti che per l'attrazione in casa nostra esercitata da Stalin persino su personaggi libertari come il «premiato» Pietro Nenni.

Per dare ai giovani una immagine falsa di quegli anni, si rievocano di tanto in tanto episodi di lotta elettorale di bassa levatura, come le meschine risorse di quel candidato napoletano che spaventava le genti *rivelando* che i russi avevano la coda. Di Stalin noi non tememmo la coda, ma gli artigli, proprio mentre nelle città e campagne i propagandisti dell'estrema sinistra distribuivano in buona fede immaginette dell'ex seminarista georgiano, annunciandone esultanti l'imminente «venuta».

La storia non si fa certo con i *se*, ma è ben lecito domandarsi — e non appare difficile la risposta — quale sarebbe stato il corso degli eventi — non solo nazionali — se in Italia il fronte politico filorusso non fosse stato sconfitto il 18 aprile 1948 dai democratici, o se Cina e Unione Sovietica avessero continuato nell'idillio unificante, ponendosi in antitesi combattiva con tutto il resto del mondo.

L'Urss, nulla togliendo alle sue benemerenze belliche, fu per gli amanti della libertà l'avversario sempre in agguato da cui ci si doveva guardare; e, per un cristiano, anche la sconcertante centrale di ispirazione di una lotta senza quartiere a ogni libertà religiosa.

Io, però, sono politicamente nato alla scuola di De Gasperi, il quale — intrepido lottatore contro la cecoslovacchizzazione dell'Italia — era convinto che, con i milioni di morti che avevano avuto durante il conflitto, i sovietici erano *obiettivamente* difensori della pace non meno di altri popoli. Non era possibile, benché i regimi dittatoriali possano prescinderne, che da ogni famiglia (nessuna delle quali era stata risparmiata) non fosse insorto il rigetto prepotente all'idea di una terza guerra mondiale.

Quando nel 1972 visitai a Leningrado le memorie di quell'incredibile assedio, durante il quale si verificarono casi di cannibalismo ma nello stesso tempo non furono sospese le prime teatrali (per restare agganciati alla speranza), rammentai le lucide analisi di De Gasperi e sentii come fossero giuste.

Fui certo che fino a quando esisteranno le generazioni sopravvissute a quegli anni di tragedia, la pace sarà sicura. Il rischio sarà per dopo, se...

Altro punto fermo degasperiano era il recupero del rapporto Italia-Urss ai livelli governativi, rifiutando la confusione con canali di partito. Del resto, non diverso era l'atteggiamento di fondo del governo sovietico, anche se, di tanto in tanto, doveva dare qualche parziale soddisfazione ai compagni italiani e ai loro alleati, premiando gli antiatlantici come partigiani della (loro) pace, erogando un po' di aiuti materiali e protestando per le sconfitte elettorali della sinistra, definite frutto di brogli, di massicci ricatti del clero e di possenti finanziamenti americani. Una certa dose di guerra fredda sembrava inevitabile. Purché non si riscaldasse oltre il punto di bollitura.

Dal mio privilegiato osservatorio politico-parlamentare vissi, più o meno marginalmente, una serie di vicende: dalla tormentata trattativa parigina sulla pace, con un Eugenio Reale frequentatore di *due* ambasciate, al braccio di ferro per la consegna all'Urss della romana Villa Abamelek definita un «osservatorio puntato sul Vaticano»; dalle proteste dei comunisti nostrani perché il «Travaso delle Idee» ironizzava pesantemente sull'accordo spartipolonia Ribbentrop-Molotov alla brillante operazione con la quale «soffiammo» i verbali della ricostituita Internazionale comunista, e io stesso li portai al primo ministro francese Robert Schuman perché fossero pubblicati lassù, evitando ingiusti sospetti su Luigi Longo ed Eugenio Reale (i compagni fondatori italiani) assolutamente estranei alla trafugazione; dal momentaneo sospetto che Mosca volesse interferire nel Conclave del 1963 alla strana avventura di un monsignore sospettato di sconfinamenti spionistici e subito dopo promosso.

Dal 1959 al 1966 ressi ininterrottamente il ministero della Difesa. In quella veste l'Urss e il Patto di Varsavia non erano che i potenziali autori di un attacco militare all'Alleanza atlantica, in vista del quale occorreva solo elaborare pianificazioni difensive e aggiornarle. Dirò, per *incidens*, che nessuno schema previde mai attacchi da parte nostra, sia pure cautelativi.

Un rapporto in qualche modo organico con l'Urss ebbe inizio nel 1972, quando presiedevo un governo dai margini di maggioranza così esigui e sul quale il drappello dei franchi tiratori esercitava quotidianamente il suo perfido cecchinaggio (mi auguro che sia sincera e definitiva la attuale conversione di molti di loro a più corrette forme di lotta politica). Mi sembrò — ed ebbi il consenso pieno dei colleghi — che fosse la congiuntura ideale per affermare la volontà dello Stato italiano di avere in tutte le direzioni internazionali buoni rapporti. E questo non certo per ambiguità o per terzaforzismo; anzi, ci ispiravamo proprio a un altro insegnamento di De Gasperi, secondo cui solo chi ha una grande fede può e deve essere tollerante. In particolare, nell'aderire all'invito a Mosca non vi era nulla di strumentale o di furbesco. Certo, era importante affermare che l'Italia, come tale, curava attentamente questo dialogo senza che vi incidesse la dura opposizione comunista interna del momento; ma anche ai comunisti — altro che far loro dispetti o gherminelle! — rendevamo un obiettivo servigio, affrancandoli dal sospetto che colloquiare con Mosca fosse sintomo di dubbia integrità democratica.

Si disse — vero o no che fosse — che il ministro degli Esteri Medici e io fossimo ricevuti solo da Podgornyj, Kosygin e Gromyko e non da Brežnev, proprio per non... umiliare i compagni italiani. Penso piuttosto che fosse una scusa sussurrata da quel protocollo; ma — il tempo è galantuomo — con i grigi chiari di luna che corrono oggi alla memoria dell'incriminato Leonid, il non aver avuto con lui (nemmeno al funerale) e con i suoi familiari contatto alcuno, costituisce una salvaguardia.

Il lettore vedrà, del resto, non solo il calore dell'accoglienza ricevuta nel 1972, ma le inattese aperture di Kosygin, compresa la confidenza, rivelatasi poi non profetica, sul nome di quello che sarebbe stato l'uomo dell'avvenire nell'Urss.

Lasciato l'anno successivo Palazzo Chigi, mi dedicai per qualche tempo all'esclusiva attività di deputato (come avrei fatto di nuovo per tutta la legislatura dal 1979 al 1983), avendo occasioni frequenti di incontrare colleghi stranieri, compresi i sovietici, sia in seno all'Unione interparlamentare che altrimenti. Quando Togliatti nel 1944 mi aveva detto che la democrazia nell'Urss non era di stile inglese come da noi, ma esisteva, e risultava dalla pluralità delle voci di categoria che contribuivano a formare la pubblica volontà, mi era sembrato un sottile espediente dialettico. Almeno in piccola parte però rettificai gradualmente quella diffidenza. Un certo dialogo esisteva: a tipi di propagandisti stucchevoli e squallidamente ingenui, si affiancavano intelligenze vive e spiriti aperti con i quali era possibile *parlare* in un reciproco rispetto e alla ricerca di scintille di comprensione e di frammenti da ricomporsi con paziente ricerca nei piccoli spazi aperti dalle situazioni. Vorrei citare per tutti, in questa seconda serie, il deputato Jurij Israel che, conosciuto in un ambito strettamente parlamentare, ritrovai con piacere come illustre studioso in un meeting al Cern di Ginevra e poi come autorevole esperto dell'Accademia delle scienze a Mosca.

I miei rapporti con i sovietici si sono poi sviluppati in un altro campo parallelo: superficiali nelle Olimpiadi invernali di Cortina d'Ampezzo, più marcati nei giochi di Roma nel 1960, quando li convincemmo che non c'era alcun rischio a riunire in un villaggio unico gli atleti, superando l'avvilente separazione dei precedenti appuntamenti del dopoguerra. Del ricevimento all'ambasciata sovietica a Roma, per le Olimpiadi, ho potuto trascrivere divertenti appunti dal mio diario, compresa una telefonata buffa dell'ambasciatore. Molti anni dopo, mi trovai per caso a essere — senza successo — a Mosca *nuncius* in un estremo tentativo perché non disertassero i giochi di Los Angeles.

Sull'ultimo decennio, rispetto ai tre precedenti, ho avuto molti più momenti da considerare in questa carrellata personale. E posso scriverne con ampiezza, omettendo solo dei colloqui quel che vi è di riservato, da affidarsi al futuro. Il rasserenamento internazionale fa sì che quanto ha scritto Gromyko nel suo libro di memorie non mi crei... controindicazioni interne:

Franchezza e sincerità nell'esame delle questioni, aspirazione a trovare la via per giungere a un avvicinamento dei punti di vista, sono qualità che suscitano sempre rispetto nei confronti del partner, anche se questi è il rappresentante di un'altra realtà sociale. Tuttavia, il possesso di tali qualità non contraddistingue affatto la totalità di coloro che capita di incontrare nel corso delle trattative. C'è, persino fra quelli che occupano un'alta carica, chi non riesce a vincere la tentazione di farla al proprio collega, di mostrarsi più furbo per poi vantarsi alla prima occasione: «Ecco, una volta, durante le trattative con i russi, sono riuscito...». Di regola, sono persone a cui, quando si tratta d'inventare, la fantasia non fa difetto, mentre quando si tratta di cose serie, non sempre. Il bilancio non è a loro vantaggio. Posso dire che a questo circolo di esponenti non apparteneva affatto Giulio Andreotti di cui è ben noto l'importante ruolo nella vita politica dell'Italia. Nell'ottobre del 1972, egli giunse in Unione Sovietica in visita ufficiale, in qualità di Presidente del Consiglio dei Ministri. In quell'occasione ebbe luogo la firma del protocollo sovietico-italiano sulle consultazioni. Nel documento era espresso il desiderio di entrambi i paesi di innalzare a un livello più alto le relazioni fra di essi in tutti i campi compreso la politica. La firma era stata preceduta da seri colloqui e discussioni in merito a un'ampia cerchia di problemi e questioni concernenti lo sviluppo dei rapporti bilaterali.

Le mie conversazioni con Andreotti a Roma, Madrid, Stoccolma e di nuovo a Mosca si sono svolte anch'esse in un'atmosfera franca e costruttiva. Si imponeva all'attenzione il fatto che, qualunque fosse la carica occupata da Andreotti (Presidente del Consiglio, ministro degli Esteri o alto rappresentante del Parlamento), egli non si limitava a esporre la posizione dell'Italia, ma cercava di comprendere il suo partner nelle trattative. Questa non è qualità da poco. Conversare con Andreotti è sempre stato fonte di piacere. Anche quando le nostre posizioni non coincidevano, lo scambio di opinioni è avvenuto sotto il segno dell'aspirazione a trovare punti di contatto. Spesso la cosa ha avuto successo.

Né ho avuto sussulti preoccupanti quando ho visto che Gorbaciov, a sua volta, nel suo libro, tradotto anche da noi, di italiani nomina — in chiave politica — soltanto Fanfani e me.

A Mosca, a Roma, a New York (Nazioni Unite) e dovunque si offrisse l'occasione — Madrid, Vienna, Helsinki — i contatti si sono svolti non più in modi occasionali o di mera cortesia, ma secondo uno schema di approfondimento, che la conoscenza personale agevola. Ma c'è di più. Mai come in questi ultimi anni la Nato ha funzionato così collegialmente, con gli americani attenti nell'avere con noi europei un continuo flusso di contatti, preventivi e susseguenti a ogni incontro con i sovietici. Ne deriva che io abbia potuto dal 1983 seguire, letteralmente *ad horas*, il corso del grande negoziato Usa-Urss. Non ho mai avuto dubbi sull'esito finale; e non perché ritenga che Gorbaciov e Reagan siano cherubini al confronto di angeli totalmente cattivi che li hanno preceduti, ma per le condizioni obiettive che hanno consentito loro di invertire le rispettive rotte storiche divergenti.

Talvolta non era facile continuare a credere nel disgelo. Forze più o meno occulte sono sempre in agguato e riescono a frenare bruscamente i corsi favorevoli proprio nei momenti di suscitate grandi speranze. L'essenziale è il non rassegnarsi e avere la coscienza che non sono solo i due superpotenti a poter prendere utili iniziative.

Un esempio. Mi aveva sempre impressionato l'allergia alle «verifiche» che Stati Uniti d'America e Unione Sovietica inguaribilmente dimostravano. Gli uni per dare un *visto* nel passaporto di un sovietico sembrava che dovessero togliersi un rene; e ai sovietici l'identità tra controllore e spia era un dato indiscutibile. Si poteva fare qualcosa per rimuovere questa inceppata incomunicabilità? Nacque così il seminario di Villa Madama, nel quale furono invitati da tutti i paesi fisici di effettiva chiara fama perché dessero consigli positivi per dirci se e come esistessero modelli validi di controllo. Non voglio dire che sia stato questo un fattore determinante, ma sta di fatto che lo schema individuato corrisponde alle linee dell'accordo dell'8 dicembre 1987. Oggi contrapposti ispettori circolano liberamente sui suoli di installazione dei missili intermedi di cui si è negoziato lo smantellamento e nessuno ha obiezioni da muovere.

Ma ebbi la certezza che ormai il moto verso le intese era irresistibile quando Shultz ci disse che Gorbaciov aveva accettato di discutere con gli americani le modifiche al loro Codice Penale per togliere la possibilità di mantenere una patina legale a norme che hanno consentito sostanziali e gravi violazioni ai diritti umani. Mi sembrò quasi incredibile, abituato a vedere respingere come intrusione negli affari interni la richiesta di consentire un espatrio a chi lo stava invano domandando da anni. Ma era verissimo, e le modifiche della legislazione criminale sovietica sono state presentate e sono in corso di perfezionamento.

Più volte, sfogliando queste pagine, il lettore troverà le tracce di un mio vivo interessamento per promuovere contatti tra scienziati a sostegno della politica di costruttivo disgelo internazionale. Per rimanere nell'ambito dell'Urss, è stato fatto un passo rilevante nel febbraio 1987 con la firma di un protocollo per la collaborazione sovietica alle attività del World Laboratory, l'iniziativa Est-Ovest-Nord-Sud promossa dal professor Zichichi sulla scia della precedente felice esperienza dei seminari di Erice. Qui mai si è spezzato il dialogo degli uomini di scienza, anzi ha palesemente precorso il recupero del colloquio tra i due blocchi che si sono a lungo e pericolosamente contrapposti, rischiando in più occasioni il limite di rottura.

Alla firma dell'accordo seguì l'apertura di una sede del World Laboratory a Mosca, inaugurata da Ševardnadze e da me presso l'Istituto per l'analisi dei sistemi dell'Università moscovita.

Si prevedono due altre sedi definitive del laboratorio in Unione Sovietica; la prima è già stata identificata nel monastero di Pereslavl Zalesskij. Per la seconda il governo sovietico intende mettere a disposizione una costruzione antica nel centro della città di Mosca. Entrambe le sedi saranno ristrutturate da architetti dello stesso World Laboratory.

Per quanto riguarda più specificamente i progetti, gli scienziati sovietici partecipano attivamente a diverse attività.

Le prime a partire sono state il Progetto «Gran Sasso» e quello detto «Hermes».

Al Progetto «Gran Sasso» i sovietici partecipano mettendo milleottocento tonnellate di scintillatore liquido con quattromilaottocento Fototubi.

Il Progetto «Hermes» ha come obiettivo finale il permettere a un milione di scuole di ogni Paese del mondo di comunicare fra di loro mediante il linguaggio del computer. Il contributo sovietico a questo progetto, che mi assicurano approvato personalmente da Gorbaciov, consisterà nella messa in orbita dei satelliti.

Attualmente gli scienziati sovietici partecipano ad altri progetti in aree differenti fra i quali:

— Progetto «Prometeus» per lo sviluppo di modelli matematici per i grandi fenomeni a scala planetaria (disarmo, crescita economica, ecc.).
— Progetto «Hippocrat» per la messa a punto di diagnostica medica computerizzata.
— Progetto «Hefest», il cui obiettivo è l'utilizzazione dei razzi vettori dei missili per i quali si è deciso lo smantellamento. L'uso dei missili a scopo pacifico ha bisogno di una speciale tecnologia — in sigla MHD — e cioè la MagnetoIdroDinamica. Essa permette l'analisi della crosta terrestre fino a cento chilometri di profondità. Il contributo sovietico a questo progetto è molto elevato: basti pensare a cosa costa un missile.

Sia il Progetto «Gran Sasso» che «Hermes» e «Hefest», come tutti gli altri progetti, sono di tipo Est-Ovest-Nord-Sud. La componente Est-Ovest è ovviamente determinante per il successo dei progetti.

Il presidente della Sezione sovietica del World Lab. (professor Velichov) ha comunicato di recente al presidente del World Lab., professor Antonino Zichichi, che il Consiglio dei Ministri dell'Urss ha dato al World Lab. lo «status» di organismo internazionale che opera in Urss con particolari privilegi.

Che l'Unione Sovietica attraversi una stagione intensa di revisione all'insegna di una costruenda libertà socialista e di trasparenza senza aggettivi, nessuno può correttamente contestare. In qualche momento si ha persino la sensazione che nell'ansia del rinnovamento venga dimenticato e travolto anche ciò che di non cattivo vi è stato nelle fasi storiche del passato e nei comportamenti di singole persone.

La spietata requisitoria contro Stalin; l'apertura degli archivi segretissimi mettendo a nudo le responsabilità anche di leader stranieri, presentate con spietatezza, senza neppure le attenuanti almeno generiche della loro posizione di ostracizzati dalle loro patrie e confluiti fideisticamente nella Casa madre ideologica; la riabilitazione, per molti purtroppo postuma, dei fucilati e dei ghettizzati denunciando coraggiosamente la criminale falsità e la supina correità politica dei giudici che li avevano condannati: tutto è pane quotidiano offerto sulle mense interne e su quelle internazionali. Ultimo anello di questa catena è stato il processo ai congiunti di Brežnev, con una squallida ricostruzione di piccole e grandi ruberie, di soprusi centrali e periferici, di poco degno esercizio di pubblici mandati.

Sono denunce che richiamano certe ondate di espiazione di cui è ricca la storia letteraria russa. Il lettore non si meravigli se non riscontrerà nel mio libro troppe pagine dedicate alle premesse di questa catarsi. Essendo stato immune dal diffuso servo encomio, non ho vocazione per il facile oltraggio. D'altra parte, anche Pietro rinnegò tre volte persino di aver soltanto conosciuto Gesù, e questo non gli impedì una splendida e santa... carriera ecclesiastica. Gli immemori nipotini di Stalin possono quindi — lì e dovunque — avere dinanzi una meravigliosa vita diversa da percorrere.

Ad auspicare il successo del nuovo corso sovietico è interessato il mondo intero ed è emblematico quanto io ho riportato dalla viva voce di Ronald Reagan: nessuno deve assumersi, dinanzi alla propria coscienza e dinanzi alla storia, la responsabilità di aver ostacolato o di non aver favorito il disegno trasformatore di Michail Gorbaciov.

Ed era naturale che in questo voltar pagina — meglio, cambiar libro — si ribaltasse anche la politica antireligiosa che sembrava costituisse il più caratteristico *instrumentum regni* dell'impero comunista uscito dalla Rivoluzione d'Ottobre. Il millennio della cristianizzazione della Russia ha offerto la piattaforma ideale per accelerare i tempi e inquadrare solennemente il diritto alla libertà di religione e di coscienza; ma non penso sia stata estranea a questo riconoscimento, seppure in misura minore, anche la intuizione della necessità di rispetto dei fedeli musulmani prima che nelle repubbliche islamiche dell'Unione Sovietica esplodesse — spontanea o eccitata dall'esterno — una ribellione clamorosa contro il soffocamento religioso.

Dalla scarcerazione quasi occasionale dell'arcivescovo Slipyj ai riti solenni del millennio della Santa Russia e all'udienza solenne del cardinale segretario di Stato Casaroli, sono passati meno di *venti* anni. Sembra davvero incredibile e certamente fino a ieri lo era.

Quattro anni fa il nostro ambasciatore a Mosca, attento osservatore dell'universo sovietico, scriveva:

> Al momento in cui si è parlato di una «mediazione non in senso tecnico» (sarebbe forse stato più esatto dire di una «prestazione di buoni uffici») della Santa Sede tra Est e Ovest, sembra utile chiedersi quale sia la percezione che della Santa Sede si ha a Mosca, se in essa siano avvertibili evoluzioni e quali considerazioni si possono fare da questo osservatorio.
>
> Va ricordato subito che Mosca agisce come se non esistesse alcun «problema cattolico» all'interno che la costringa a porsi il problema di un rapporto con la Santa Sede, in quanto non sussiste alcuna situazione di tipo non diciamo polacco, ma neppure cinese. Il cristianesimo russo è forse, tra tutti, quello che si è sviluppato nel minor contatto con Roma. Una gerarchia cattolica organizzata su scala nazionale non è mai esistita né prima né dopo la Rivoluzione d'Ottobre. La presenza cattolica nel grande impero sovietico è sostanzialmente limitata a qualche marca di frontiera come la Lituania (compattamente cattolica) e la Lettonia (con una forte minoranza cattolica); è addirittura ufficialmente ignorata nei territori ex polacchi o ex cecoslovacchi o limitrofi alla Polonia, come la Rutenia subcarpatica e l'Ucraina del Nord (dove gli «unia-

ti» vennero, dopo la guerra, forzosamente annessi agli ortodossi) o la Bielorussia (dove i 50.000 cattolici di Minsk hanno finalmente una chiesa e un sacerdote, ma non un vescovo).

Tutto ciò costituisce per il Cremlino un problema, per il momento, del tutto secondario che o si confonde, nelle regioni suddette, con il dissenso nazionale, ossia con la resistenza alla russificazione e con l'anelito a una maggiore autonomia.

E concludeva:

Una convergenza è sempre possibile sulla tematica della pace, ma è ancora lontana per quanto concerne i rapporti tra Stato e Chiesa cattolica nell'Urss e negli altri paesi dell'Est europeo. Essa non è *impossibile*, ma abbisogna sempre di una svolta politica che rimane affidata a una evoluzione interna del Pcus che si presenta molto problematica.

Non era «impossibile» e la svolta si è avverata.

G. A.

P.S. Ho terminato questo libro durante le mie vacanze d'agosto e l'ho trasmesso subito all'editore, come stabilito, nonostante potessero offrire materia aggiuntiva utile il colloquio con Ševardnadze fissato per il 26 settembre a New York e la prevista visita a Mosca a metà ottobre per accompagnare il Presidente De Mita a inaugurare la mostra «Italia 2000» con una importante serie abbinata di colloqui politici.

Sarebbe interessante — ma non voglio ritardare l'edizione — trasmettere il possibile approfondimento alle fonti delle sfumature del movimento ai vertici, accelerato certamente ma non davvero imprevisto. *Accelerato* perché Ševardnadze ha lasciato in gran fretta le Nazioni Unite, cancellando una parte dei suoi impegni e facendo anticipare il consulto dei cinque membri permanenti del Consiglio di Sicurezza sulla crisi libanese. *Previsto*, in quanto dopo un periodo di utile cammino comune con gli epigoni del Vecchio Testamento, di cui Gromyko rappresentava la più autorevole *prorogatio*, era logico che Gorbaciov spiccasse un autonomo volo. Né probabilmente era facile convincere a mettersi da parte i gerarchi di lunga data di Tiflis o di Samarcanda se Gromyko restava al suo posto, magari presenziando a qualche cerimonia di dissacrazione (Brežnev) o di riabilitazione (forse Trockij). D'altra parte i rapporti con Washington sono così fluidi che non c'era davvero più bisogno della intermediazione psicologica dell'esperto Dobrynin. La fotografia dell'incontro Ševardnadze-Dukakis (con un sorriso più che Durban's in entrambi) è un messaggio di continuità, anche se alla Casa Bianca dovesse cambiare la sigla. Non è nella politica estera che Gorbaciov ha le sue difficoltà, ma nello sviluppo lento dell'azione economica e nel delicato contenimento — inevitabile una volta aperta la strada del dialogo interno — dei vari sussulti del nazionalismo periferico.

Salvo complicazioni la perestrojka continua.

2 ottobre 1988 *G. A.*

Tra guerra fredda e disgelo

1

I DUE EUGENI

Non ho partecipato alla guerra di Spagna. Se un giorno vi capitasse di vedere una mia fotografia giovanile con il saluto a pugno chiuso dinanzi a un muro con la scritta VIVA EL COMUNISMO sappiate che fu scattata durante una allegra visita di universitari cattolici a Cinecittà dove si stava girando, se non ricordo male, l'*Assedio dell'Alcazar*.

Alla politica io ero allora completamente disinteressato e anche se mi ripugnava la notizia che per contrastare Franco i repubblicani spagnoli davano fuoco alle suore (le creature più inermi che esistano), albergava nel mio cuore il dubbio che fossero invenzioni della propaganda fascista. E mi astenevo dal ribollire. La stessa tendenza all'incredulità avrei a lungo mantenuta — per esattezza fino al clamoroso rapporto Kruscev — sui massacri dei contadini nell'Ucraina. Verso i comunisti mi teneva lontano più che altro il loro dichiarato ateismo, con quella ridicola equiparazione della religione all'oppio che, oltretutto, mi sembrava anche rozza.

Il nostro nemico in quel momento era comunque Adolf Hitler. Quando era disceso trionfalmente in Roma, noi studenti della Fuci avevamo condiviso la reazione del vecchio Papa che se ne era andato a Castelgandolfo per non vedere onorata una croce — quella uncinata — «che non è la croce di Cristo».

Poco più tardi i sovietici, che all'inizio del grande conflitto avevano scandalizzato il mondo spartendosi con i nazisti la Polonia, si allearono agli americani contro la Germania. Così, mentre avevo partecipato il giorno dell'invasione della Finlandia a manifestazioni ostili dinanzi alla cancelleria dell'Urss in via Gaeta e di solidarietà con il rappresentante finlandese a via Merulana, considerai con occhio un po' diverso l'universo comunista, la cui credibilità internazionale non poteva non pesare. Oggi è di moda dir male di Stalin (specie da parte di chi ne lustrò servilmente gli stivali) e non sarò certo io a prenderne la difesa; tuttavia, dopo aver sostato a Leningrado ed essermi soffermato sulle documentazioni del lungo assedio, confesso di aver maturato un certo riguardo per il Resistente.

Per questo, forse, nel mio subcosciente non capii il perché delle autorevoli telefonate ricevute una sera dell'estate 1944, con le quali mi si chiedeva se De Gasperi fosse impazzito.

Nei cinema romani, dopo l'entrata a Roma degli eserciti della Liberazione, i leader dei partiti si alternavano per spiegare, ciascuno, «chi siamo e cosa vogliamo». De Gasperi parlò al Brancaccio ed eravamo tutti emozionati per assistere al primo grande comizio della Democrazia cristiana. La sua oratoria era asciutta, con una certa sovrabbondanza di citazioni letterarie mutuate probabilmente dal lavoro in Biblioteca Vaticana e con qualche durezza nella pronuncia. Ma la comunicativa con la platea si dimostrò subito totale e gli applausi scrosciarono senza bisogno di *claqueurs*. Anche il passo riguardante Stalin non aveva suscitato alcun dissenso: «Esprimiamo la viva speranza che Giuseppe Stalin, grande maresciallo e grande condottiero di popoli, trovi il modo di conciliare la difesa degli interessi delle proprie frontiere con la libertà e l'unità della Polonia».

In Vaticano però, dove ormai il nazismo era un ricordo storico mentre il comunismo sovietico arpionava unitamente i laici e le gerarchie dovunque avesse messo radici, la sensibilità difensiva in proposito era acutissima. Di qui lo scandalo per la sottolineatura positiva verso il Tiranno rosso. Una certa incomprensione tra Eugenio Pacelli, papa Pio XII, e De Gasperi ebbe probabilmente inizio proprio in quel pomeriggio, quando il giornalista dell'«Osservatore Romano» Cesidio Lolli andò a riferirgli sul discorso del Brancaccio. Che poi si sia esagerato nel presentare l'antagonismo tra i due ho dimostrato in altri miei libri, provando anche che il bellissimo elogio del Presidente fatto nel ventennale della Conciliazione era stato scritto di pugno da Papa Pacelli, che aveva, anzi, voluto innovare nell'occasione — e Dio sa quanto questo fosse arduo in Vaticano — sul protocollo delle udienze ai capi di governo.

Nella piccola cerchia dei più stretti collaboratori del Presidente De Gasperi vi era una precisa divisione di competenze. Di politica estera si occupava Paolo Canali, mentre Franco Bartolotta sovrintendeva ai rapporti con l'amministrazione, Mino Cingolani teneva la segreteria particolare e io curavo le relazioni con il Parlamento, la Presidenza della Repubblica e il giornale del nostro partito. Il lavoro era massacrante (al sottosegretario alla Presidenza — incarico che ebbi dal maggio 1947 — facevano capo anche lo spettacolo, lo sport, le zone di confine e molte altre incombenze che furono via via travasate in molti ministeri creati *ad hoc*). Ebbi quindi rare opportunità di avvicinare e di essere avvicinato da esponenti o cittadini russi. Con curiosità ricordo episodi marginali: come una visita di omaggio a De Gasperi di donne moscovite, con l'offerta di una bellissima scatola di malachite e scambio di saluti molto cordiali; o la curiosa copertura offerta dall'ombrello dell'ambasciatore sovietico al nunzio apostolico Borgongini Duca durante una irrorata cerimonia ufficiale all'Altare della Patria.

Sia pure marginalmente avevo però seguito le vicende del trattato di pace con le doppie riunioni della delegazione italiana con o senza Eugenio Reale, il compianto dirigente comunista che senza tante precauzioni frequentava intensamente la rappresentanza diplomatica dell'Urss che fiancheggia quella italiana in rue de Varennes. Fino a che sembrava che questo potesse giovare alla nostra causa nazionale De Gasperi e i suoi ne godevano; ma presto si vide che l'obbedienza primaria del compagno ambasciatore era in altra direzione; e i delegati italiani preferirono trovarsi tra di loro in casa del dottor Solari, evitando a don Eugenio il disagio di dover andare a riferire le nostre — peraltro limitate — strategie.

Mi trovai presente a Parigi per qualche giorno durante la sofferta gestione dell'Accordo De Gasperi-Gruber, inviato dal Capo Provvisorio dello Stato, De Nicola, a informare il Presidente delle dimissioni di Corbino, ministro del Tesoro. Non potevo in quel momento apprezzare a fondo quel che si stava elaborando. In seguito ho potuto accertare che, se i sovietici sulla questione alto-atesina aiutarono noi, anche qualcosa in più del possibile influsso dei buoni uffici di Eugenio Reale e del Pci, l'atteggiamento fu compensativo per la ostilità che ci dimostrarono — per favorire la Jugoslavia — a proposito dei confini della Venezia Giulia. D'altra parte non avevano motivi politici per essere benevoli verso gli austriaci che nelle loro prime elezioni erano stati così poco favorevoli alla lista comunista. Aggiungo che per il resto l'atteggiamento della delegazione sovietica alla conferenza di Parigi nei confronti italiani fu molto duro, esigendo onerose «riparazioni» e offendendo anche in una occasione (viceministro Vyšinskij) i nostri soldati. Ma poiché non è materia che ho trattato direttamente, la escludo da questo mio libro di esperienze vissute.

2

CANNOCCHIALI SUL VATICANO

Nello stesso anno 1946 mi ero dovuto marginalmente occupare di una questione sovietica. Riguardava la grande villa Abamelek Lazareff sul Gianicolo. In parallelo alle cause civili sulla definizione della proprietà che si protraevano da decenni, si tentò di giocare la carta del pericolo per il Vaticano di un osservatorio prospiciente l'intero suo territorio qualora la villa fosse andata in proprietà al governo di Mosca. E pensarono a me come tramite verso De Gasperi.

Prima di parlargliene, volli accertare se davvero vi fosse tale preoccupazione: constatai che nessuna persona responsabile dello Stato della Città del Vaticano aveva questa opinione, la quale serviva viceversa come elemento psicologico a sostegno della difesa che la proprietà privata svolgeva contro la rivendicazione del governo dell'Urss.

A Roma è facile sentir citare il Vaticano — un po' come avviene per l'America —, lasciando credere che si tratti del Papa o poco meno, mentre si ha a che fare con un sediaro o con una ordinanza (si chiamano così gli uscieri) di qualche congregazione. In questo caso non c'entrava nemmeno un soggetto minore della Curia, ma era soltanto un pretesto; almeno a me risultò così.

Parecchi anni dopo avvenne una manovra analoga a proposito della costruzione della Moschea e del Centro islamico. I contrari, dopo aver invano tentato di opporsi in nome della tutela del paesaggio ed eccitando « Italia nostra », chiamarono in causa il Papa e il riguardo per la Roma cristiana, stracciandosi le vesti per la presunta profanazione. Paolo VI in persona smentì con me questi critici e si espresse anzi a favore, richiamando il rispetto per tutte le religioni e respingendo un ultimo tentativo che gli era pervenuto per chiedere che i permessi relativi fossero condizionati ad analoga libertà per i cattolici in tutti i paesi musulmani, a cominciare dall'Arabia Saudita dove esiste la più rigida chiusura.

Non so se, fallito il passo con me, i promotori abbiano tentato in altra direzione, magari con qualcuno meno pratico del Vaticano. Un personaggio di grande importanza mi disse un giorno che non poteva esimersi in qualche caso eccezionale di trasmettermi qualche carta di raccomandazione, ma vi avrebbe sovrapposto la sigla S.P. Così, se l'interessato veniva a conoscere il foglio, avrebbe creduto a un interessamento in nome del *Santo Padre*, mentre voleva dire semplicemente: *Si passa.*

Tornando al caso della villa, potei riferire a De Gasperi il quadro della situazione.

Nel 1912 il principe Abamelek Lazareff aveva fatto testamento lasciando la sua villa romana e il parco annesso alla Accademia imperiale di belle arti di Pietroburgo per ospitare pittori, scultori e architetti che avessero voluto soggiornare come pensionanti in Italia. Alla moglie, principessa Marja Pavlovna nata Demidoff di San Donato, restava l'usufrutto. Qualora l'Accademia non avesse adempiuto al mandato, il bene sarebbe passato all'Accademia delle scienze per farne un Istituto storico.

Durante il fascismo la principessa vedova eccepì per motivi giuridici la nullità del testamento ed ebbe ragione nel 1929 dal Tribunale di Roma, che nel 1936 respinse anche l'opposizione delle due accademie. Andata la causa in appello, i magistrati ritennero che la nuova Accademia russa delle belle arti non fosse legittimata alla successione di quella imperiale di Pietroburgo, i cui beni erano stati incamerati dallo Stato sovietico. Di qui la pretesa del governo di Mosca di entrare in proprietà della villa, senza peraltro impegnarsi alla destinazione mecenatesca per gli artisti voluta dal principe.

Ne derivava una complessa situazione che, anche a costo di sembrar Ponzio Pilato, andava risolta dagli uffici competenti senza interferenze del tipo di quelle richieste. Che poi, specie in quel momento, pesasse più l'Unione Sovietica di una singola persona, principessa che fosse, era probabile, anche se alquanto triste.

Non so in base a quali sottili combinati disposti la questione poi fu risolta e non entro in ipotesi, fedele all'assunto di scrivere soltanto di ciò che ho visto o sentito.

Sta di fatto che con decreto del 26 maggio 1946, firmato *in limine* del suo breve regno da Umberto II e controfirmato da Alcide De Gasperi, Palmiro Togliatti ed Epicarmo Corbino, la villa fu espropriata e trasferita allo Stato italiano. Il 27 febbraio successivo con altro decreto (De Nicola e controfirma di De Gasperi, Sforza e Campilli) venne ceduta in proprietà allo Stato sovietico «nello stato di fatto e di diritto con ogni accessione e pertinenza».

L'uno e l'altro decreto furono registrati dalla Corte dei Conti con riserva, poiché, mentre erano minuziosi nell'inventario (fino a descrivere un «piccolo leoncello di pietra per caminetto»), non indicavano la cifra che doveva essere corrisposta alla espropriata né, di conseguenza, il mezzo di finanziamento.

La Corte di Cassazione, il 18 luglio 1947, nominò un esperto per valutare la villa, ma soltanto il 14 dicembre 1955 avvenne il sopralluogo.

Lo Stato sovietico non aveva però atteso registrazioni e perizie: si era insediato, facendo anche un uso estensivo delle immunità diplomatiche, le quali non dovrebbero coprire, per quel che io so, deroghe al piano regolatore.

Nel luglio 1978, quando ben altri problemi occupavano la mia mente, mi arrivò per conoscenza un decreto (se mal non ricordo firmato dal sottosegretario Giorgio Spitella per conto del ministro dei Beni Culturali) con il quale si notificava alla Santa Sede e allo Stato sovietico il vincolo archeologico, atteso che l'ampia zona che va da Villa Doria Pamphili (con il suo sepolcreto repubblicano e imperiale) agli insediamenti vaticani è ricca di memorie archeologiche, storiche e artistiche.

D'ora innanzi quindi nessuno dovrebbe, nel complesso monumentale storico della via Aurelia Antica e dintorni, muovere più una pietra. Ho usato per prudenza il condizionale «dovrebbe».

Si è ormai spenta anche una controversia fiscale circa l'obbligo o meno, da parte sovietica, di pagare le imposte per il complesso Abamelek Lazareff. Una nota del 1948 dell'allora ambasciatore a Mosca Manlio Brosio avvertiva che per gli immobili italiani a Tiflis e a Leningrado non si pagavano tasse. In nome della reciprocità la pratica romana è stata lentamente archiviata.

3

IL COMINFORM E LA LUNGA MARCIA DI NENNI

Come ho già scritto, durante il periodo degasperiano mi interessai solo occasionalmente di rapporti con l'Unione Sovietica, salvo due eccezioni: per la pubblicazione dei verbali del Cominform e per la relazione di Nenni al Presidente, *retour de Moscou*.

Nella delicata fase immediatamente successiva alla rottura della coalizione governativa nel 1947, la preoccupazione per la pressione sovietica sui comunisti italiani era più che legittima. Si era saputo con certezza che il loro passaggio all'opposizione aveva suscitato le furiose reprimende dei partiti fratelli; i delegati del Pci, convocati in una specie di processo interno, avevano fatto fatica a giustificarsi dinanzi a un sinedrio compatto nelle censure e con i compagni jugoslavi particolarmente scatenati, forse perché dovevano nascondere i sintomi di uno sganciamento che stavano covando. (Del resto, quando Tito si mosse, la reazione più fanatica in difesa di Mosca fu dei cinesi...)

I sovietici in quel 1947 ricordarono che, nel dicembre 1944, Togliatti era stato più scaltro quando non aveva seguito i socialisti nel disimpegno dal governo. Si deve forse a un loro suggerimento se, dalla sera alla mattina, Togliatti mutò avviso? I verbali della direzione del Pci, pubblicati ora, in clima di liberalizzazione, confermano che due giorni prima una dissociazione tra comunisti e socialisti era definita «impensabile».

I dirigenti comunisti erano ansiosi di dimostrare la loro fedeltà e accettarono tra i primi l'invito alla ricostituzione, aggiornata, del Comintern. Come delegati alla riunione costituente furono designati Luigi Longo ed Eugenio Reale, che partirono in assoluta segretezza.

Vi era però nel Pci chi non condivideva questa internalizzazione formalizzata, che avrebbe reso difficili i rapporti interni tra i partiti italiani, compreso — più o meno tardi — il Partito socialista italiano. E credo che questa fosse la spinta per farci conoscere, al ritorno dei due plenipotenziari, quel che era esattamente accaduto e sul quale tuttora si manteneva l'assoluto silenzio.

De Gasperi venne così in possesso del verbale integrale della riunione di Bialystok. Chi fosse stato il tramite dell'operazione informativa al di fuori dei servizi specializzati non so con esattezza. Posso solo dire che De Gasperi mi inviò a Parigi a consegnare nelle mani del Presidente del Consiglio Robert Schuman il prezioso documento, non volendo che pubblicandolo in Italia cadessero sospetti su Longo e Reale che non c'entravano affatto. Ma poiché mi aggiunse che la ripresa giornalistica della notizia in Italia doveva essere assicurata — se possibile — a Realino Carboni per il « Momento Sera », ritenni che questi avesse avuto parte nella *fuga* del verbale. In materia tuttavia non si devono fare domande.

Mi recai subito in Francia arrivando la sera per essere puntuale al mattino seguente all'appuntamento dell'Hôtel Matignon; e mi capitò un infortunio, per grazia di Dio senza conseguenze. Avendo eluso per riservatezza il contatto con la nostra ambasciata (l'udienza era stata predisposta direttamente tra le due presidenze), scesi in albergo e mi recai a pranzo in un piccolo ristorante del Lungosenna (mi sembra La Pérouse) portandomi dietro gelosamente la cartella con l'oggetto misterioso da consegnare a Schuman.

Non sono molto tagliato per la vita clandestina. In Piemonte nel 1944 avevo smarrito, ma la ritrovai presto, una borsa con la posta dei prigionieri inglesi nascosti a Vallo Torinese e da inoltrarsi alle famiglie tramite Vaticano. Quella sera a Parigi lasciai incautamente la cartella nel ristorante e me ne rammentai solo durante la notte quando il locale era sicuramente chiuso. Non dormii più e alle otto di mattina recuperai l'incartamento, uscendo da un incubo incredibile. A mezzogiorno lo consegnai al Presidente Schuman che, lettolo, ne assicurò la divulgazione quarantott'ore dopo. Avvertii allora Realino Carboni (lo trovai alle corse, ambiente dal quale attingeva una infinità di notizie) che poté pubblicare in contemporanea ai francesi un estratto, citando la fonte parigina.

La secca smentita che venne dal Pci ci preoccupò ancor più del fatto in sé. Se, infatti, avessero messo l'accento su una funzione di collegamento e di reciproca informazione tra i partiti comunisti dei vari paesi, sorvolando sull'impegno agli scioperi e alla priorità degli impegni di parte rispetto agli obblighi nazionali, avrebbero svuotato le conseguenze della pubblicazione. Negando invece sia la avvenuta riunione che la rinascita — aggiornata — del Comintern, dettero facile esca alle controsmentite. Il governo francese, sulla nostra parola, emise un secco comunicato di conferma alla lettera della autenticità del documento reso pubblico. E De Gasperi vi impostò molti dei suoi discorsi preelettorali per la prima formazione delle due Camere dopo l'Assemblea Costituente.

Qualche anno dopo, quando abbandonò il Pci, Eugenio Reale scrisse un libro di memorie, esponendo anche la genesi del Cominform. Il testo era identico a quello che chiamerò Schuman-Carboni.

A rendere drammatica la vigilia elettorale dell'aprile 1948 intervenne anche lo strangolamento della democrazia cecoslovacca con la defenestrazione non simbolica del ministro degli Esteri Masaryk. De Gasperi fu sconcertato nel leggere il commento favorevole di Pietro Nenni ai fatti di Praga, con la cinica affermazione di essere sorpreso da tanto chiasso fatto per un «suicidio». Il Fronte popolare nasceva nel peggiore dei modi: gli italiani lo compresero e dettero all'alleanza tra comunisti e socialisti una secca sconfitta.

Tuttavia Nenni tardò a ricredersi e fu all'avanguardia nella lotta contro il Patto Atlantico, tanto da meritarsi il Premio Stalin che andò a ricevere solennemente.

Al ritorno, da buon ex ministro degli Esteri, telefonò a De Gasperi per venirgli a riferire e il Presidente volle (come faceva in queste circostanze) che io fossi presente. Con molto candore disse di aver sostenuto anche con Stalin la tesi di un'Italia neutrale e di essere rimasto meravigliato per la risposta del Grande Capo sovietico: «Lei non conosce la storia e la geografia. L'Italia non può essere neutrale. È sufficiente che nell'Alleanza non assuma né favorisca posizioni oltranziste».

Su questa linea Nenni avrebbe maturato lentamente la sua posizione, passando dal rifiuto totale alla avversione all'oltranzismo atlantico. Lo favorì l'invasione dell'Ungheria, per reazione della quale restituì — aiutato dall'amico Angelo Rizzoli — il Premio Stalin.

Ma quando si incontrò l'ultima volta con De Gasperi nell'estate 1953, disse che non si preoccupava del Patto Atlantico perché era «un pezzo di carta come gli altri trattati». Non era ancora maturo il governo di centrosinistra.

4

GRONCHI A MOSCA

Il Presidente Gronchi era fermamente deciso ad accettare l'invito per un viaggio ufficiale nell'Unione Sovietica. Grazie al contatto personale con i governanti americani, era riuscito a dissipare le diffidenze nei suoi confronti, più o meno perfidamente coltivate dagli specialisti del «mettimale» che allignano nell'una e nell'altra sponda dell'Atlantico. Pella, ministro degli Esteri, non ne era entusiasta, anche per il malumore che in proposito si andava riscontrando in qualche ambiente cattolico. Si sosteneva in giro che non fosse giusto che il primo presidente «cattolico» della Repubblica (definizione che dispiaceva molto a Einaudi) si recasse nella casa madre della lotta alla religione. Il cardinale Ottaviani intervenne personalmente nella polemica, ma con molta prudenza, memore della bacchettata ricevuta due anni prima dall'«Osservatore Romano» che — sotto l'apparenza di difenderlo — aveva preso le distanze dallo scritto «in cui l'eminente porporato esprime alcune *sue personali* considerazioni» in tema di politica italiana.

Polemiche e resistenze fecero ritardare di un mese la partenza, già fissata per l'8 gennaio 1960 con tanto di programmi stampati. Vero è che intervenne anche una febbre influenzale del Presidente, ma molti ci credettero poco.

Dalle relazioni al Consiglio dei Ministri seguii la preparazione del viaggio: appresi così che i sovietici riservavano all'avvenimento la massima solennità, avendo persino fatto ritoccare le tinteggiature dei muri e delle porte dell'appartamento degli ospiti al Cremlino, ogni stanza del quale era stata arredata da un tecnico espressamente inviato in America per lo studio dei colori. I mobili della sofisticata residenza appartenevano ai vari stili dell'Ottocento europeo: Impero, Retour d'Égypte, Biedermeier, Reggenza, Liberty e Floreale russo.

Partito il sabato 6 febbraio 1960, il Presidente rientrò da Mosca il giovedì successivo, dopo aver avuto un intermezzo ferroviario di un giorno a Leningrado. Lo accompagnavano la signora Carla, il figlio Mario e l'onorevole Pella, il quale ci fece un dettagliatissimo resoconto non privo di spunti di colore, anche nei particolari, dalla perfetta esecuzione del *Lago dei cigni* al Bolšoj, a un curioso incidente gastronomico. Per far onore agli ospiti, nel ricevimento alla nostra ambasciata, erano stati portati da Alba pregiati tartufi: un piatto che Kruscev non conosceva. Anzi, giudicando frettolosamente dall'intenso aroma, cominciò a storcere il naso. Quando poi, per fargli valutare la preziosità, gli spiegarono che il reperimento del tartufo è molto difficile e occorrono cani specializzati o maiali, perse le staffe e dichiarò che mai avrebbe assaggiato un tale intruglio.

Questo intermezzo, per così dire culinario, coincise con il momento politicamente più rilevante di tutto il viaggio: per un estemporaneo discorso di Kruscev l'8 gennaio — che si sostituì *motu proprio* al Capo del Presidium del Soviet Supremo il maresciallo K. E. Vorošilov — e per lo scambio di battute che lo seguì.

Vale la pena di riportare, così come fu stenografato e Pella ci trasmise, questo testo krusceviano, molto indicativo della sua prepotente spontaneità, improvvisato appunto in risposta a un indirizzo piuttosto protocollare — ma con espliciti cenni alle grandi divergenze sul piano politico e ideologico — letto dal nostro Presidente.

> Signor Presidente,
> ho ascoltato il discorso pronunciato dal Presidente della Repubblica italiana, discorso pieno di auguri, di buoni auguri.
>
> Io condivido le parole e le espressioni che sono state dette, e cioè che attualmente esiste effettivamente un miglioramento delle relazioni internazionali. Questo è talvolta definito «intiepidamento», altre volte lo definiscono «disgelo». Poco importa il nome: sta di fatto che c'è effettivamente un miglioramento nelle relazioni internazionali. Gli uomini dor-

mono ormai tranquilli e non si attendono che, mentre dormono, di notte possa capitare loro qualcosa di spiacevole. Noi uomini politici siamo come i medici, e cioè procediamo come i medici: quando abbiamo stabilito la diagnosi e sappiamo il male di cui soffre il paziente dobbiamo anche stabilire i rimedi che possono curare questo male e dobbiamo somministrare qualche polverina o qualche mistura, oppure cercare di eliminare la piaga o il tumore in modo che si eviti la diffusione in qualche altra parte del corpo. Se i medici andassero intorno all'ammalato, pronunciassero delle parole e dicessero degli scongiuri senza risolvere il problema, senza dargli una medicina, non lo risolverebbero certo. È così anche in politica: i buoni auspici e gli auguri non bastano. Bisogna liquidare, eliminare quei problemi che possono far germinare delle complicazioni internazionali. Quali sono le questioni da eliminare? Innanzi tutto noi riteniamo che fra gli ostacoli possono essere annoverati la liquidazione dei residui della seconda guerra mondiale con la conclusione del trattato di pace con la Germania; e pertanto anche la liquidazione del regime di occupazione che si è stabilito nella parte occidentale di Berlino.

La persona mediamente saggia può capire perfettamente che una di queste questioni consiste nel concludere il trattato di pace con la Germania in modo da stabilire una situazione tale che fissi lo stato di fatto che si è verificato effettivamente dopo la seconda guerra mondiale. Questo stato di fatto lo dobbiamo rafforzare anche con un accordo *de jure* e in questo modo approvare anche *de jure* la modifica delle frontiere che si è verificata dopo la seconda guerra mondiale. Se non risolviamo questi problemi sorgeranno e si organizzeranno delle forze tali che vorranno far modificare la situazione che si è creata dopo la seconda guerra mondiale. La situazione che viene cambiata con la guerra è pressoché impossibile sia modificata senza la guerra e non è né la Cecoslovacchia, né la Polonia che accetteranno che vi siano delle modifiche nelle loro frontiere. Noi, come loro alleati, li capiamo e pienamente li sosteniamo. Ecco dunque descrittovi uno degli aspetti della mia opinione. Tale è dunque la situazione che si è creata. Come dobbiamo liquidare tale situazione? Con gli esorcismi non si riuscirà a curarla. Occorre affrontare il problema in modo reale. Noi abbiamo fatto una proposta e cioè firmare un trattato di pace con le due Germanie. Adenauer non è d'accordo. Ma chi glielo chiede se è d'accordo o no? Abbiamo fatto la guerra con la Germania. Abbiamo perso milioni di uomini. I tedeschi sono giunti a Stalingrado e alle porte di Mosca e noi siamo giunti a Berlino. È ovvio che la situazione si è trasformata rapidamente. Non è ammissibile che coloro che sono stati completamente battuti a Stalingrado e alle porte di Mosca vengano oggi a dettarci legge. Io guardo questo problema dal punto di vista molto realistico. Se gli uomini riconoscono quelle modifiche che si sono verificate dopo la seconda guerra mondiale, è ovvio che riconosceranno anche la necessità di firmare un trattato di pace e rendere così stabili questi mutamenti. È quello che noi cerchiamo di fare: liquidare il regime di occupazione a Berlino occidentale.

Noi non vogliamo sopraffare la volontà di Berlino occidentale. Noi vogliamo riconoscere il regime lì esistente e vogliamo creare in questo modo una situazione che possa essere accettabile. E cioè daremo la possibilità a Berlino Ovest di avere tutti i passaggi assicurati con tutti i paesi che Berlino occidentale vorrà avere. Noi abbiamo proposto questo sistema e insistiamo su questo fatto, non già perché lo abbiamo proposto noi, ma perché è l'unica via ragionevole. Non vedo altra soluzione. Se c'è un'altra proposta che sia ragionevole noi saremo felicissimi di accogliere, esaminare e sottoscrivere una proposta che possa assicurare la pace. Ci sono altre proposte: liquidare la edificazione del socialismo nella Repubblica Democratica Tedesca pretendendo che la Germania Orientale venga assorbita dalla Germania Occidentale. Se uno è saggio non può pensare seriamente che questa proposta possa essere ragionevole, allora noi potremo fare un'altra proposta, più equa e più rispondente ai tempi attuali. Noi viviamo attualmente in un secolo di rapide trasformazioni sociali e politiche, quando cioè il socialismo va avanti e sta sostituendo il regime capitalista. Sarebbe pertanto logico e utile — sarebbe dunque logico, ripeto — se nella Germania Occidentale fosse eliminato il regime capitalista e se tutta la Germania, sia Occidentale che Orientale, diventasse una Germania socialista. Sarebbe la soluzione più ragionevole. Ma nessuno naturalmente vorrà accettarla. Ed è per questo che noi non la proponiamo.

Così i tedeschi occidentali continuino pure a vivere così come vivono e i tedeschi orientali continuino a vivere come vivono ora. E noi alleati che abbiamo fatto la guerra contro la

Germania dovremmo firmare e riconoscere questo stato di fatto con un trattato di pace. È la cosa migliore che ci possa essere. Questo problema non riuscirà a sbrogliarsi da solo, ma bisogna risolverlo. Noi non rinunciamo alla soluzione: l'affrontiamo. Noi la cercheremo poiché vogliamo che la pace sia rafforzata e che sia rafforzata anche l'amicizia fra tutti i popoli. Dato che questa questione non possiamo, signor Presidente, risolverla noi due, allora noi possiamo solo esprimere degli auguri, dei desideri. Noi abbiamo avanzato delle proposte e noi siamo d'accordo. Non voglio domandare la sua opinione verso la mia proposta, vorrei però che anche voi riconosceste lo stato di fatto che esiste tuttora e che voi diate il vostro accordo a questo stato di fatto.

Passiamo ora alle questioni che riguardano i rapporti tra i nostri due paesi. I nostri soldati sono stati in terra d'Italia come alleati, voi invece avete tentato un pochino di venire qui come nostri nemici. Vogliamo ora non dico dimenticare, perché non si può dimenticare, ma vogliamo basare le nostre relazioni non su questo, ma su altri punti. Vogliamo guardare anche questo problema in modo realistico. Chi è morto non potrà più risuscitare, mentre noi vivi vogliamo vivere. E allora vogliamo sbarazzare la via della vita da tutti gli ostacoli che la ingombrano? Vogliamo commerciare? Noi siamo contenti di aver trovato un linguaggio comune per quanto riguarda i rapporti commerciali, un'ottima base sana e cerchiamo perciò di sviluppare anche gli scambi culturali: organizziamo un maggiore scambio di persone da un Paese all'altro; facciamo tutto quanto può portare a migliorare la conoscenza di un Paese e dell'altro e tutto quello che può portare a uno sviluppo dei contatti di una parte e dell'altra.

Noi siamo molto contenti che abbiate deciso di venire qui da noi, signor Presidente, e che abbiate in questo modo superato tutte le prevenzioni che esistono tuttora nel vostro Paese contro questo vostro viaggio. Noi lo apprezziamo moltissimo e rispettiamo questo vostro coraggio, questo vostro carattere. Voi vi siete elevato al di sopra di tutte queste prevenzioni, le avete superate e siete giunto qui. Guardate, anche noi siamo degli uomini come voi, esattamente come voi. Anche noi abbiamo le nostre mogli e i nostri bambini e siamo felici quando questi stanno bene e ci duole quando sono ammalati: questi sono dei sentimenti umani, universali. Noi siamo comunisti, voi siete democratici cristiani. Sono delle fedi politiche. È una questione vostra interna, e anche per noi comunisti è una questione interna, ma vivere insieme su questa terra è una questione generale di tutti i popoli che vivono sul globo terrestre.

Edifichiamo allora questo mondo in modo da vivere non soltanto in un'atmosfera di pace ma anche in un'atmosfera di amicizia. Noi comunisti abbiamo dimostrato ciò che nessun uomo poteva neanche sognare. Lo abbiamo dimostrato. Cioè una Russia arretrata in quarantadue anni è diventata il primo Paese per quanto riguarda lo sviluppo culturale. La nostra bandiera sta sulla luna. Questo significa qualche cosa. Questo significa che gli operai e i contadini hanno creato questa cosa e sono riusciti a lanciarla sulla luna. Forse non è sufficiente per dimostrare che la superiorità sta effettivamente dalla parte del regime comunista? Siamo ora la seconda potenza del mondo per quanto riguarda lo sviluppo dell'economia. Nel 1965-67 diventeremo la prima potenza mondiale. Scrivetelo pure, lo sarà. Lo sarà, lo dico. Ora la nostra economia, la nostra cultura e il livello di vita stanno crescendo continuamente, senza nessuna crisi. Avremo il livello più alto del mondo nel nostro popolo. Non abbiamo disoccupati, non abbiamo dei mendicanti. Tutti gli uomini sono uguali. Il regime più democratico dei democratici è il nostro regime, il regime socialista. Nel regime capitalista è più intelligente colui che ha più dollari, mentre da noi è più intelligente colui che ha più intelligenza. E forse che questo è male? Riflettete e poi, dopo matura riflessione, *passate al partito comunista.* È la migliore via che potete prendere. Non restate indietro, non perdete il vostro tempo. Non volete? Prego. Noi possiamo vivere anche con voi: noi abbiamo nove milioni di comunisti e abbiamo duecento milioni come popolazione e viviamo tuttavia in amicizia, tra comunisti e non comunisti. Noi siamo disposti a vivere con voi in amicizia pur non essendo voi iscritto al partito comunista.

Io credo di aver già parlato a sufficienza poiché non possiamo dire tutto. Bisogna pensarci un po'. Il Presidente non può prendere una decisione senza aver prima pensato, meditato un poco: se deve restare un Presidente democristiano oppure passare al partito comunista. Dovete decidere, ma indipendentemente dalla vostra decisione, il mio sentimento di rispetto verso di voi non sarà modificato. Noi dobbiamo ugualmente edificare le relazioni di amicizia e assicurare la pace e l'amicizia fra i nostri popoli.

Vi propongo di bere alla salute del molto rispettato Presidente della Repubblica italiana, propongo di bere alla salute della sua consorte, alla salute del ministro degli Affari Esteri, alla salute dell'ambasciatore d'Italia e della consorte, alla salute di tutti gli uomini che sono per la pace e per l'amicizia.

L'offerta a Gronchi di entrare nel partito comunista fece ovviamente allibire i diplomatici del nostro protocollo (i loro colleghi sovietici erano abituati) che si agitavano visibilmente. Kruscev non dette il minimo segno di imbarazzo e, riflettendo di non aver nominato Pella, riprese la parola accendendo un dialogo, che ci fu pure trasmesso.

Kruscev: Il signor Pella può domandarsi perché io propongo soltanto al Presidente della Repubblica italiana di entrare nel partito comunista. No, io ho pensato anche a lui. Lo propongo anche a voi.

Pella: Signor Presidente, sarà un po' difficile.

Kruscev: Lo so, ma io propongo di risolvere dei problemi difficili. Io non ve lo propongo, io vi invito. Sono dei buoni auguri che io vi faccio. Nella Bibbia è detto: non fare agli altri ciò che non vorresti fosse fatto a te stesso. Io sono comunista, voi siete il mio prossimo, io auguro anche a voi di diventare comunista.

Gronchi: Vorrei fare un augurio al Presidente Kruscev e forse anche una previsione per l'avvenire. Potrebbe darsi che fra qualche anno l'invito possa essere rovesciato e che anche voi, toccato dalla grazia di Dio, possiate essere annoverato fra le file della Democrazia cristiana.

Kruscev: Io sostengo, io sono di quel partito che dà i migliori beni alla popolazione. Se voi mi dimostrate che il vostro partito è così, io entrerò a farne parte.

Gronchi: Ci conto, perciò ho detto: «fra qualche anno».

Kruscev: Sperare si può. Ma ditemi da quanti secoli esiste l'Italia e da quanti anni esiste il partito democratico-cristiano?

Gronchi: Da molto meno di quanto esiste il Partito comunista sovietico.

Kruscev: Facciamo il confronto: che cosa ha raggiunto l'Italia con la Democrazia cristiana e che cosa ha raggiunto l'Unione Sovietica con il Partito comunista? La bandiera che sta sulla luna a chi appartiene? All'Italia o all'Unione Sovietica?

Gronchi: Può comperare un oggetto di gran prezzo chi ha molto denaro non chi ne ha molto meno, quindi il paragone non regge.

Kruscev: Noi non vendiamo idee. Le idee bisogna capirle, e poi bisogna lottare per le idee. Le idee non sono salami.

Gronchi: Ma le miniere o le risorse naturali sono i mezzi necessari per raggiungere certi scopi.

Pella: Le spiace però se le dico che per la questione di Berlino e per la Germania non possiamo essere d'accordo?

Kruscev: La vita vi insegnerà. La vita è una maestra tale che anche gli alunni più arretrati, senza speranza, vengono alla fine educati. Io ho fiducia nell'uomo, nella ragione dell'uomo, egli finirà per capire il bene. Il bene dove sta? Il bene sta nel volere la pace e cioè nel firmare il trattato di pace. Voi siete contro la pace? Se non siete contro la pace perché siete contro il trattato di pace?

Pella: Ha sentito una così bella dimostrazione da parte del Presidente Gronchi questa mattina contro questa tesi che io non oserei dire una parola di più perché la guasterei.

Kruscev: Voi credete che questa raffigurazione, questa pittura sia migliore di quella che abbiamo fatto noi?

Pella: Ci consenta di credere che è così.

A questo punto le cose si ingarbugliavano. Kruscev si stava addentrando pericolosamente in un paragone tra gli spaghetti e la bevanda russa kvas, quando il nostro capo del cerimoniale, marchese Fracassi di Torre Rossano non ne poté più e gridò un possente «Viva la pace».

Rassegnato, Nikita Kruscev, concluse: «Ecco, lo capisco perfettamente. I diplomatici cercano di sottrarci a una disputa. È il loro mestiere». E, senza toccare i tartufi, fece onore al resto della nostra cospicua presentazione di cibi italiani.

Pella ci disse che Gronchi — che naturalmente non cambiò tessera — aveva particolarmente apprezzato una laurea *ad honorem* dell'Università di Mosca e la possibilità di tenere un lungo discorso alla televisione, esponendo, cifre alla mano, i reali progressi della Repubblica italiana. Non eravamo andati sulla luna, ma la crescita era tale da far gridare addirittura — scomodando il sacro — a un miracolo economico.

Su di un punto Pella volutamente sorvolò, allora e dopo; e cioè sulla frase che Kruscev avrebbe... sussurrato ad alta voce mentre Gronchi parlava e che gli interpreti non avevano tradotto («Ma che vuole quest'asino? Ripete quel che ha detto Adenauer»). Sta di fatto che al termine del ricevimento Gronchi non lo accompagnò fino alla porta dell'ambasciata come era previsto dal cerimoniale.

5

UNA STRANA TELEFONATA

Dal 1959 al 1966 sono stato ministro della Difesa e non avevo certamente occasioni per incontrare personalità sovietiche. Per noi l'Urss era il potenziale *aggressore* e ne analizzavamo i comportamenti politici sotto questo angolo visuale, mentre i militari pianificavano le difese. In tanti anni non una sola volta ho visto ipotizzare — magari per mera esercitazione — un piano d'attacco. Le due successive strategie — risposta globale e risposta flessibile — erano e sono rigidamente ispirate e proporzionate soltanto a iniziative offensive del blocco contrapposto.

Con stupore ricevetti pertanto nell'estate 1960 una telefonata dell'ambasciatore sovietico che, senza tanti preamboli, mi disse: «Lei non è mai venuto nella nostra ambasciata come ministro, ma il Presidente delle Olimpiadi di Roma non può mancare al mio ricevimento. Le assicuro che non troverà presenze sgradite».

Dopo queste parole, che ebbi l'impressione leggesse, aggiunse in tono ironico che non era entusiasta di dover accogliere in residenza tanta gente «sudaticcia», ma non poteva evitarlo perché ai Giochi olimpici il governo e il popolo sovietico davano grande rilievo.

Naturalmente andai e nel ringraziarmi all'ingresso mi disse ridendo che non avrei trovato né un comunista e neppure un socialista italiano.

L'accompagnatore ufficiale della loro folta rappresentativa si complimentò per la novità che Giulio Onesti e io avevamo introdotto rispetto ai giochi precedenti: ospitare in un solo villaggio tutti gli atleti, abolendo la separazione tra Est e Ovest. Si espresse molto calorosamente sull'organizzazione e sulla correttezza degli arbitri e non nascose che Roma era meglio di quanto gliela avevano descritta.

Il significato di quest'ultima frase lo compresi più tardi, quando mi raccontarono che tra i sovietici circolava nel villaggio un opuscoletto di informazioni nel quale si metteva in guardia dal credere che vi fosse benessere da noi. Se nelle vetrine figuravano prodotti pregiati e abbondanti, si trattava di cose finte ovvero di oggetti ottenuti in prestito per l'occasione.

Io non ho visto questo fascicoletto, che del resto non avrei saputo leggere nella loro lingua. Me ne confermò l'esistenza uno degli interpreti, ma invano cercai di procurarmene un esemplare. Se lo avessi conosciuto prima del ricevimento avrei certamente fatto cadere il discorso sull'argomento.

Atleti e dirigenti erano all'inizio intimiditi dall'ambiente diplomatico, ma presto si sciolsero e parlarono volentieri con gli altri ospiti. Un aspirante a uno dei massimi titoli nell'atletica leggera mi disse scherzando che per lui la medaglia d'oro avrebbe significato una residenza familiare senza più coabitazioni; la prospettiva valeva quanto e più di un massiccio doping. E in effetti fece una gara strabiliante.

Fui colpito anche dall'interesse che portavano per Papa Giovanni, di cui si erano procurati immagini e molte copie del discorso che aveva rivolto agli olimpionici, opportunamente tradotto anche in russo (il Papa usò il latino per non privilegiare alcuna lingua viva).

Nell'ambasciata sovietica quella sera vi erano piccole delegazioni di quasi tutti i paesi partecipanti, oltre molti membri del Comitato internazionale. Fui colpito dalla palese gioia dei giovani delle due Germanie per essere a Roma in una sola formazione. Era un altro indicatore — non più ripetuto in seguito — dello spirito con cui avevamo preparato le Olimpiadi di Roma.

L'apoliticità dei giochi ha subìto purtroppo un grave colpo con il boicottaggio incrociato tra Mosca e Los Angeles. Si temeva che la divisione delle due Coree potesse creare una terza edizione «mutilata», ma per fortuna Gorbaciov ha rotto presto gli indugi, seguito da quasi tutti i paesi affini o simpatizzanti. Con una lettera personale al Presidente del Cio, Samaranch, ha assicurato la partecipazione; e a quanti gli hanno manifestato timori per la sicurezza durante i giochi, ha osservato che non avrebbe certo mandato allo sbaraglio la robusta rappresentanza dei suoi atleti.

Si è così ripreso il dialogo tra le due Coree che ha avuto comunque il suo valore, anche se non si è potuto raggiungere l'accordo per far svolgere la maratona al trentottesimo parallelo e altre gare nel Nord. Era stata, mi si scusi la vanità, una proposta da me fatta a Los Angeles quando la folla oppose, all'assenza del Patto di Varsavia meno uno, applausi frenetici appunto alla Romania e alla Cina Popolare.

Il non partecipare alle Olimpiadi di Mosca ebbe fautori anche in Italia e dentro lo stesso governo. Presiedevo allora la Commissione esteri della Camera dei Deputati e avevamo preparato un ordine del giorno per contrastare ogni esitazione: « La Camera, ritenendo che la partecipazione alle Olimpiadi deve essere esclusivamente decisa dal Coni, passa all'ordine del giorno ».

Che il Coni fosse favorevole non vi erano dubbi. Ma fortunatamente la manovra fallì ancor prima di nascere; e non ci fu bisogno di alcun braccio di ferro.

6

L'ARCIVESCOVO MAGGIORE

Alla solennità del personaggio — resa ancor più maestosa dalla lunga e fluente barba alla Athenagoras, dalla policroma tiara con un velo bianco alla Lawrence d'Arabia e da un alto bastone pastorale con vistoso pomo d'argento — faceva contrasto un suo gesticolare per indicare il soffitto e gli angoli della stanza. Faticai a rendermi conto, la prima volta che monsignor Slipyj venne a trovarmi, che voleva accertarsi se vi fossero microfoni; e la medesima precauzione avrebbe manifestato a ogni incontro, frutto di una abitudine a sentirsi spiato, che si portava dietro — ormai inguaribilmente — dalle molteplici persecuzioni. Era convinto che il nemico si annidasse ovunque, anche in Vaticano. E attribuiva ai suggerimenti di questa rete malvagia anche alcuni temi sottopostigli durante gli estenuanti interrogatori della prigionia sovietica.

Devo aggiungere che almeno in una occasione i sospetti risultarono infondati. Mi chiese infatti per iscritto il 16 febbraio 1976 di aiutarlo a far verificare se nella sua abitazione in Vaticano fossero state collocate microspie; la «pulizia» dell'appartamento doveva accertarsi in totale segretezza senza notificarlo a chicchessia. Provvidi alla squadretta di specialisti, con la riserva mentale che se davvero si fossero trovate ne avrei avvertito la Segreteria di Stato. Per fortuna il sopralluogo, accuratissimo e attuato con le apparecchiature più sofisticate, risultò negativo.

Noi romani, abituati dalla storia ai vertici dei vertici, non riusciamo certamente ad appassionarci sulla differenza tra *patriarca* e *vescovo maggiore*, tema che invece per gli ucraini in genere e per Slipyj in particolare era angosciosamente rilevante. Covava la convinzione che Roma negasse a Kiev quel che a essa era dovuto (il che, poi, è da discutersi) solo per soggezione ai governanti di Mosca. E gli sembrava assurdo questo diniego in quanto gli stessi sovietici dando all'Ucraina dignità internazionale autonoma — come alla Mongolia — offrivano lo spunto per rettificare quel che a suo avviso era un errore.

Slipyj ignorava che le clausole della sua liberazione contemplavano la venuta a Roma per il Concilio, ma non la facoltà di tornare in Ucraina.

La crociata al riguardo doveva creare nella Santa Sede qualche preoccupazione se, mentre stavo per prendere la parola nel 1969 in un grande meeting internazionale degli ucraini nell'Auditorium romano di via della Conciliazione, l'assessore alle Chiese orientali, monsignor Mario Brini, mi avvicinò per assicurarsi che io non toccassi l'argomento del patriarcato.

Slipyj riprodusse in Roma la chiesa madre di Santa Sofia, con la sua bella cupola dorata, una università cattolica e un centro culturale nel quale si dovevano elaborare e stampare anche le pubblicazioni per l'evangelizzazione dell'Oriente vicino. Nacque così anche il vocabolario italiano-ucraino e ucraino-italiano. Partecipai volentieri nel 1969 alla inaugurazione, che Slipyj curò con intelligente minuzia anche per mostrare al Vaticano che pure lui sapeva tenere i rapporti con un certo mondo. In un posto d'onore vi era il decano del corpo diplomatico accreditato presso la Santa Sede, l'ambasciatore di Fidel Castro signor Amado Blanco. Qualche mese prima fui ospite in una colazione organizzata allo stesso scopo, con invito al Presidente del Consiglio Aldo Moro, e a tre cardinali (Angelo Rossi, Jean Villot e Sergio Pignedoli).

Ascoltai nell'occasione un raccontino di cui tuttora ignoro la fondatezza. Si parlava di un dotto sacerdote occidentale formatosi segretamente in uno dei centri *ad hoc* esistenti in Europa ed emigrato nell'Unione Sovietica come operaio al seguito di una ditta meccanica. Dopo circa tre anni, morto il lettore di latino in una università, il «reverendo-lavoratore» fu convocato al posto di polizia. Credeva di essere stato scoperto e di affrontare il martirio, e si sentì invece dire: «Padre, noi sappiamo bene da quando è venuto chi è lei. Si faccia mandare il suo certificato di laurea e vada a insegnare. Tra l'altro lo saprà fare molto meglio di quanto le riesca il lavoro industriale».

Non so — ripeto — se sia un fatto realmente esistito. So che le chiamate alla polizia del sacerdote Slipyj non erano state certo di questo tenore.

La stessa bizzarra disattenzione con la quale, da ambo le parti del Tevere, Roma aveva accolto la prima venuta del liberato cardinale di Varsavia Stefan Wyszynski, si era ripetuta il 9 febbraio 1963 per l'arrivo dell'arcivescovo Iosif Slipyj reduce dalla segregazione sovietica. La spiegazione ufficiosa era identica. Bisognava evitare che i persecutori si sentissero messi sul banco degli imputati e divenissero ancora più crudeli. Nel nostro caso, inoltre, vi era stato un negoziato indiretto tra il Papa e Kruscev; e occorreva rispettarne — anche senza conoscerli e forse senza che fossero stati esplicitamente formalizzati — i contenuti. Non mi sembrò né in un caso né nell'altro accettabile questa freddezza e andai a rendergli omaggio (l'ossequio di un ministro era sempre meglio del nulla). Nacque così un rapporto amichevole con questo personaggio che della sua patria aveva vissuto indomito tutte le vicende. In una lettera del febbraio 1977 mi chiamò addirittura il suo «secondo Angelo Custode».

La sua biografia era da martirologio. Era stato nominato vescovo ausiliare in Galizia (la parte dell'Ucraina assegnata dopo la prima guerra mondiale alla Polonia) proprio nel periodo dell'accordo Ribbentrop-Molotov per la spartizione della stessa Polonia. Dal luglio 1941 e per tre anni l'occupazione si era dispiegata con una durezza *erga omnes*, che coinvolgeva i cattolici come gli altri. Slipyj sfuggì per miracolo alla fucilazione. Liberata l'Ucraina dall'Urss, gli fu chiesto di persuadere gli ucraini insorti ad abbandonare la lotta per l'indipendenza e, al suo rifiuto, ebbe inizio una terribile persecuzione. L'11 aprile 1945 fu arrestato assieme ad altri vescovi e alla loro cattività si aggiunse l'umiliazione umana di dover leggere un appello ai cattolici ucraini del patriarca di Mosca Alessio nel quale si insinuava che fossero stati i loro vescovi ad abbandonarli. A questa infamia reagì, con una immediata enciclica, anche Pio XII. Bastone e carota. A Slipyj fu offerta, purché si separasse da Roma, la chiesa metropolitana di Kiev della Chiesa russa. Naturalmente rifiutò e gli furono comminati otto anni di prigione spostandolo — per timore che il suo eroico fascino conquistasse la gente — in diverse carceri; angariato ogni giorno e ogni notte da interrogatori e da raffinate ostilità. Durante una delle traduzioni di prigionieri restò a lungo segregato in un carro ferroviario senza aria e senza cibo perché doveva passare il treno con il Vicepresidente Nixon e i carcerati non dovevano essere visti.

Scontata la condanna, ne subì altre tre: nel 1953 (cinque anni in Siberia), nel 1958 (quattro anni di lavori forzati) e nel 1962, quando fu deportato a vita nel durissimo campo di lavoro forzato in Mordovija. In alternativa alla terrificante destinazione la polizia segreta (braccio secolare?) gli aveva recapitato l'offerta di divenire Patriarca di tutte le Russie.

Dal campo della Mordovija nessuno usciva vivo (si moriva di *morte naturale*) ma Slipyj fece eccezione, fruendo di un gesto di «amicizia» che Kruscev volle fare a Giovanni XXIII, non so se per un impulso generoso o per il timore che con la sua grande popolarità Papa Roncalli potesse rendere difficile la vita all'impero comunista, ribadendone la condanna ideologica. È un quesito che mi sono spesso posto, confortato nel dubbio — quando sono andato a visitare la tomba di Kruscev — dalla spiegazione che la guida ci ha dato del marmo metà bianco e metà nero usato dallo scultore: soltanto l'avvenire potrà dare un giudizio obiettivo sul personaggio. Slipyj non ne parlava, almeno con me, volentieri. Ebbi sempre l'impressione che, pur apprezzando la propria liberazione, ritenesse che Mosca — ottenendo l'impegno al suo non ritorno a Kiev — avesse dato scacco alla Santa Sede. Sapeva però che per la sua liberazione avevano insistito con i delegati della Chiesa ortodossa al Concilio Vaticano molti cardinali e anche — secondo una confidenza di don Giuseppe De Luca — lo stesso onorevole Togliatti.

Quando il 25 gennaio 1965 Paolo VI lo annoverò nel Sacro Collegio si ebbe una autorevole indiscrezione da parte del cardinale Gustavo Testa: Slipyj era già cardinale dal 1960 come riservato *in pectore* (cioè non reso pubblico per motivi di opportunità). In effetti nel concistoro del 28 marzo 1960 Giovanni XXIII aveva *riservato* l'annuncio di tre nomine, riserva che peraltro non fu mai sciolta e che il Papa portò con sé nella tomba. L'amicizia personale del cardinale Testa con Papa Giovanni conferisce la massima attendibilità all'indiscrezione, che del resto fu indirettamente confermata a Slipyj da monsignor Loris Capovilla. Personalmente ascoltai un giorno da Giovanni XXIII la scherzosa frase secondo cui ogni cardinale *in pectore* «ne fruttava dieci o venti».

Alla sessione romana del Tribunale Sacharov Slipyj disse: «Sono qui per due motivi. Oggi si testimonia sulla persecuzione religiosa nell'Unione Sovietica e nella mia patria, l'Ucraina. La Chiesa della quale io sono capo e padre è vittima di questa persecuzione e là dove si parla della mia Chiesa io devo esser presente per difenderla. Il secondo motivo è che io sono un condannato, testimone di questo Arcipelago come un altro *condannato*, Solženicyn, l'ha definito. Ne reco sul corpo le cicatrici».

La tempra di ferro del cardinale gli consentì tuttavia di andare in tutto il mondo a visitare le comunità ucraine e a perorare la causa della libertà, come fece con accorata autorevolezza sia nel Concilio che nel Sinodo dei vescovi. Era convinto che una adeguata pressione internazionale avrebbe indotto il governo sovietico a mutare politica e non solo a decretare qualche provvedimento isolato di clemenza. Per qualche capitale, «dove non sono conosciuto», mi chiese di aiutarlo ad avere i massimi contatti.

Era attentissimo a ogni occasione propizia per parlare del suo popolo perseguitato. Alla vigilia del primo appuntamento dopo Helsinki mi scrisse: «Sta per aprirsi la Conferenza di Belgrado sui diritti dell'uomo; mi permetto di pregare affinché il governo italiano difenda strenuamente, in quella circostanza, tali diritti di fronte alle forze del male, e perché trionfi la Parola e la volontà di Dio, più che nel mondo libero, sui popoli oppressi, affinché nessun uomo sia più soggetto all'oppressione, ingiustizia e miseria. Ma in modo particolare — qualora ve ne fosse bisogno — mi permetto di caldeggiare la causa della Chiesa e del popolo oppresso d'Ucraina il quale è sempre stato nei secoli baluardo della Europa cristiana contro le orde provenienti dall'Asia. Come ex galeotto, per esperienza vissuta, so che anche una minima parola di conforto da parte degli uomini di Stato, sono di enorme sollievo e appoggio nella durezza della prigionia».

Ed era gratissimo verso chi non aveva dimenticanze o timori. In un'altra lettera (15 luglio 1981) mi scriveva:

> Mi permetta, che con questa lettera voglio ringraziarla nel nome di milioni di fedeli in Ucraina e negli altri paesi di blocco sovietico per la sua parola coraggiosa durante un incontro a Bruxelles sui «Rapporti Europa-Usa». Sono così poche voci in mezzo agli uomini di Stato del mondo, che s'innalzano in difesa della libertà religiosa degli uomini, che in conformità al diritto naturale vogliono lodare Dio e Creatore di tutto. Purtroppo c'è così poca comprensione per questo grande diritto e obbligo umano. Noi le siamo riconoscenti per l'autorevole parola e le esigenze, che ha messo dinanzi alle autorità sovietiche per il bene della pace, per la vicendevole confidenza e la stabilità politica del mondo. Senza la vera libertà dei figli di Dio noi non avremo mai questi grandi doni di Dio — la pace, la giustizia e la verità. Chiedo nel nome di questa amicizia che da anni ci lega di non cessare di parlare su questo argomento nei vari fori internazionali per il bene dei popoli incatenati. Questo sarà il suo santo apostolato dell'uomo di Stato. Dio vi aiuti in questa santa opera.

Morì nel 1984 all'età di novantadue anni. Non fece in tempo a vedere il chiarore di una aurora che poco dopo avrebbe dato inizio a Mosca alla stagione che aveva tanto auspicato.

Trentasei anni prima in una pubblicazione della «Civiltà Cattolica» sulle persecuzioni religiose in Russia avevamo letto: «L'11 aprile 1945 alcuni vescovi ucraini furono arrestati; il metropolita Slipyj, comunemente ritenuto morto, secondo notizie più recenti si troverebbe ancora tra i vivi».

7

TROPPI FURTI NELLA VILLA

Circondata da alte mura, Villa Abamelek Lazareff — residenza dei diplomatici sovietici, e sede almeno negli anniversari della Rivoluzione d'Ottobre di ricevimenti via via sempre più frequentati — non è poi quel fortilizio che sembrerebbe. Né la leggenda di guardiani abilissimi, di cani poliziotto e di allarmi elettronici sembra trovi conforto nella realtà, se è vero che lungo gli anni le denunce di violazioni e di furti sono state numerose.

Già il 19 luglio 1956 il capo dell'ufficio consolare Valentin Iasev, nato a Molotov (Urss) il 14 giugno 1918, denunciava ai carabinieri che la notte precedente, a ora imprecisata, persone ignote erano penetrate nell'interno di Villa Abamelek e, dopo aver tentato invano di aprire una finestra al piano terreno, avevano forzato una porta ed erano penetrati all'interno *senza asportare nulla*. Danno valutato in diecimila lire.

Lo stesso console Iasev, il 24 febbraio successivo, denunciava alla stazione dell'Arma in Porta Cavalleggeri di aver constatato alle 11 del mattino nella dipendenza «Teatro o Casina delle Muse» della villa sopraddetta la sparizione di tre tele, rappresentanti la prima una donna nuda e le altre due paesaggi. Non era in grado di specificare l'autore e il valore dei quadri di cui erano rimaste ora solo le cornici; poteva però dire che quattro giorni prima le tele erano al loro posto.

Il sopralluogo che ne seguì attestò due tracce di manomissione: a una portafinestra sita su un belvedere e a una porta di regola sprangata dall'interno e trovata invece aperta. Ma il guardiano, signor Tommaso Ciolli, era più attento del console perché si accorse che in aggiunta alle tre tele mancavano altri due dipinti e una statuetta in marmo, rappresentante un angelo adagiato su un fianco.

Le indagini relative si abbinarono a un altro furto che era stato denunciato nell'ottobre 1956 a un diverso comando di polizia giudiziaria, riguardante una statua di Venere (peso: 150 chilogrammi) e due busti (50 chilogrammi ciascuno) asportati da un chiosco nel parco della villa.

Passano due anni e si ha una nuova denuncia contro ignoti trafugatori della villa di un busto di Adriano e della statua di Ermo. Ancora: nel 1969 scompare un quadro di soggetto pompeiano e nel 1970 un busto dell'imperatore Commodo. Nel febbraio del 1973, invece, due o tre giovani armati di bastone si introdussero nella villa attraverso una breccia aperta nel ferro spinato di cinta e ruppero alcuni vetri della scuola dell'ambasciata. Teppisti comuni o teppisti politici?

Di questa serie di «odiose intrusioni» (non so se ve ne siano state altre) venni a conoscenza in occasione dell'ultimo clamoroso episodio. Si arriva così alla notte sul 18 gennaio 1984, quando i ladri entrano nella villa, tagliano il vetro di una finestra dell'edificio di rappresentanza e rubano nove arazzi fiamminghi e tredici quadri. L'allarme non ha funzionato o era stato disattivato.

Sembra che la notte successiva vi sia stato un nuovo tentativo di penetrazione, questa volta non riuscito. Il governo russo formulò una protesta ufficiale e Gromyko me ne parlò anche nel mio viaggio a Mosca dell'aprile di quell'anno; ma non è facile dall'esterno assicurare una vigilanza stabile. Certo, impressionano i particolari: alcuni arazzi misurano sei metri per quattro e i quadri — di scuola panniniana del XVIII secolo — sono anch'essi di ampie dimensioni.

Questa volta, essendo agli Esteri, mi occupo di persona della questione che dopo qualche settimana diviene di dominio pubblico. Apprendo con sorpresa che nei trenta ettari del compendio vi è un solo guardiano. E, per quanto possa intensificarsi il pattugliamento esterno, è necessario che i sovietici provvedano anche loro. Forse per un malinteso erano stati in passato frapposti ostacoli alla venuta di altri sei vigilantes. Faccio dare subito i visti necessari, ma era importante ritrovare la refurtiva, anche per il buon nome dei nostri servizi d'ordine.

I ministri degli Interni e dei Beni Culturali, Scalfaro e Gullotti, assicurarono tutta la collaborazione; e i vari organi di polizia sguinzagliarono investigatori e informatori, sotto la guida stimolante del sostituto procuratore della Repubblica Giorgio Santacroce. Il cerchio si strinse attorno ai sospetti del ramo (furti artistici), tra i quali si diffuse un clima di paura, reso più acuto dal ritrovamento di alcuni quadri depositati nella chiesa dove allora ufficiava un ex frate. Sembra che per disfarsi del bottino «sovietico» i malfattori lo avessero offerto in svendita per poche decine di milioni e questo finì per tradirli. Si convinsero allora che era meglio *restituire* e gran parte dei quadri e degli arazzi fu lasciata apposta in un furgone posteggiato nel quartiere Pinciano. Molti particolari non li conosco, né so se e quanto siano costate le informazioni (guai se non si tutela, sotto questo aspetto, la riservatezza degli operatori di polizia). So invece che tre mesi esatti dopo il furto, venne al ministero l'ambasciatore Lunkov per esprimere gratitudine «a tutti gli organi italiani e a singole persone i cui sforzi hanno reso possibile il recupero di una parte cospicua dei valori artistici *smarriti* dalla Villa Abamelek nel mese di gennaio». Ho citato testualmente perché nell'uso diplomatico le note *verbali* si presentano per iscritto.

Notai la data: 18 aprile. In fondo non mi dispiaceva che proprio in questo giorno vi fosse un segno di riconoscimento positivo sovietico verso di noi.

Negli ultimi quattro anni non vi sono state più denunce di furti. Si dirà che sono già straordinariamente rilevanti quelli sopra elencati; ma, scorrendo l'inventario di tutti gli oggetti trasferiti dall'eredità del principe allo Stato italiano e da questi a quello sovietico, si desume che gli oggetti artistici in questione erano molte migliaia. Per avere un'idea si legga nel decreto del 1947 l'elenco delle dotazioni che si trovavano persino nella «latrina» dell'edificio detto «Teatro o Casina delle Muse»:

— 4 stampe francesi colorate del secolo XIX, con cornice dorata;

— Tele ad olio del sec. XVIII con paesaggio e figura di pescatore;
— Due stampe settecentesche francesi, cornice in noce;
— Due stampe: Villa Sacchetti e Palatino, cornice in noce;
— Stampa con il Trionfo di Tito, forse del secolo XVII, cornice nera e oro;
— Due mensole-torcieri in legno intagliato con figure mostruose;
— Comò stile Impero in legno di noce;
— Due sedie in legno noce intagliato, della fine del secolo XVIII;
— Specchio con cornice laccata bianca;
— Sgabello per pianoforte in noce.

Dall'opulenza di un gabinetto si può facilmente immaginare il resto. Comunque l'ambasciatore Lunkov può prendere il Supplemento della «Gazzetta Ufficiale» del 28 gennaio 1948 e controllare quel che è accaduto in questi quaranta anni sotto i suoi predecessori.

I quadri mancanti dal recupero del 1984 sono stati restituiti dopo quattro anni di ricerche. Anche questa volta i ladri, braccati, hanno fatto ritrovare le tele a Villa Borghese nei pressi della Galleria. Forse si tratta di esperti d'arte...

8

SPIE E RIGATONI

Una buona regola per chi fa politica in Italia è di rispettare la Santa Sede e comprendere che cosa significhi per la nostra Nazione il centro della cristianità: grandi possibilità, ma anche qualche necessaria limitazione. Ci si deve inoltre guardare bene dall'intromettersi nelle questioni, tendenze e «scuole» interne del Vaticano. Chi crede di fare il furbo, schierandosi in una direzione o nell'altra (capita di regola ai non romani), senza saperlo si trova — dato che sono spesso contrapposizioni fittizie — in sospetto da ambedue le parti, che, tra l'altro, non amano incursioni. Se, poi, per errore di impostazione e di calcolo, si partecipa a «loro» polemiche ovvero si esagera nell'ossequio, l'uno e l'altro canale si inaridisce. Ricordo un ingenuo collega che in determinate festività ascoltava due messe in una stessa giornata: a Sant'Ivo (Montini) e a Villa Nazareth (Tardini). La sua anima si sarà *forse* affinata, ma il livello di prestigio era di sicuro diminuito.

Per mio conto solo una volta (nei giorni amari dell'operazione Sturzo) dovetti scavalcare le vie ordinarie per fare avere con immediatezza un appunto a Pio XII tramite madre Pascalina. L'effetto fu positivo, ma Tardini non mi risparmiò un pepato rimprovero.

Chi non è pratico del... sacro fuoco rischia di bruciarsi malamente, anche se talvolta senza la minima colpa. Quando, ad esempio, Paolo VI volle ricevere gli uomini dei nostri servizi di sicurezza che lo avevano silenziosamente scortato nel suo viaggio a Bombay (il generale Viggiani non lo aveva abbandonato un minuto, neppure durante la Via Crucis, meritandosi così il nomignolo di Cireneo), riscontrai una grande eccitazione per due argomenti che in un improvvisato discorsetto il Papa aveva loro rivolto: la salvaguardia della sussistenza della scuola non statale e l'assenso per la riduzione del numero delle diocesi italiane. Dovetti d'autorità ordinare al servizio — che era entrato in agitazione — di non immischiarsi in argomenti estranei al loro compito.

Un'altra volta, invece (e lo cito per connessione di materia), bisognò difendere il servizio stesso da accuse di poco riguardo per il mondo ecclesiastico. In una polemica su pedinamenti e schedature ritenuti abusivi ci fu chi si scandalizzò (e i laicisti più arrabbiati si distinsero al riguardo) perché sotto osservazione era finito anche qualche appartenente al clero.

Era necessario distinguere. Quando, ad esempio, nella chiesa austriaca di Santa Maria dell'Anima il vescovo Luigi Hudal riceveva molto «paternamente» certi tirolesi accusati di organizzar confusione (e peggio) in Alto Adige, lo Stato italiano aveva non solo il diritto, ma il dovere di non chiudere gli occhi. Del resto — curiosi ricorsi nella mia vita — nel 1939 mi ero trovato occasionalmente lì per il *Te Deum* dopo l'elezione di Pio XII e avevo visto con quale freddezza i cardinali tedeschi trattavano il collega viennese (Theodor Innitzer) per il quale, sembra, l'Anschluss hitleriano non fosse stato un giorno di tristezza.

Veniamo a noi. Nel 1963 vi furono due di quelle manifestazioni internazionali attorno alle quali si mobilitano i servizi di spionaggio e controspionaggio di mezzo mondo, cercando reciprocamente di ingannarsi confidando disinformazioni e recependo false confidenze. Mi riferisco alla Conferenza del disarmo a Ginevra e al Congresso mondiale dei giuristi per una pace fondata sul diritto celebrato a cavallo tra il giugno e il luglio ad Atene. Il tam-tam segnalò con evidenza la partecipazione di un «cinquantenne prelato vaticano», già di sede in Germania e i cui scritti su *La Santa Sede e la guerra* e su *Roma città aperta* avevano avuto discreta notorietà.

Sulle piste di monsignor Alberto Giovannetti (che i sicofanti definivano gioviale, intelligentissimo, molto aperto e così via) si appuntavano incrociate rilevazioni. All'Est si attribuiva una valenza di alta politica alla sua cordialità con il consigliere dell'ambasciata sovietica a Roma Pavel Mevdedovskij. Non meno valutati a Ovest gli incontri tra i due, anche durante i novendiali funebri di Giovanni XXIII. Quando poi il prelato e il compagno furono visti insieme in un ristorante di Tor di Quinto, a nuovo pontificato iniziato, il nervosismo occidentale si accentuò. Sotto Giovanni XXIII il gioco a tutto campo era una proiezione naturale del carattere del Papa; ma con il diplomatico Paolo VI nulla si riteneva potesse essere occasionale o irrilevante. Sta di fatto che, stabilendo la Santa Sede di inviare un osservatore permanente all'Onu, il prelato designato al Palazzo di Vetro fu proprio monsignor Alberto Giovannetti. Chi aveva creduto di metterlo fuori gioco inviando le fotografie dei pranzetti a Tor di Quinto restò inebetito.

La sua predilezione per la buona pastasciutta lo accompagnò anche laggiù. E io stesso fui invitato un giorno a New York da amici comuni, la cui cucina non era certo da meno dei rigatoni di Angelino ai Due Ponti. Pavel Mevdedovskij non c'era.

Il settantacinquenne diplomatico pontificio è da qualche anno a riposo e vive placidamente a Monterotondo, ricordando e scrivendo. Un quasi diario, pubblicato nei mesi scorsi, si apre con questa brillante frase di sua madre: « Da quando sei a New York dici sempre che non hai tempo per scrivere a casa. Ma che lavoro importante fai e che sarà mai questa America? ».

Il capitolo dedicato ai « comunisti americani » forse farà rizzare di nuovo gli orecchi ai vari servizi. Premesso che la classe operaia e i sindacati non producono in Usa comunisti e che il minuscolo Pc statunitense è formato da « intellettuali frustrati di origine borghese », Giovannetti narra di tre ondate diverse di caccia alle streghe nei loro confronti.

La prima (Palmer Folly) quando subito dopo la guerra mondiale del 1914-18 l'*attorney general* A. Mitchell Palmer dette vita ai *red raids*: le incursioni volanti per snidare i rossi, anche con l'aiuto, nel Sud, degli uomini del Ku-Klux-Klan. Il secondo round fu pilotato dal senatore Joseph MacCarthy negli anni Cinquanta. Terzo periodo quello di una certa confusione fatta da J. Edgard Hoover tra comunisti e antisegregazionisti.

Giovannetti riporta lo scambio di battute tra Martin Luther King («Nel mio movimento ci sono tanti comunisti quanti sono gli esquimesi in Florida») e il capo dello Fbi («King è il più grande mentitore del nostro Paese»).

Non mi meraviglierei se in qualche velina dei sicofanti si attribuisse a questa pagina la «doverosa legittimazione» per tenere ancora monsignore sotto osservazione. Tanto più che nello stesso libro si dice che il marxismo teorizzato da Marx e da Engels non ignora l'uomo e condivide anzi, con il cristianesimo, l'attenzione per l'individuo, a differenza del buddhismo, dell'induismo e dell'islamismo.

Comunque il diplomatico Pavel Mevdedovskij è ormai a riposo e, che io sappia, se vive non risiede in Italia.

9

LA SIGARETTA DI PODGORNYJ

Passato nel 1966 al ministero dell'Industria, fui incaricato di accompagnare il Presidente del Soviet Supremo Nikolaj Podgornyj, in visita ufficiale in Italia, nella tappa di Torino che consisteva in una colazione d'onore e nella visita alla Fiat.

Era per me un contatto nuovo. Se, come ho scritto, negli anni della Difesa i sovietici erano l'obiettivo da vigilare per evitare attacchi di sorpresa, in precedenza (specie nei sette anni di segretario verbalizzante del Consiglio dei Ministri) conoscevo dei rapporti italiani con loro quel che riferivano i ministri competenti. Ricordavo le innumerevoli comunicazioni sulla ripresa commerciale, sulla consegna delle trentatré navi da guerra (con polemiche curiose, ad esempio sulla pretesa di avere unità che erano affondate durante il conflitto) e specialmente sulla sorte dei dispersi e sul ritorno dei prigionieri. Nel 1948 una delegazione presieduta da Ugo La Malfa aveva negoziato faticosi accordi *ad hoc*, ma le diatribe erano continuate con eguale virulenza e intensità.

L'effetto della vittoria democratica del 18 aprile 1948 e, ancor di più, l'adesione al Patto Atlantico e la posizione contraria a stolte e illusorie «punizioni eterne» verso la Germania ci avevano messo nel mirino di una neppur dissimulata ostilità.

Tra le reazioni sovietiche minori alla sconfitta elettorale dei loro potenziali alleati italiani vi fu anche l'ostruzionismo verso la Mostra internazionale del cinema a Venezia.

Nel 1947, mio primo anno di responsabilità governativa anche nel settore artistico, i sovietici avevano partecipato con due film (*L'ammiraglio Nachimov* di Pudovkin e *Glinka* di Leo Arustam) oltre a un buon numero di documentari televisivi: alcuni di esagerata propaganda, altri molto belli e apprezzati. In più era stato riservato loro uno spazio di riguardo nelle retrospettive, specie in omaggio personale al regista Grigorij Aleksandrov.

Dal 1948 al 1954 il film sovietico restò assente da Venezia. Non attribuisco *in tutto* una analoga interpretazione «punitiva» per la Mostra delle arti figurative, perché l'Urss, dopo l'ultima presenza del 1934, riprese a partecipare solo nello stesso anno 1954. In ambedue i casi si può comunque dire che era stato riservato un trattamento di maggior favore all'Italia governata dai fascisti che non alla coalizione democratica imperniata sulla maggioranza assoluta democristiana.

Ma ben più pesanti della diserzione a Venezia — alla quale, in fondo, si sopravviveva — erano gli attacchi che la stampa e la radio sovietica riservavano all'Italia e al suo governo. Sforza, Scelba e Pacciardi erano i destinatari più... considerati, ma ce n'era per tutti. Di tanto in tanto — perché così vuole la diplomazia — si inviava una nota di protesta, con effetto scontato già in partenza.

Va detto che anche molta stampa italiana non era benevola verso Mosca, ma era facile rispondere alle loro lamentele che il sistema politico dei due paesi era tanto diverso, per cui non si poteva da noi chiamare in causa il governo che non aveva alcun potere censorio, e neppure d'ispirazione, e che non godeva certo della benevolenza tendenziale dei giornali.

In una occasione i sovietici avevano protestato duramente, sostenuti dai comunisti nostrani che ne chiedevano il sequestro, niente di meno che a norma dell'articolo 2 della Legge di Pubblica Sicurezza (l'onorevole Giulio Cereti venne a chiederlo formalmente): fu quando il «Travaso delle Idee» dedicò una vistosa copertina rievocativa dell'accordo Ribbentrop-Molotov. Era un *punctum dolens* non rimarginabile.

Dirò per *incidens* che i sovietici si servivano dei comunisti in circostanze come questa e altrimenti, ma non li aiutavano politicamente. Ricordo la stizza di qualche collega dell'estrema sinistra nel marzo del 1948, quando fu annunciato ufficiosamente, un mese prima delle elezioni indette per il 18 aprile, che «con un gesto amichevole e tempestivo» l'Urss rinunciava all'intero stock delle navi assegnate dal Trattato di Pace. Tale rinuncia non ebbe alcuna conferma in seguito, con grave disagio dei dirigenti comunisti. Tanto per fare un esempio.

In una delle polemiche, mi pare del 1949, furono presi di mira da Radio Mosca Giulio Pastore e altri due sindacalisti di ritorno da un viaggio in America, insinuando che fossero carichi di dollari («il cammino dei democristiani del resto è stato segnato dall'oro Usa, perché sono lacchè dei ricchi americani»). Pastore si infuriò e denunciò che i comunisti ricevevano ogni mese un forte finanziamento dall'Est, pagato a rotazione tramite una delle ambasciate romane.

I comunisti ovviamente smentirono, ma Eugenio Reale, esattore e amministratore del Pci, quando si distaccò dal partito confermò il fatto; che le autorità, del resto, conoscevano bene e senza dispiacersene perché — ironia della sorte — il contributo di solidarietà internazionale arrivava in dollari.

Per qualche tempo Reale provvide anche ai socialisti, fino a che Angelo Rizzoli (e venne a informarne De Gasperi, imbarazzandolo) subentrò nella bisogna, non volendo che perdurasse questa duplice dipendenza di Nenni e dei suoi amici.

Tornando alla visita di Podgornyj — che a Roma si era svolta con il consueto cerimoniale al quale di solito la città, per ripetizioni di analoghi eventi, resta piuttosto estranea — ricordo che dette luogo a Torino a un interessante contatto con il mondo del lavoro.

L'incontro si svolse in Fiat, con Gianni Agnelli facente gli onori di casa. Dopo un breve giro, i discorsi. Io sedevo nel palco d'onore con alla destra i parlamentari e dall'altro lato la commissione interna, che mi sembrava abbastanza eccitata per l'ospite così rappresentativo. E Podgornyj prese la parola dopo un applauso molto caldo e dopo i saluti di circostanza. Esordì facendo elogi caldissimi del defunto professor Vittorio Valletta.

I miei vicini cominciarono a scalpitare. Il senatore Ferdinando Vacchetta, già operaio a Mirafiori, brontolò a voce alta contro la celebrazione del «paternalismo». Ma quando il Presidente continuò rifacendosi ai fecondi rapporti Fiat-Urss durante il periodo fascista, una vera costernazione serpeggiò tra i miei vicini di sinistra che sembravano divincolarsi su sedie da cardatore. Ma come? Non che Nikolaj Podgornyj dovesse venire a propagandare la nazionalizzazione della fabbrica: questo non potevano aspettarselo. Ma che impostasse il suo discorso elogiando solo la dirigenza capitalista, non facendo differenza tra l'Italia fascista e quella uscita dalla Resistenza, questo era troppo.

Cercai a bassa voce di consolarli dicendo loro che i discorsi ufficiali li scrivono i funzionari del protocollo, che tirano fuori dagli archivi i «precedenti» e cercano acriticamente di raccoglierne il massimo possibile. Ma non ebbi fortuna. Quello che mi era più vicino mi disse rattristato che aveva preso ben tre multe per aver minacciato il suo caporeparto di «fargliela vedere» il giorno in cui fosse arrivato Baffone.

Pensai a lui quando nel 1972 ascoltai a Mosca da Kosygin questa frase: «Non le dispiaccia se le dico che per me l'immagine dell'Italia è legata alla figura di Enrico Mattei e di Vittorio Valletta».

L'applauso all'uscita di Podgornyj parve a me meno intenso di quello iniziale, anche se la massa degli ascoltatori era politicamente meno sofisticata della commissione interna e prendeva gli elogi come il riconoscimento dell'importanza internazionale della ditta di cui si sentivano parte con fierezza.

Alla colazione ufficiale sedevo alla destra di Podgornyj; a poca distanza, Giancarlo Pajetta mi guardava incuriosito, pensando probabilmente alle bizzarrie della storia. A ricevere per il governo italiano il numero uno (almeno formalmente) dell'Urss non era lui, che in carcere aveva sacrificato la sua gioventù vedendo in Mosca il perno della riscossa contro il fascismo, ma un democristiano.

L'interprete, seduto di fronte, lavorò molto perché Podgornyj amava far domande sulle materie più varie e senza un ordine prestabilito: l'andamento dell'annata agraria, il sistema di accesso alle università, l'età di pensionamento degli operai, il funzionamento del nostro Parlamento, il ruolo delle regioni, il campionato di calcio (dovetti spiegargli che, sia pur lieve, una differenza tra la Fiat e la Juventus esiste), il rapporto con le ex colonie.

Instauratosi un certo affiatamento (da parte mia frapponevo qualche domanda non impegnativa), mi chiese quante volte al mese il Presidente del Consiglio si recasse dal Papa. E il segretario della Democrazia cristiana? Penso che non mi credette affatto quando gli risposi che De Gasperi, in sette anni di presidenza, era andato in udienza dal Pontefice soltanto una volta, per il ventennale dei Patti Lateranensi.

Quando, a mia volta, gli chiesi perché mai loro fossero assenti in Vaticano, mentre vi erano gli ambasciatori di paesi lontanissimi da ogni radice cristiana, lasciò cadere l'argomento. E capii subito che anche il quesito sui *nostri* rapporti con il Papa non aveva affatto uno scopo politico. Lo compresi per la domanda successiva, cui premise il preambolo se poteva farmi una domanda molto confidenziale e riservata. Pensai per un attimo che volesse toccare argomenti dell'Alleanza atlantica, invece mi sentii sollevato per quel che fu il quesito. Doveva andare nei giorni successivi in udienza dal Pontefice e voleva sapere se all'ospite fosse concesso di fumare. Senza una sigaretta, almeno tra le mani, nei colloqui importanti si sentiva confuso e perdeva lucidità; l'ambasciatore a Roma però glielo aveva assolutamente escluso.

Risposi che di norma in udienza non si fumava, ma che quando Paolo VI era monsignor Montini qualche sigaretta alla fine dei pasti l'accendeva. Senza che credesse a mie entrature politiche presso la Santa Sede, e chiarendo bene che mi sarei rifatto agli anni di Montini assistente di noi universitari cattolici, gli promisi di far conoscere questa sua innocua esigenza. Se, sedendosi, avesse trovato davanti un portacenere voleva dire che il messaggio era stato raccolto.

E così fu.

10

1963: MANO RUSSA SUL CONCLAVE?

Nei giorni che precedono il Conclave, i cardinali che via via arrivano a Roma e quelli che vi risiedono cercano di limitare al minimo necessario i contatti esterni, per il fondato timore di domande indiscrete sul nuovo Papa e interpretandosi magari la riservatezza nel rispondere come indecisione o perplessità. Tale clausola è destinata a divenire anche più marcata dopo la clamorosa intervista rilasciata (o strappata?) dal cardinale Giuseppe Siri nel 1978, con l'intesa di pubblicarla a cardinali rinchiusi in Vaticano e resa invece nota prima, con una... immediata capacità divulgativa quasi scientifica. Chi ritiene che lo Spirito Santo agisca non del tutto da solo nella suprema elezione della Chiesa, può a ragione addebitare a questo infortunio il piccolo gap di voti che mancarono all'arcivescovo di Genova per divenire Vescovo di Roma.

Nel giugno 1963 ricevetti, con mia sorpresa, una pressante richiesta di incontro, «possibilmente in casa mia», da parte di un cardinale straniero che conoscevo, ma non in modo approfondito. Naturalmente aderii e mi trovai dinanzi un personaggio imbarazzato che — me ne accorsi dopo lo scambio di usuali convenevoli — faceva fatica a dirmi il perché dell'incontro. Finalmente prese coraggio, impegnandomi prima al rispetto più assoluto della massima che si può parlare di un peccato ma non del peccatore. Non nascondo che avvertivo un misto di curiosità e di preoccupazione e cercavo di indovinare di quale peccato si trattasse; ero comunque divertito per trovarmi, io laico, quasi a raccogliere la confessione di un porporato.

Venne al dunque. Mi risultava che l'ambasciata sovietica stesse manovrando per influire sul Conclave?

Caddi veramente dalle nuvole e risposi che il tempo dei veti imperiali era finito con Pio X. L'ospite tirò allora fuori da una cartelletta alcune fotografie e me le porse.

Si vedeva una anziana signora, di spalle una volta e viceversa, che varcava il cancello di una villa. Con una sofferta lentezza Sua Eminenza mi passò anche un rapporto in lingua francese nel quale si diceva che la sorella del cardinale Agagianian stava facendo la spola con l'ambasciata dell'Urss a Roma; e si collegava il fatto con il desiderio di Mosca di avere un Papa che, dopo la distensione giovannea, non tornasse all'ostilità di Pio XII.

Non mi era chiaro se il possibile peccatore di cui alla premessa fosse l'autore del dossier o lo stesso cardinale, in quanto non lo aveva subito respinto o cestinato. Dal contesto del discorso constatai però che il personaggio soffriva davvero per questo spiacevole incidente, del quale aveva parlato soltanto a un anziano collega italiano ricevendone appunto il consiglio di venire da me. Visibilmente sgravato, rimetteva il tutto nelle mie mani, pregandomi di disporre qualche riservatissimo accertamento e riferirne poi direttamente, se vi fosse stata malauguratamente materia, al cardinale Aloisi Masella («di lei conterraneo», aggiunse, per farmi comprendere chi me lo aveva inviato). Da parte sua dimenticava il tutto e insisteva solo — *anche se non occorreva*, ma il fatto di ripeterlo voleva dire che non ne fosse certissimo — perché io mai facessi il suo nome. Obbligo al quale anche ora mi attengo.

Non era facile muoversi in un campo di tale delicatezza, tanto più che avevo dimestichezza con il cardinale Agagianian e lo stimavo grandemente. Alcune ore di riflessione mi convinsero che la procedura più corretta — una volta superata la forte propensione a non ingerirmi — era quella di andarne a parlare con lo stesso «sospettato». L'imbarazzo era enorme, ma si trattava di un vero uomo di Dio, che ogni giorno dava edificazione alle prime luci del mattino nella chiesa dei cappuccini di via Veneto, passando ore in silenziosa preghiera. Nel fascicoletto cambiai solo la parte scritta, riproducendola in italiano, a evitare attribuzioni di paternità.

Quando gli telefonai — lo feci direttamente — ebbe un attimo di esitazione, pensando che volessi andare a fargli gli auguri, come altri (me lo spiegò lui più tardi) aveva cercato già nel 1958 per precostituirsi benemerenze, forse con più di un destinatario di queste visite.

Venni senza preamboli all'argomento e ammirai il suo controllo e la sua pazienza. Non nascondeva — disse — amarezza e sorpresa perché proprio in quel momento qualcuno avesse attribuito importanza a una formalità che sua sorella aveva adempiuto, recandosi — come gli altri cittadini sovietici — a registrarsi nella propria cancelleria diplomatica. Né la sorella né lui si erano mai occupati di politica e, del resto, solo un superficiale avrebbe potuto pensare a soddisfazioni di Mosca per un Papa armeno. Al contrario, nel difficile equilibrio dei vari ceppi di popolazioni all'interno dell'Unione Sovietica, un fatto del genere avrebbe facilmente potuto — oltre a creare per la dirigenza comunista internazionale seri problemi di comportamento — innescare una eccitazione nazionalista dalle conseguenze sconvolgenti.

Ma chi poteva pensare — aggiungeva — che a succedere al gigantesco Papa Giovanni fosse un Adriano VII? Faticai qualche attimo per capire che si trattava della convinzione di un pacifico rispetto della «scelta italiana» mai interrotta dal 1523, dopo Adriano VI; ma mi sentii autorizzato a entrare nel merito del... Totopapa, dicendo con schiettezza che per me Agagianian era un sacerdote *romano* (oltreché vescovo di Albano).

D'altronde, già nel 1958 una sua candidatura era emersa. Non contravvenivo ad alcuna norma canonica parlandone, perché avevo appreso dallo stesso ex cardinale Roncalli — *legibus solutus* — che lui e Agagianian erano stati «due pesciolini nella stessa padella». In un conclave nel quale gli italiani erano soltanto diciassette e di essi non più di tre o quattro al di sotto dei settanta anni, non era davvero escludibile una designazione estera. Angelo Giuseppe Roncalli era allora settantasettenne e sulla carta fuori del sacro gioco; viceversa resse benissimo il pontificato, che non fu davvero di transizione.

Ricordavo il mattino dell'apertura del Conclave, quando il patriarca di Venezia mi aveva chiamato alla Domus Mariae per definire il passaggio alla diocesi dei locali demaniali dati in uso al seminario di Punta della Salute. Mi aveva detto che il cardinal Costantini, morto poco prima, era fautore di un papa *orientale*; laddove questo aggettivo non era a suo avviso che una finzione confusionaria dell'Ovest che vi comprende turchi, cinesi, coreani e tanti altri.

Lo raccontai — per alleggerire la spiacevole conversazione — ad Agagianian, che ne era stato informato dallo stesso pontefice ora defunto, con il quale aveva mantenuto rapporti eccellenti, anche su temi difficili come il parere sull'udienza al famoso genero di Kruscev, compagno Adžubej.

Il cardinale si alzò e prese da uno scaffale un libro rilegato elegantemente. Era il *De consuetudinibus et condicionibus orientalium regionum* di Marco Polo: un dono fattogli dal cardinal Costantini pochi giorni prima di morire. Rifugiandosi in Marco Polo evitava di dover accennare comunque alla «frittura» nel 1958. Sorrise e passò a parlar di altro, come se la piccola nube non avesse attraversato crudelmente il suo cielo.

Ebbi però, poche ore dopo, la prova dell'esistenza di una vera manovra (forse ispirata in buona fede, ma De Gasperi ci insegnava che i disastri provocati in buona fede sono oggettivamente eguali agli altri). Ricevetti infatti per via burocratica la stessa informazione che il cardinale straniero era venuto con tanta sofferenza e circospezione a riversare al mattino sulla mia coscienza. Nel carteggio si accennava a un «visto» avuto l'anno precedente a Mosca dalla signora Elizaveta Papichova nata Agagianian, che, arrivata in effetti a Roma nel febbraio ultimo, aveva preso alloggio presso il Collegio Armeno di via San Nicolò da Tolentino 17.

Avrebbero reso omaggio alla signora sia l'ambasciatore Kozyrev, sia un primo segretario Goorguen Agajane. Di qui i terribili sospetti, ignorando le regole di cortesia normali e l'ovvio saluto di un armeno a una armena.

Ma c'era di più. A partire dal 2 giugno la signora era stata seguita: si era recata ad ascoltare la Messa a San Giovanni in Laterano e aveva fatto una gita ai Castelli romani andando anche al santuario del Divino Amore. Il giorno successivo (data della morte di Giovanni XXIII) aveva trascorso la giornata tra l'Istituto delle religiose armene dell'Immacolata in via Vincenzo Monti e la Congregazione di Propaganda Fide (a capo della quale era il fratello). Dal 7 al 9 non era uscita di casa, ricevendo solo una volta il fratello, e il dottor Megarditch Helojan, originario turco che esercitava la sua professione in Roma.

Non nascondo, allora come adesso, la mia ribellione interiore nell'apprendere questo pedinamento di una persona che certamente non poteva dar luogo a sospetti di sorta. Era un eccesso di zelo? Un pasticcio incrociato di servizi stranieri? La cervellotica connessione con il Conclave era occasionale; ovvero l'interesse per la signora, sviluppatosi solo alla morte di Papa Giovanni, era davvero strumentale? E in questo caso chi tirava i fili?

A ogni buon fine mi recai subito dal cardinale Aloisi Masella pregandolo di considerare chiusa la squallida vicenda. Lo trovai in stato di grazia, lieto e onorato di esser per qualche giorno alla testa della Chiesa senza avere le ansie e gli oneri di un papa. Era un modo elegantissimo per eludere il tema della temuta interferenza sovietica, una volta accertato — con evidente sollievo — che non era mai esistita.

Il Conclave, come è noto, si orientò rapidamente sul nome di Giovanni Battista Montini, questa volta unico pesciolino in sacra cottura.

11

UN ANNO IMPORTANTE

La legge che introduceva il divorzio rappresentò un grave *vulnus* all'interno del centrosinistra governativo, ma a evitare fratture aveva giocato la proposta dell'onorevole Francesco De Martino di rendere operativo il meccanismo dei referendum abrogativi, rimasto sino a quel momento inoperante nonostante fosse un istituto sancito dalla Costituzione. In tal modo gli antidivorzisti avrebbero potuto fare appello al popolo per abrogare la legge Fortuna.

L'iniziativa del referendum non fu presa né dalla Democrazia cristiana né dall'Azione cattolica come tale, ma da un gruppo promotore *ad hoc* messo in piedi dal professore di diritto romano Gabrio Lombardi (fratello del gesuita Riccardo e della nostra collega alla Camera Pia Colini) e dall'avvocato romano Franco Ligi.

L'ottimismo di queste persone era commovente, ma altrettanto solida era la sensazione della loro illusione. Qualche voce antidivorzista nella sinistra — come la senatrice Lina Merlin, nota per la legge di soppressione dei postriboli — era sopravvalutata a dismisura, mentre si accreditava la leggenda, più rozza che infantile, che le mogli dei comunisti e dei socialisti avrebbero fatto muro per evitare l'esodo dei loro mariti.

I deputati democristiani avevano compiuto il loro dovere fino all'ultimo, tenendo impegnata la Camera per un intero semestre, cercando di convincere gli *altri* e di far maturare un appoggio tra i cittadini. Non va data eccessiva importanza alle manifestazioni e ai picchetti dinanzi al Parlamento, ma per bilanciare *una tantum* le filodivorzio che vi stazionavano, dovetti io stesso far venire un giorno qualche centinaio di miei elettori romani. Ero pertanto più che convinto che affrontavamo con il referendum una battaglia perduta in partenza, nonostante Gabrio e i suoi amici dicessero che noi politici viviamo come i pesci rossi nelle vaschette, isolati dal resto del mondo.

Non nascondo che mi preoccupavo anche, come cattolico e come amico del nostro vecchio assistente della Fuci, delle conseguenze di uno scacco in Italia, non esclusa Roma, città di Paolo VI e della Curia.

Il Papa fu con me esplicito. Concordava nella previsione dell'insuccesso, ma nessun motivo di opportunità avrebbe potuto far chiedere ad alcuni fedeli che lo desideravano di sperimentare un mezzo legale per cancellare una legge ritenuta negativa.

Non miglior risultato sortì un tentativo — che lanciai dalla mia rivistina «Concretezza» — di distinguere il matrimonio civile da quello religioso-concordatario, proponendo di escludere per quest'ultimo il divorzio, oltretutto per riguardo al Concordato con la Santa Sede che escludeva modifiche unilaterali (su questo punto vi fu poi una pronuncia della Corte Costituzionale a strettissima maggioranza, purtroppo estorta con un ricatto a un giudice, di cui conservo le prove).

A me sembrava che per il matrimonio meramente civile, poco romanticamente definito dai canonisti un *concubinato*, fosse quasi logico ammettere la dissoluzione tra vivi. Ma la proposta del «doppio binario» fu osteggiata sia dai divorzisti — fiduciosi nella vittoria piena — sia dagli antidivorzisti che sospettarono una mia politicizzata indulgenza per il fronte avverso.

Così, agli inizi del 1972, il Governo Colombo andò in crisi, perché il referendum — che era sembrato il rimedio per salvare la coalizione — aveva invece teso gli animi in modo irreparabile.

L'incarico di tentare di ricucire le lacerazioni venne a me, ma per le ragioni ora dette i margini erano pressoché inesistenti. Due anni prima avevo già avuto un incarico simile, ma ero stato gentilmente silurato dai socialdemocratici, timorosi di un mio rapporto privilegiato con i socialisti, sol perché nel lavoro di Montecitorio avevo stretti e leali rapporti con il mio collega del Psi Luigi Bertoldi. Mentre scrivevo (a mano) una bozza di programma governativo, mi recapitarono un flash dell'agenzia Ansa con la dichiarazione di Mario Tanassi che il programma non era di loro gradimento.

Ero tornato senza rancore nel mio banco di capogruppo. Ora mi trovavo di nuovo in ballo, anche se con la prospettiva — cui personalmente sono contrario per ragioni di principio — di gestire la fine anticipata della legislatura. Differire, del resto, il referendum a chi avrebbe giovato se non vi erano disponibilità di modifiche alla legge accettabili da tutti?

Volli verificare se dalla Santa Sede vi fosse qualche apertura, dopo i sondaggi che sapevo avevano fatto alcuni vescovi italiani. E profittai di una colazione a casa mia con monsignor Giovanni Benelli, venuto per parlare di una possibile iniziativa dell'Unione interparlamentare a proposito dei gravi incidenti accaduti in Irlanda del Nord, con tredici cattolici uccisi dalla polizia e schiaffi dati al ministro dell'Interno dalla deputata Bernadette Davlin ai Comuni. Al mio rilievo (fatto *ad hoc* per addolcirlo sul divorzio) circa la posizione di ragazza madre della onorevole campionessa del cattolicesimo irlandese, Benelli mi disse che la vita privata e le idee politiche della stessa erano da criticare, ma era un simbolo «cui si perdona il resto». Quanto al nostro problema riteneva che una riforma *vera* della legge Fortuna sarebbe stata vista con rispetto, ma non *espedienti* per eludere il referendum. La soluzione non doveva essere «capita solo da ambasciatori o da élites».

A sua volta Bertoldi mi riassumeva così la situazione: o un monocolore che fa celebrare il referendum o elezioni. Un po' di riposo per un partito che è per metà governativo e per l'altra metà «anti» non avrebbe fatto male.

Tramite Gonella, consultai anche Arturo Carlo Jemolo, che era stato mio professore e che stimavo enormemente. Speravo di convincerlo a entrare nel governo, ma comunque il suo avviso era prezioso. Anch'egli però non vedeva sbocchi possibili per evitare il referendum e si rendeva conto del potere deflagrante che aveva in quel momento.

Dopo una serie di sondaggi, ricerche e piccole liturgie, ebbi conferma che la legislatura si era consumata e — d'accordo con la segreteria democristiana (l'armonia con Forlani fu sempre perfetta) — presentai al Quirinale un governo monocolore, che all'indomani prestò giuramento in un clima di trasparente transitorietà.

Dieci giorni prima, a favore di un tentativo *in extremis* di salvare la legislatura, trovando per il referendum la via d'uscita delle proposte Ballardini e Carettoni (*piccole* modificazioni), si era mosso Saragat facendo pervenire a Paolo VI, tramite il giornalista democristiano Rodolfo Arata, un messaggio: «Il Presidente è divorzista, ma ritiene che debba essere fatto ogni sforzo per evitare l'aggravamento di una situazione polemica imperniata sul referendum, che va appunto cercato di non effettuare. È però contrario a ogni forma equivoca o surretizia di blocco. Gli sembra che le linee della proposta presentata in Senato siano base accettabile di discussione».

Il passo non aveva avuto sviluppo e non so se fosse connesso con una pubblica presa di posizione dell'avvocato Ligi, circa la perduta competenza del Parlamento a legiferare in pendenza di un referendum. Nello stesso giorno Saragat mi aveva telefonato in questi termini, che trascrissi nel diario: «La dichiarazione che ho fatto stamane all'Ansa in apparenza è contro di te, ma si tratta semplicemente di un giudizio politico su formule politiche. Da un punto di vita costituzionale non ho alcuna obiezione all'idea di uno scioglimento con governo che sia stato battuto. Comunque la mia solidarietà verso i predecessori è tale che non prenderei mai posizione contraria su loro atteggiamenti. Ricorderai che quando Segni è stato attaccato per le questioni del Sifar gli ho espresso pubblicamente la solidarietà prima ancora che lo facesse la Democrazia cristiana. Non desidero parlare delle opportunità politiche, ma ho tenuto a dirti questo e a farti gli auguri».

La procedura parlamentare fu breve e il 9 marzo si tenne l'ultima seduta della legislatura, in una atmosfera per me di qualche commozione. Tra i vari incarichi politici che ho ricoperto dal 1944 in poi, quello di capogruppo era stato forse il più gratificante, anche se eravamo stati sconfitti nella battaglia per l'indissolubilità familiare alla quale, però, noi deputati demmo un apporto favorevole superiore in percentuale a quello che a suo tempo avrebbero dato i cittadini nel referendum.

Come dovevasi dimostrare.

Pertini — che aveva accolto senza proteste... comparative la nomina di Fanfani a senatore a vita — invitò a colazione tutti noi capogruppo (io ero ex, ma senza successore) e mi fece dono di un campanello, che ricambiai — con scarsa fantasia — con l'ennesima pipa per la sua collezione.

La mia convinzione che — alcuni rassegnati, altri desiderosi — fosse pressoché unanime l'idea che si dovessero sciogliere le Camere, potrebbe sembrar contraddetta rileggendo la stampa del momento. Ma, a guardar bene, già gli stessi comunisti, che il 17 febbraio mettevano ostentatamente sotto accusa la Dc per il monocolore elettorale, in apertura della crisi, due settimane prima, avevano solennemente affermato per bocca di Pietro Ingrao: «O cambiar politica o presentarsi al corpo elettorale: è una scelta che la Dc non può eludere».

E per i partiti ex alleati (e probabilmente futuri alleati) era più semplice prendere per un breve periodo le distanze tra di loro, intessendo una dialettica che sarebbe stata impossibile — o, nel caso, controproducente — se all'interno di uno stesso governo. Naturalmente qualche dichiarazione polemica verso la Dc definita arrogante e monopolista non faceva e non fa male.

Negli incontri con le delegazioni, a parte il nodo del referendum sulla legge Fortuna, notai che si dava molta importanza alla politica estera, offrendo così un interessante terreno di ricerca per punti di incontro successivi. Come capogruppo alla Camera, avevo lavorato con fiducia per superare l'ostracismo ai comunisti del Parlamento europeo, reso possibile dal sistema maggioritario delle scelte dei rappresentanti italiani (non vi erano ancora elezioni dirette). Come poteva infatti concepirsi uno sviluppo effettivo della Comunità tenendo politicamente fuori del suo organo rappresentativo un terzo degli italiani? So bene come i meschini — che non si pongono mai problemi di fondo — interpretassero queste iniziative come tattiche furbesche e ricerca sotterranea di benevolenza. E che vi fosse, del resto, benevolenza comunista nei miei confronti sarebbe stato molto arduo scorgere.

Nei miei appunti di quei giorni trovo forti appelli perché si riconoscesse la Germania dell'Est e vibrate richieste di Riccardo Lombardi (il deputato socialista e non il gesuita) per iniziative volte a far terminare la guerra dell'Indocina.

Nella campagna elettorale mi impegnai a fondo, accettando anche eccezionalmente una seconda candidatura nel collegio Napoli-Caserta. Il 1° maggio incontrai Saragat a un ricevimento in casa Provenzano e mi disse che era venuto per dirmi che *per il dopo* era con me, essendo giusto che continuassi io a Palazzo Chigi. Il responso delle urne fu generoso per il nostro partito e anche per me personalmente sia a Roma che a Napoli.

Il 25 maggio si riaprirono le Camere e io ebbi da Leone il reincarico, con tutti i problemi di prima delle elezioni ancora irrisolti. Ricomporre il centrosinistra, come se nulla fosse accaduto, mi sembrava errato; e, anche se fosse stato possibile, esistevano impegni che sapevo obiettivamente non mantenibili. Ero comunque indisponibile per questa formula e aperto ad altre soluzioni. Non stimavo utile rinunciare ai liberali, i quali (Malagodi) escludevano in partenza un appoggio esterno. La sinistra democristiana, invece, voleva a ogni costo la ricucitura con i socialisti, i quali escludevano persino di sedere preliminarmente allo stesso tavolo con i liberali. Il tempo tuttavia è galantuomo e saranno gli stessi socialisti a restituire qualche tempo dopo al partito di Malagodi la dignità risorgimentale. In quel momento era *off limits*.

Mi dispiacque molto la mancata accettazione ministeriale di Aldo Moro. Aveva allora anche qualche problema familiare, ma pensava di potermi aiutare efficacemente dall'esterno; non voleva rompere la solidarietà con De Mita, Granelli e i loro amici; e si considerava una valida riserva. Anche i repubblicani restarono in panchina.

Vicepresidente e alla Difesa andò Tanassi; Malagodi al Tesoro; Medici agli Esteri; Gonella alla Giustizia; Silvio Gava alla Pubblica Amministrazione; Rumor all'Interno; Scalfaro alla Pubblica Istruzione e Mauro Ferri all'Industria.

Il recupero dei liberali a mio giudizio era importante. Allievo di De Gasperi, non dimentico che al coraggioso governo del maggio 1947 (il primo senza comunisti e socialisti) solo i liberali avevano aderito. È vero: il nostro margine di maggioranza era in quell'estate del '72 esiguo e la perfidia dei franchi tiratori poteva impallinarci a ogni passaggio. Ma la politica non è mai un semplice calcolo aritmetico. Né davo peso al rilievo che aprendo ai liberali avrei compromesso il mio futuro. D'altra parte Vito Scalia, uno di quelli che me lo diceva, in una riunione sindacale propose proprio allora di autodisciplinare lo sciopero dei servizi pubblici essenziali; anche se restò una pia intenzione, non era certo un segno ostile per il nuovo governo.

Tra l'uno e l'altro dibattito parlamentare sulla fiducia e subito dopo, ebbi qualche incontro internazionale, con il quale iniziai una nuova esperienza. Passai qualche ora in quei giorni con il governatore della California Ronald Reagan, inviato da Nixon in Europa per conoscere e per farsi conoscere; mi colpì la sua franchezza nel dichiarare che di certi argomenti di usuale conversazione in questi casi non se ne era mai occupato. Ma aveva idee (e note della Casa Bianca) molto precise sulle questioni essenziali. Appuntai una sua frase: «Sono migliori i rapporti Usa-Urss e Usa-Cina che non quelli Urss-Cina».

All'indomani era in partenza per Mosca e Pechino Giulio Onesti, il presidente del Coni, e lo pregai di verificare, da un angolo extrapolitico come il suo, l'esattezza della diagnosi di Reagan.

Il governatore, non legato a vincoli diplomatici, parlò anche delle tendenze isolazioniste del candidato democratico nelle ormai vicine elezioni, McGovern, che io avevo criticato parlando al Senato; disse senza perifrasi che avremmo dovuto contribuire a farle conoscere agli italiani della California.

L'ambasciatore Martin era latore di un invito del presidente Nixon a Washington per il 10 agosto o per fine settembre; ma a me sembrò una — sia pur piccola — interferenza nelle elezioni americane; ringraziai e pregai di rinviare a primavera.

A fine luglio ricevemmo in Toscana nelle ville Torrigiani e Marlia il capo dello Stato francese Georges Pompidou. La composizione diversa del governo italiano mi sembrò non lo interessasse molto, una volta accertata la continuità programmatica specie di politica estera.

Rientrato a Roma il 29 luglio, chiese di vedermi l'ambasciatore sovietico Ryžov. Con rammarico osservò che Moro, Rumor e Colombo avevano programmato un viaggio nell'Urss, ma sempre disdetto. Mi chiedeva preliminarmente quale fosse il mio avviso, qualora ricevessi analogo invito, aggiungendo espressioni elogiative per il discorso di presentazione alle Camere.

Allo stato dei fatti non potevo che rispondere genericamente di non avere obiezioni di principio, dovendo consultare i colleghi di governo e studiare bene la situazione. Non nascondo di aver provato soddisfazione per il sondaggio, proprio mentre comunisti (e socialisti) sparavano a zero — aiutati dai cecchini della maggioranza — contro il Governo Andreotti-Malagodi; e mentre la sinistra eccitava la piazza cercando inutilmente di farmi rinunciare ad andare a parlare a Sesto San Giovanni.

Ryžov sottolineava le potenzialità di uno sviluppo dell'interscambio economico, qualora si fossero create le basi politiche, come avevano fatto francesi, giapponesi e altri.

Rimasi sorpreso tre giorni dopo per una richiesta urgente di udienza non dell'ambasciatore ma dell'incaricato d'affari sovietico, però non era legata al viaggio. Mi consegnò invece una nota confidenziale ricevuta dal suo governo per me (degli altri paesi europei era stata presentata solo a Pompidou).

Si desiderava accentuare la preoccupazione per lo stato di cose in Medio Oriente. Nella visita del signor Sidki a Mosca — su sua richiesta — il 13 o 14 luglio, gli egiziani informavano che vi era forte malcontento nel loro popolo (specie in circoli ostili al regime *e tra i militari*) contro i russi. I consiglieri militari sovietici venivano additati come frenanti rispetto a sacrosante operazioni di riconquista dei territori perduti nel 1967. Pertanto il governo egiziano era deciso a richiedere il ritiro dei tecnici che, del resto, erano lì *temporaneamente* e per una opera di addestramento già in gran parte compiuta. Il governo sovietico aveva aderito a questa richiesta, tenendo molto a conservare l'amicizia dell'Egitto e a non creare difficoltà al governo del Cairo.

Il governo sovietico riteneva urgente una pressione presso Tel Aviv perché accedesse all'idea di abbandonare i territori neoccupati. Pregavano in proposito anche l'Italia.

Risposi che il sapere che l'esodo dei tecnici russi non significava ostilità del governo egiziano verso l'Urss era notizia che faceva piacere, perché toglieva la preoccupazione di vedere una tensione più accentuata.

Realisticamente osservai che era poco producente — per spingere alla trattativa — pretendere l'evacuazione totale dei territori. Meglio giovava un po' più di elasticità di partenza. Eravamo convinti che Israele andava consigliato alla moderazione (per questo criticavo pubblicamente la piattaforma McGovern), ma con intelligente realismo. Aggiunsi che noi avevamo anche esigenze di linguaggio più delicate che altri per essere stati sotto il fascismo un Paese antisemita; e non volevamo davvero risvegliare tendenze del genere, anche se si trattava di due cose diverse (Stato di Israele-semitismo). La situazione, però, stava migliorando, perché nell'occasione l'Egitto chiedeva lo sgombero dei nuovi territori e non più la *fine* dello Stato d'Israele.

L'incaricato d'affari dichiarò che certamente la pace si doveva poggiare da un lato sullo sgombero e dall'altro sul riconoscimento da parte egiziana del diritto di Israele a vivere e prosperare. L'Urss difendeva l'Egitto dalla *aggressione* (nuovi territori), ma riconosceva che nella comunità internazionale Israele è uno Stato che ha diritto alla sua vita.

Il 26 settembre offrii un ricevimento per la conferenza dell'Unione interparlamentare. Notai il calore particolare espresso dalle delegazioni dell'Est, specie i bulgari e i tedeschi orientali. Intanto la visita a Mosca andava maturando. Non solo i liberali, i socialdemocratici e la segreteria democristiana erano a favore, ma quasi la sollecitavano (anche per non celati fini di contrasto alla dura opposizione della sinistra non democristiana e al battere il passo di quella del mio partito. Personalmente non ero mosso da questi aspetti secondari, ma da qualcosa di molto più consistente).

Nel lasciare il governo, Moro mi aveva molto raccomandato di portare personalmente attenzione alla proposta sovietica di una conferenza per la Sicurezza e la cooperazione in Europa. Forse proprio per la sua provenienza vi era prevalente tiepidezza alla Farnesina e anche in paesi Nato (persino in quelli antemarcia nei rapporti con l'Urss). Si manifestava scetticismo per il quadro di insieme e convinzione che si volessero solo stabilizzare i confini dell'Oder-Neiss, il resto era imballaggio. Moro era preoccupato anche perché non riscontrava in America una adeguata comprensione del fatto rivoluzionario di veder considerati stabilmente Usa e Canada come Europa. Lo stesso invito alla Santa Sede aveva pure un significato! Nell'agenda del mio viaggio la conferenza per la Sicurezza e la cooperazione in Europa veniva subito dopo i rapporti bilaterali.

Un amico comunista venne a dirmi che tra i suoi serpeggiava malumore per l'invito; e mi consigliò di parare ogni contraccolpo revocando l'adesione per la base americana alla Maddalena. Gli risposi che aveva capito ben poco della politica del governo e del mio modo di pensare. Anche senza il viaggio a Mosca sarei vissuto egualmente; e non avrei mai pagato — né ai sovietici né ai comunisti — un prezzo fatto di equivoci, compromessi o indebolimenti occidentali.

Nel primo ministro inglese Heath, venuto a Roma il 2 ottobre, trovai pieno consenso alla linea di politica estera del governo. Probabilmente la presenza di Malagodi aveva la sua importanza a Londra. Non diversa fu l'accoglienza a Parigi al primo vertice europeo indetto da Pompidou.

Il 24 ottobre 1972, accompagnato da mia moglie e dal ministro degli Esteri Medici, partivo per Mosca.

La mia prima volta a Mosca

1

UNA GUERRA RIENTRATA

Durante il volo verso Mosca ripensai a un episodio di qualche mese prima.

Una telefonata di Aldo Moro di buon mattino non era normale. Per di più mi chiedeva di poter venire subito insieme a Restivo, ministro della Difesa, e doveva quindi trattarsi di un motivo grave. Gli dissi di raggiungermi a Palazzo Chigi; e mi sembrò quasi sollevato da un incubo, suscitando in me una legittima curiosità.

Senza preamboli, mi informò di aver ricevuto la richiesta di immediata espulsione di più della metà degli addetti dell'ambasciata sovietica a Roma, in quanto rei di atti di spionaggio. Aldo aveva una lista che il Cerimoniale avrebbe notificato senza indugi con effetto, come detto, immediato.

Avvertii subito la esplosività di un fatto del genere, ma è chiaro che nessuna obiezione avrei avanzato se Moro e Restivo mi avessero potuto assicurare di aver controllato almeno un *fumus* della colpevolezza dei soggetti. Anche se si trattava quasi di una dichiarazione di ostilità internazionale, per di più da parte di un governo che non aveva avuto l'investitura del Parlamento e che anzi — sciolte le Camere — doveva solo gestire le elezioni anticipate.

Con profonda mia sorpresa sia Aldo che Restivo non erano in grado di fornire alcun elemento specifico sui nomi elencati, essendosi limitati a ricevere del capo della sicurezza la lista degli espellendi. Era una brutta vicenda. Tra l'altro sarebbe stato facile alle opposizioni accusarci di espedienti di propaganda elettorali, ma dinanzi a effettive esigenze dello Stato non vi è luogo per esitazioni e compromesso. Dovevamo solo «sapere».

Restivo si rese subito conto della fondatezza del mio punto di vista, mentre Moro era a disagio. Per i servizi, e specialmente per il loro capo, egli aveva una fiducia sconfinata, quasi una soggezione. Non contestava perciò in via di principio che fosse logico approfondire, ma riteneva che in materia così riservata fosse meglio che noi *politici* non ci addentrassimo.

Gli ricordai che nel 1959, quando ero divenuto (con mia sorpresa e non senza trepidazione) ministro della Difesa, il vecchio generale Angelo Cerica mi aveva detto che il segreto per far bene stava nel restare estraneo a due comparti: gli acquisti e il Sifar. Ma mentre per le forniture il non occuparsene dava solo prestigio, il Sifar aveva creato a me e all'intero governo noie infinite. Moro stesso si era dovuto esercitare nell'apposizione di *omissis* su atti trasmessi al Parlamento suscitando un vespaio non ancora superato. Non potevo pertanto assumere una responsabilità immotivata.

Che ne pensavo di una espulsione di almeno due? La bonaria proposta di Aldo Moro mi fece sorridere, ma era assolutamente inaccettabile. Se per la sicurezza della Repubblica bisognava adottare le misure richieste dal Sid (erede diretto del Sifar), andava fatto. Ma non era lecito un *gesto* quasi simbolico, tanto per non contrastare totalmente il generale Miceli.

Nel pomeriggio tornò Restivo anche a nome di Moro. In effetti non erano stati in grado di raccogliere alcun addebito concreto né dal servizio né altrove sul folto drappello delle spie ritenute pericolose. Soltanto per alcuni si diceva — rasentando il ridicolo — che «risultava» frequentassero deputati comunisti (un po' come se noi democristiani fossimo guardati con sospetto per aver dimestichezza con i prelati della Nunziatura Apostolica).

Allo stato degli atti la non approvazione era più che doverosa.

Era ovvio che in seguito cercassi qualche occasione propizia per capire il mistero della clamorosa proposta fattami quel mattino. Venni così a sapere che si era trattato del rimbalzo di una analoga decisione presa poco prima in Inghilterra in vaste dimensioni. Fare altrettanto avrebbe dato notorietà al servizio italiano evitando che solo Londra fosse considerata capace di snidare le spie. Fui totalmente tranquillizzato due anni dopo dal comandante dei carabinieri, il povero generale Mino (morto in servizio per un incidente aviatorio), che mi fece ascoltare direttamente dal responsabile della Cia il giudizio americano sulla totale infondatezza della proposta di espulsione di cui sto scrivendo.

D'altra parte, da un libro di memorie che un ex alto dirigente dei servizi inglesi di quell'epoca ha pubblicato in Australia, e recentemente tradotto in Italia con il titolo *Cacciatore di spie*, si è appreso che la massiccia operazione espulsiva del 1972 fu largamente suggerita dalla necessità di attutire l'impatto negativo di alcune clamorose defezioni verso l'Est che si erano verificate nel Regno Unito, anche all'interno dei servizi di controspionaggio.

Che il generale Miceli fosse contrariato potevo intuirlo, ma non avevo ritenuto di potermi intrattenere con lui in argomento per non venir meno alla regola che mi ero imposto a seguito delle polemiche sulle deviazioni del Sifar: anche il Presidente del Consiglio deve avere il contatto con i servizi tramite il ministro della Difesa (in casi estremi con il capo di Stato Maggiore generale) per evitare che, frequentando il Presidente e più ministri, il responsabile della sicurezza abbia un rapporto non chiaro e univoco con il governo.

Appresi peraltro con meraviglia che, dopo le elezioni, il generale era andato dal Presidente della Repubblica a suggerirgli di non rinnovarmi l'incarico. Lo disse lui stesso parlando alla Camera nel 1976, divenuto nel frattempo deputato del Movimento sociale italiano.

Il Quirinale non gli dette credito e anzi, lasciata la presidenza nel giugno 1973, l'anno successivo tornai al governo proprio al ministero della Difesa. E con grande mio cruccio trovai un clima terribile di contrasto tra il Sid e numerose procure della Repubblica che sfociò poi nell'arresto del generale Miceli, non certo per mia sollecitazione e tanto meno per rancore personale, uno dei pochi difetti da cui vado immune.

Avevo solo trasmesso ai giudici un rapporto dello stesso Sid che coinvolgeva nella vicenda del golpe Borghese il generale in persona.

Chi soffrì in particolare per questa piega degli eventi fu proprio Moro («Hanno colpito un uomo buono» mi disse). Quando io leggo che i vertici dei servizi sarebbero stati contro Moro, mi accorgo di come sia disinformata la gente e come si ripetano pappagallescamente infondati luoghi comuni.

2

ACCOLTI DA LENIN

Accoglienza protocollare all'aeroporto di Mosca con tanti bambini che agitano bandierine dei due stati, fiori offerti a mia moglie, presentazione delle autorità municipali e governative, saluto ai nostri dell'ambasciata. Ma il clima rituale cominciò a sciogliersi già in macchina, nel tragitto verso la residenza degli ospiti. Dopo le consuete informazioni sul viaggio, sulla composizione della mia famiglia, sulle condizioni meteorologiche dell'Italia in quel momento, il Presidente del Consiglio Kosygin mi parlò con realismo di un loro problema in parte notevole insoluto: le abitazioni. Specialmente a Mosca le coabitazioni erano soffocanti e la città si era ulteriormente popolata a un ritmo superiore alle costruzioni nel frattempo realizzate; cosicché la situazione era peggiore che agli inizi. Nel piano economico il problema era ben presente, ma da ingegnere («e quindi preciso più dei politici non tecnici») si diceva non in grado di prevedere entro quanti anni potessero essere assicurati ai nuclei familiari i previsti quaranta metri quadrati.

Volevo chiedergli se il saltatore olimpico Brummel avesse avuto l'alloggio-premio nel 1960, ma mi parve poco elegante e forse rischioso per il soggetto.

Pochi momenti nella residenza d'onore (ampia e in buona posizione), e poi subito al Cremlino per la prima riunione. Sullo sfondo dello scalone d'onore un dipinto a tinte marcate di Lenin comiziante produce uno strano effetto visivo, quasi di movimento man mano che si sale per l'interminabile scalone, a preludio di una serie di saloni tutti oro, stucchi ed enormi lampadari sempre accesi.

Al tavolo di lavoro Kosygin era affiancato da Gromyko,

da alcuni membri del Politburo e dall'ambasciatore Ryžov. Tra i funzionari esperti di cose italiane riconobbi qualcuno già in sede a Roma.

Kosygin introdusse con una esposizione moderata e concreta. Le rispettive alleanze non erano di ostacolo ai rapporti bilaterali, che erano discreti, ma potevano migliorare di molto in tutti i campi, anche con iniziative aperte ad altri paesi. Esemplificando propose di studiare la costruzione a tre (Italia, Urss e Germania Federale) di una grande centrale elettronucleare ai confini della Cecoslovacchia, ripagandosi la spesa con la fornitura di energia. Per parte loro, al di qua degli Urali ormai costruivano solo centrali nucleari. Gli chiesi se la popolazione non poneva difficoltà come altrove e mi rispose prontamente: «Da noi quando il governo progetta e realizza la gente sa di esser sicura». Sicurezza che un giorno sarebbe stata smentita a Chernobyl, ma è *un* caso. A me venne in mente il gioco di parole del periodo fascista quando alla domanda di come stavamo si rispondeva: «Non ci *possiamo* lamentare».

Kosygin parlò della collaborazione nel settore automobilistico, lieto che nel mio programma fosse inclusa la visita a Togliattigrad, e delle prospettive già mature per nostri investimenti nel settore chimico. A questo punto dedicò due o tre minuti per tessere l'elogio del professor Valletta e tre volte tanto per ricordare, con accenti da panegirico, Enrico Mattei. Ed ebbe anche parole di elogio per il dottor Savoretti, un uomo Fiat che viveva da anni in Russia, dove si era anche sposato.

Tornando a temi politici, mi presentò il testo del protocollo di consultazione italo-sovietica che era stato preparato dalle due diplomazie e che suggeriva di firmare solennemente all'indomani. Accennò all'andamento non rettilineo dei loro rapporti con gli Stati Uniti, in un contesto, tuttavia, di lealtà e di sostanziale ricerca di rimuovere ostacoli. Il telefono rosso con Washington aveva segnato una buona inversione di tendenza. Mi guardò incuriosito quando lo interruppi dicendo che in verità si trattava di una telescrivente e non di un telefono.

Parlò poi del Giappone in termini di ammirazione, continuando a presentare crescenti intese economiche, anche se restavano questioni politiche da risolvere.

Nella mia replica, per il giro d'orizzonte iniziale, condivisi la piena conciliabilità della appartenenza a una diversa alleanza con un rapporto intenso in vari campi. Essenziale era il reciproco rispetto e la non interferenza nelle questioni interne. Per essere ancora più chiaro spiegai che la politica estera era dello Stato italiano e non delle coalizioni governative. Per intensificare la collaborazione economica sia il governo italiano che le forze produttive erano favorevoli, dovendosi ora ricercare progetti concreti e condizioni di mutuo e bilanciato vantaggio.

Ma a rendere proficuo il clima tra i due popoli avrebbe molto giovato la soluzione — magari in un primo momento soltanto simbolica — di un problema che stava a cuore a molte migliaia di famiglie italiane: la ricerca dei dispersi e il rimpatrio dei caduti. Molte iniziative (Croce Rossa e altri) erano state prese in passato, ma senza esito.

La risposta in proposito fu ferma. La guerra era stata tremenda per il popolo sovietico e di molti milioni di giovani, distrutti dalla furia dell'attacco nazifascista, si era perduta qualsiasi traccia. Le famiglie che piangevano morti ed erano angosciate per i dispersi erano in Russia molte di più di quelle dei paesi ex nemici. Chiedere eguaglianza era comprensibile; privilegi no. Dovevamo comprendere la delicatezza del tema e la estrema loro sensibilità dinanzi a queste richieste, che riaprivano capitoli tragici del momento della guerra. Comunque, una volta esaminata la documentazione esistente, se vi fossero nuove proposte praticabili non avremmo trovato le porte pregiudizialmente chiuse.

Alla conferenza per la Sicurezza e la cooperazione in Europa fu dedicata la seconda riunione, con relazione fatta da Gromyko. I sovietici sapevano che molti in Occidente valutavano la loro idea come un semplice espediente per far consacrare definitivamente i nuovi confini geopolitici usciti dalla guerra. Ma — a parte che nessuno chiedeva di modificare questi confini — lo scopo della conferenza era molto più ampio. Bisognava creare le premesse per una Europa diversa: pacifica, cooperante, tutrice delle singole identità ma immune da tentazioni belliciste. Non era un trattato di tipo classico, ma un impegno a una linea di comportamenti tale da contribuire gradualmente a superare i troppi steccati che frantumavano la potenzialità globale del vecchio continente.

Assicurai che l'Italia non nutriva aspirazioni differenti e dissi che Moro era molto impegnato nel sostenere la conferenza. Kosygin e Gromyko ebbero per Moro accenti di simpatia e di stima.

Alla sera il banchetto, con i discorsi, piatti speciali delle singole nazionalità, vini di buona qualità e un cognac definito, da loro, migliore di quello francese.

Il salone è dominato da un affresco a tutta parete con un Gesù benedicente di tardissimo stile bizantino. La rivoluzione ha rispettato la ricchezza del Cremlino e a nessuno è mai venuto in mente di sostituire le immagini religiose. Saranno il simbolo dell'oppio dei popoli, ma la Santa Russia appartiene a una storia che non si cancella e di cui, anche se non ne parlano, sono molto fieri

3

CONFIDENZE DI KOSYGIN

La seconda giornata moscovita prevedeva una visita alla Camera di Commercio Italia-Urss, presieduta da Raffaele Girotti, una colazione di «restituzione» nella nostra ambasciata e la partecipazione al Bolšoj di una edizione che fu affascinante della *Anna Karenina*. E vi era naturalmente la continuazione dei colloqui, questa volta presieduti dal capo dello Stato Podgornyj, che mi accolse con calore, memore del suo viaggio in Italia, di cui parlò con gratitudine e ripromettendosi di tornare.

Podgornyj (ma il più delle volte era Gromyko che interveniva) indugiava su una panoramica internazionale, alternando toni conciliativi a giudizi molto severi sul capitalismo occidentale che sfruttava i paesi sottosviluppati, cercava di monopolizzare le tecnologie — ma qui trovava l'osso duro competitivo dell'Urss — e destinava risorse sproporzionate alle spese militari. Mi sembrava una sorta di copione, recitato volutamente senza troppa accentuazione. Sembrò interessato al discorso di un diverso approccio Nord-Est Nord-Ovest al problema degli aiuti agli stati poveri e arretrati, fino allora gestito separatamente dai due raggruppamenti. Ma non si accennò neppure a un esame per stimarne la fattibilità.

Podgornyj riprese invece, questa volta con convinta enfasi, il tema della conferenza europea che Gromyko, a sua volta, completò specificando i risvolti militari, civili ed economici. Avevano superato molto bene l'obiezione del contrasto di competenze con le organizzazioni del Patto Atlantico e del Patto di Varsavia; mentre mi sembravano imbarazzati nel dar risposta al nostro quesito sul superamento della dottrina della sovranità *limitata* di alcuni stati. All'accenno a Brežnev, notai un po' di disagio nei miei interlocutori che, sul momento, non compresi. Mi spiegarono poi che non vi sarebbe stato l'incontro con il Segretario generale, quasi scusandosi; ma in programma non c'era, né io lo avevo chiesto. Perché queste scuse?

Qualcuno del protocollo disse ai nostri funzionari che erano stati i comunisti italiani a chiedere che alla nostra visita non fosse data la solennità massima. Ma non ho avuto alcun riscontro in tal senso e personalmente non lo credo.

Circa la base di appoggio dei sottomarini Usa alla Maddalena, che avrebbe dovuto secondo il Pci essere disdetta, anche come segno di pace verso l'Urss, me ne parlarono, ma senza quei toni così aspri come poteva presumersi.

Kosygin notò che le buone relazioni si basano sulla reciproca franchezza e per questa ragione egli desiderava toccare senza perifrasi anche quello che disapprovava nella politica italiana. Mentre da un lato Roma parla di distensione e di collaborazione — rilevò —, dall'altro essa assume preoccupanti iniziative militari in totale contrasto con tale orientamento distensivo, come la cessione alla Nato — organizzazione non pacifica e contraria alla distensione — di una base navale alla Maddalena. L'iniziativa era grave e in contrasto con i nostri asseriti fini distensivi.

Gli chiarii subito che non si trattava della cessione di una base, ma soltanto dell'autorizzazione di attracco di una nave appoggio per sottomarini. La Nato — aggiunsi — è un'alleanza puramente difensiva (*Kosygin*: Pensavate veramente che volessimo aggredirvi? *Andreotti*: Sì, questo timore era molto diffuso in Europa all'epoca della guerra fredda), citando tra l'altro il fatto che nel corso dei sette anni che ero stato ministro della Difesa non avevo visto un solo piano relativo a tecniche d'attacco.

La leale partecipazione italiana alla Nato non impediva la ricerca della distensione, anzi la rendeva concretamente possibile: del resto, gli auspicati progressi del disarmo avrebbero potuto in futuro superare queste necessità strategiche e consentire così la reciproca rinuncia alle attuali installazioni militari. Inoltre era assurdo e sproporzionato sostenere che

La Maddalena modificasse la situazione strategica del Mediterraneo.

Kosygin ribadì l'importanza negativa che l'Urss attribuiva alla Maddalena, iniziativa a suo avviso non richiesta dalla situazione strategica obiettiva: altri stati avevano rifiutato basi americane e l'Urss non ne aveva costituite nel Mediterraneo quando poteva farlo. Inoltre la Sesta Flotta americana è certamente uno strumento di attacco; anche per i sovietici sarebbero utili delle basi di appoggio per i sottomarini, ma essi si erano sempre astenuti dal costituirne.

Quando però chiesi se le centinaia di missili sovietici puntati sull'Europa erano considerati da Mosca come armi offensive o difensive, Kosygin, dopo aver affermato con virtuosa indignazione che tutto l'armamento sovietico è difensivo, dovette tuttavia ammettere che questa distinzione dipendeva non dalla natura delle armi, bensì dal loro impiego e perciò dalle intenzioni di chi le possedeva. Da quel momento non parlò più della base alla Maddalena.

Del resto ebbi all'indomani una strabiliante informazione sullo stato effettivo del dialogo Usa-Urss.

Subito dopo la firma del protocollo di consultazione, Kosygin mi invitò ad appartarmi con lui per mostrarmi i restauri più recenti del palazzo e prese con noi solo il suo interprete. Restauri non ne vidi, ma ascoltai sorpreso questo discorsetto: «Voglio metterla a parte di una nostra preoccupazione. Siamo alla vigilia di due elezioni importanti: negli Stati Uniti e in Germania Federale. Per la prima è ormai scontata la riconferma di Nixon e ne siamo lieti. Con lui e con Kissinger il discorso è condotto con correttezza e sincerità. Divergiamo su alcune cose, ma è naturale che sia così. L'importante è convergere nella ricerca di ciò che giova all'umanità e serve la causa della pace. Per il Parlamento di Bonn, viceversa, siamo molto preoccupati. Se vincessero i democristiani — mi scusi — si avrebbe la sensazione di un blocco della Östpolitik dei socialdemocratici e la ripercussione sarebbe, da noi, enorme».

Ma chi legittimava a dire che la Cdu e la Csu sarebbero tornate indietro e fossero meno disponibili per la politica di distensione? «È giusto,» replicò Kosygin «ma io ho parlato di *sensazioni*; e su queste, quanti nella nostra dirigenza che sono ostili alla nostra politica di dialogo con l'Occidente, prenderebbero lo spunto per cercar di tornare alla fase fredda?»

Pensai sorridendo alle proteste dei comunisti italiani perché avevo espresso riserve su una ipotesi di vittoria del candidato McGovern.

Volli spendere allora una parola anche per Franz Josef Strauss, denunciando l'effetto denigratorio che sulla sua figura avevano avuto spietate campagne di certa stampa tedesca. A parte il fatto che non aveva avuto alcuna compromissione con i nazisti, neppure in età giovanile, io ero stato suo collega per alcuni anni come ministro della Difesa e ne avevo constatato sempre lo spirito democratico e la fedeltà alla dottrina basilare della Nato che è rigorosamente solo difensiva. Kosygin non lo contestava; anzi annuiva. Ma ripeté che «nella vita politica quel che appare ha lo stesso impatto di ciò che è».

Non era tutto. Volle riservarmi un'altra confidenza. Mi disse che l'uomo dell'avvenire in Urss era Romanov, quali che fossero le voci diverse che noi potessimo ascoltare in seguito.

Tornammo verso il gruppo e Kosygin disse a voce alta — per farsi sentire — che l'oro dei restauri era genuino, quasi concludesse un discorso sulla... visita guidata.

Né sul momento, né dopo, son riuscito a comprendere il perché di questa parentesi... privatistica. Era un gesto di amicizia per dimostrare che non vi era alcuna ombra verso il nostro governo? Era un messaggio preelettorale Usa che voleva io trasmettessi a Nixon? Voleva far conoscere che non tutto era pacifico nel loro interno e bisognava che noi occidentali ne tenessimo conto non tirando mai troppo la corda? Era l'alternativa a un mancato colloquio con la Furceva, di cui scriverò più avanti? Certo è che Romanov, delfino *in pectore*, è stato il primo a esser messo fuori gioco dal nuovo corso di Gorbaciov.

Questi interrogativi mi frullavano nel cervello mentre andavo verso i santuari di Zagorsk. La visita a questo centro religioso — notoriamente ricco di arte e di storia — era stata da me richiesta per dar seguito conoscitivo alla posizione della Chiesa ortodossa che a Roma era stata discretamente propagandata dagli osservatori del patriarcato venuti per il Concilio Vaticano. Non dimenticavo quanto mi aveva detto un giorno il cardinale Slipyj sulla ispirazione «ortodossa» di una parte delle sue persecuzioni. E mi domandavo se i vescovi e i pope che mi accoglievano con tanto calore in questo centro di formazione religiosa (che comprende anche uno studio di teologia per corrispondenza) avessero un animo prevalentemente spirituale oppure fossero dei funzionari dello Stato vestiti alla foggia dei dignitari ecclesiastici. Via via che il reverendo illustratore parlava, i dubbi si dissiparono. In termini riassuntivi il suo ragionare era questo: non è vero che la religione è morta in Unione Sovietica; siamo come coloro che sono stati sorpresi da un violento temporale e si riparano alla meglio sotto una tettoia. Il maltempo passerà e noi avremo mantenuta intatta la fede. Non è stato e non è facile ma, finché noi rispettiamo le autorità civili, esse rispettano noi e ci lasciano fare.

Le chiese di questo complesso sono una più ricca e suggestiva dell'altra, con iconostasi da favola, che offuscano quelle che ho visto ad Atene e altrove. Vi erano parecchi pellegrini, tra i quali i poveri non erano molti, ma si vedevano.

L'ospitalità fu amplissima e alla fine di un vero e proprio banchetto, somministrato tra canti ed esplosioni di amicizia, mi offrirono anche una piccola icona, dipinta dalla scuola che a Zagorsk tiene viva — più o meno — la tradizione di queste scuole d'arte. Kruscev ne inviava a dozzine al suo sarto romano Angelo Litrico; l'ultimo plico arrivò quando già l'imprevedibile personaggio era stato licenziato e l'ambasciatore se la cavò facendosi firmare da Litrico una ricevuta antidatata.

La giornata si concluse con un pranzo al ristorante georgiano, offerta da Ryžov in una saletta che sovrastava l'ambito dei comuni clienti, aperta sulla loggetta di una orchestra regionale. Mi sembrò che i georgiani, almeno come musica e come cucina, si sentissero piuttosto i primi della classe.

Un particolare curioso. Sarei partito al mattino dopo senza aver visto la Piazza Rossa. Il percorso delle nostre auto era stato sempre disegnato in modo di entrare al Cremlino da dietro; sembra per evitarci di dover decidere se andare o meno a rendere omaggio alla tomba di Lenin, da qualche anno privato del gemello Stalin. L'unica variante l'avevo richiesta e ottenuta per dare un'occhiata alla elegante e utilissima metropolitana della città.

4

LENINGRADO E LA CITTÀ TOGLIATTI

Sembra che di norma il corollario della prima visita che un Presidente del Consiglio straniero compie in Unione Sovietica sia fissato in Leningrado e Kiev. Nel mio caso c'era anche Togliattigrad. Avevo dato subito il mio consenso, limitando forzatamente a un solo giorno e sulla via del ritorno ciascuna delle tappe fuori Mosca.

Mi ero congedato la sera prima da Kosygin, da Podgornyj e dagli altri notabili. Podgornyj si era detto lieto della scelta di Kiev perché era la sua *patria* («Si ricordi che io non sono russo, ma ucraino»). Kosygin aveva commentato positivamente l'esito dei colloqui e la firma del protocollo; tra i membri del Politburo, la Furceva mi aveva stretto a lungo la mano ammiccando, come per farmi capire qualcosa.

Al mattino, però, mentre mi accingevo a lasciare la residenza di Mosca, venne a sorpresa Kosygin per accompagnarmi all'aeroporto. Scherzò sulla mia andata a Zagorsk, dicendo che gli avevano riferito essere un luogo che conciliava il sonno: aveva fatto anche a me questo effetto? Aggirai il quesito dicendo che avevo visto laggiù al posto d'onore una grande fotografia sua con il patriarca Alessio; e allora mi parve commuoversi, rievocando il comune lavoro fatto con il capo della Chiesa a Leningrado durante il lungo assedio, per tenere alto il morale della popolazione. Non era il Kosygin politico o il Kosygin ingegnere, ma un *uomo* che ricordava gli anni che certamente avevano più pesato nella sua vita.

Riprendendo i temi politici, rinnovò il compiacimento per il nostro apprezzamento degli accordi da loro fatti con la Germania e la Polonia; e tornò a sottolineare l'importanza che davano alla conferenza per la Sicurezza. A evitare che i tempi della preparazione fossero lunghi, pensava che bisognasse accontentarsi di accordi sulla procedura fissando, con una riunione dei ministri degli Esteri entro la primavera successiva, sede, data d'inizio e metodo di lavoro. La mia idea era un po' diversa — come avevo detto in riunione —, essendo più utile qualche mese in più per approfondire i contenuti che non cominciare al buio il negoziato pubblico, con il rischio di non concluderlo.

Circa il negoziato viennese Mbfr (Mutual Belanced Forces Reduction), disse che si rammentava che avveniva solo nell'anno in cui si doveva discutere la relativa voce di bilancio. Era scettico e riteneva che comunque la conferenza per la Sicurezza dovesse precedere.

Kosygin parlò poi di Israele, criticando la nostra equidistanza che a suo avviso significava posizione antiegiziana e antiaraba. Riaprire il canale era importante, ma ancor più restituire le terre occupate. Cosa avremmo detto noi se qualcuno ci avesse occupato la Sicilia e fosse disposto a restituircela solo in parte? A ogni modo, né loro né noi eravamo in grado di risolvere il problema del Medio Oriente, erano i paesi stessi della zona che dovevano chiarire e avviare a uno sbocco. Riprendendo, infine, uno dei punti toccati al tavolo, insisté sulla possibilità di vendita all'Italia di quattro miliardi di metri cubi di gas, oltre al petrolio; e di acquisto di un milione di tonnellate di tubi Finsider, oltre a ingenti partite di agrumi (limoni).

Prima del decollo per gli stabilimenti di Togliattigrad, altre bandierine, altri studenti plaudenti, altro atto perfetto di una accurata liturgia di ospitalità.

I grandi stabilimenti sono collocati in una zona brulla e che prima doveva esser disabitata o quasi. Le costruzioni sono essenziali, senza alcun lusso esteriore; e questo mi piacque. Ci guidarono, oltre le autorità locali e i dirigenti dello stabilimento, alcuni tecnici della Fiat che coadiuvavano nelle manutenzioni. L'atmosfera era cortese, ma senza la brigata aeroportuale degli applausi.

Restai colpito dal numero di operai che si addensavano in

qualche punto quasi a grappolo. Chiesi il rapporto tra addetti e vetture prodotte ed ebbi conferma dell'impressione di sovrabbondanza. Il direttore si accorse della mia sensazione e si affrettò a chiarirmi che gli stabilimenti erano nello stesso tempo scuole professionali, al servizio anche di zone lontane per cui erano in programma successive istallazioni industriali. Pertanto il rapporto quattro a uno rispetto a Torino non doveva meravigliarmi.

A tavola — una colazione molto semplice e cordialissima — i notabili si sciolsero e dissero che la produzione di automobili rappresentava il segno di un avvio verso un sistema di vita diverso che l'Unione Sovietica poteva finalmente permettersi, avendo raggiunto la sicurezza contro le aggressioni del capitalismo. Chiesi senza malizia quali fossero i salari medi e il prezzo di vendita delle vetture: mi obiettarono che la commercializzazione era fatta altrove. Registrai un certo imbarazzo quando domandai se operai e tecnici di Togliattigrad avevano agevolazioni e rateazioni nell'acquisto di un'automobile; e non insistetti. Uno degli «uomini Fiat» ridacchiava e mi sussurrò che non erano previsti parcheggi in fabbrica.

Per il resto la conversazione andò benissimo, con *excursus*, i più vari, sull'Italia: dal cinema al campionato di calcio. Soltanto uno dei nostri ospitanti era rigorosamente protocollare e propagandista. Doveva essere una specie di commissario politico, ma fu proprio lui a creare loro un problema. A un certo punto il personaggetto si era messo a elogiare talmente tanto le meraviglie di una centrale elettrica costruita nelle vicinanze che il ministro Medici disse che l'avrebbe volentieri visitata. Dopo schermaglie tra «non vorremmo stancarvi» e «siamo lietissimi di ammirare i vostri progressi», Medici l'ebbe vinta e si formò un estemporaneo corteo di vetture per coprire i venti chilometri circa che ci dividevano dalla fonte di energia.

Lungo il percorso vedemmo squallide baracche, ma ai giornalisti, che potevano essere tentati di scrivere fastidiosi pezzi di colore, rammentai che anche a Roma, a ridosso dell'Acquedotto Felice, vi erano identici alloggi.

La centrale era normale, sempre con la caratteristica di

grande essenzialità nelle opere civili, prive di ogni lusso. I responsabili non mi sembrarono molto contenti della nostra incursione senza adeguato preavviso, forse perché avrebbero voluto preparare un minimo di accoglienza e comunque dare un po' di lucido agli ottoni.

Raccomandai a Medici di non far troppe domande. Mi era nota la sua proverbiale voglia di conoscere, che una volta mi giocò un brutto tiro: ero andato a visitare una coltivazione di caffè nel Kenya e dopo una mezz'ora mi apprestavo a prender congedo, ma fui redarguito, perché Giuseppe Medici, in analoga circostanza, si era trattenuto una intera mezza giornata.

Ripartimmo da Togliattigrad lieti di questo nucleo di tecnologia italiana impiantato in terra sovietica. L'imbarco era per Leningrado.

La residenza per gli ospiti nell'ex Pietroburgo, di costruzione moderna a differenza di quella di Mosca, era sontuosa, con sala da proiezioni, impianti ginnico-sportivi, biliardo, biblioteca, giardino molto bello.

Come «dopo pranzo» ci mostrarono un documentario congegnato molto bene, nel quale i tre momenti (fulgore zarista, distruzione bellica, ricostruzione) erano fusi con abile disegno. Emergeva il terrore per il lungo assedio, che avremmo rivissuto all'indomani visitando il mausoleo che lo ricorda. Deve essere stato veramente un inferno, ma nello stesso tempo la reazione alla incombente minaccia nazista era sostenuta da un desiderio di sopravvivenza, concretato persino nella regolare esecuzione delle stagioni liriche e di prosa (diciotto opere nuove!).

Nel giro della città vi mettono in rilievo la forte presenza di una architettura italiana che domina i quartieri più significativi. Ma il clou è dato dalla visita all'Ermitage, sia pure ridotta di necessità a una piccola parte. I capolavori pittorici sono ben noti, ma affascinano egualmente; si rimane incantati, per il resto, dalle raccolte degli ori sciiti, delle pietre preziose, dei disegni. Per consentirci di ammirare le opere, i nostri accompagnatori allontanarono un po' bruscamente la folla che aveva fatto code pazientissime per entrare. Nessuno protestò, ma penso che qualche rievocazione non benevola dei nostri morti si sia silenziosamente innalzata al cielo.

Anche il teatro è di livello superlativo. Sfuggiamo al quesito se il corpo di ballo sia meglio di quello di Mosca, rispondendo che anche tra la Scala di Milano e l'Opera di Roma vi è la stessa ambizione.

È singolare come a Leningrado le autorità non ci parlassero di politica. Forse non volevano rompere l'incantesimo di una serie di impressioni che sarebbero rimaste a lungo nel visitatore.

Confesso che sono ripartito da Leningrado con la convinzione che nell'Urss le forze ostili alla guerra sicuramente prevarranno.

5

IL POPE INDIPENDENTE

Volando in direzione Ucraina, il pensiero andò al cardinale Slipyj e alle tormentate vicende di quelle popolazioni. Ma pensai che non avrei avuto occasione di approfondire la materia nelle otto ore di soggiorno e con contatti esclusivamente ufficiali. Formalmente l'Ucraina è uno Stato sovrano, con tanto di seggio all'Onu e Consiglio dei Ministri.

È appunto il Consiglio che si riunì per il saluto ufficiale che non sarebbe stato protocollare come a Leningrado. Il Presidente, esaurite le espressioni convenzionali, si lanciò in una lunga tiritera contro il fascismo di cui non contesto il fondamento storico, ma certamente non era collocata nell'occasione giusta. Mi sembrò un personaggio da guerra freddissima, e mi parve di capire che i ministri non lo seguissero con deferente attenzione. Il mio vicino, anzi, mi sussurrò in francese un misterioso: «Non è ucraino».

Quando toccò a me, mi feci interprete del saluto di Podgornyj e, ricambiando il brindisi, ripresi l'immagine dei sette colli — dato comune a Roma e a Kiev — accennando alla bella cupola dorata della Santa Sofia che da qualche anno ha portato una nuova nota ucraina nell'urbe dopo quella plurisecolare nel vecchio rione Monti. L'attenzione si fece subito vivissima e proseguii dicendo che, quando da ragazzi sentivamo parlare del massacro staliniano del popolo dell'Ucraina, ritenevamo che fossero invenzioni o comunque esagerazioni della propaganda fascista; ma quando dalle memorie di Churchill e ancor più dallo sconvolgente Rapporto Kruscev si era appresa la orrenda verità, una ondata di simpatia si era creata verso le vittime di un tale genocidio ed ero lieto di trasmettere questi sentimenti del popolo italiano.

Vedendo il consenso dell'uditorio — salvo il Presidente che, per dirla con Wodehouse, andava assumendo una faccia color verde Nilo — mi spinsi anche a un ricordo particolare. Narrai che durante la guerra il giornale degli universitari cattolici, «Azione Fucina», era stato sequestrato per una corrispondenza dal fronte nella quale si diceva che la popolazione russa era gentile e comprensiva verso i nostri soldati, perché sapeva che essi erano stati «mandati» e non nutrivano personalmente ambizioni e odio.

Il calore con il quale tutti vennero a stringermi la mano mi commosse. Mi chiesero se avevo qualche aggiunta o modifica al programma preparato e, essendo domenica, domandai di assistere alla Messa. Il Presidente si disse spiacente che a Kiev non vi fossero sacerdoti cattolici (e non era vero), ma, avendo risposto che sarei andato volentieri anche in una chiesa ortodossa, dette ordini perché, dopo il giro turistico e il concerto in onore (che fu bellissimo, in una sala molto elegante e da una acustica perfetta), fosse inserita la «voce» religiosa.

Così alle 14, preceduti dai motociclisti e in grande corteo di macchine, ci dirigemmo verso una chiesa (non la cattedrale perché — mi spiegò l'ambasciatore — nell'atrio presentava una esposizione di propaganda ateista e volevano educatamente risparmiarmela). Ma, grande sorpresa, la porta del tempio era chiusa e non vi era segno di vita. Il mio ospitante si finse contrariato, scambiò frasi dall'apparenza concitata con alcuni ufficiali e si disse con me costernato dell'equivoco, però mi precisò che «le autorità civili non hanno alcuna ingerenza nella Chiesa» e non avevano potuto obbligare il pope a predisporre il rito per quell'ora.

Sentii pena per il poveretto e pensai al commento che avrebbe fatto Slipyj quando glielo avrei raccontato. Il corteo tornò indietro e andammo al palazzo del governo (qui senza contrattempi), dove mi fu offerto un rimarchevole banchetto allietato da ottima musica e da suggestivi «numeri» di folclore locale.

La visita era terminata, ma Kosygin volle avere un ultimo gesto di cortesia. Con una puntuale sincronia mi chiamò al telefono per rinnovare un cordialissimo saluto e per chiedere le mie impressioni sugli ultimi due giorni, specie sulla sua Leningrado e sulla fabbrica di Togliattigrad. Non gli accennai, è ovvio, alla poca autorità del *loro* Presidente (non ucraino) sulla Chiesa ortodossa di Kiev.

In quel momento — mi avvertiva Kosygin — veniva pubblicato il comunicato congiunto che avevamo concordato.

> Su invito del governo sovietico il Presidente Andreotti e il ministro Medici hanno effettuato dal 24 al 29 ottobre 1972 una visita ufficiale nell'Urss. Essi hanno avuto modo di conoscere talune realizzazioni importanti dell'Unione Sovietica nel campo economico, scientifico e culturale. Nella cordiale accoglienza loro ovunque tributata si sono espressi i sentimenti di amicizia del popolo sovietico verso il popolo italiano.
>
> I colloqui e le trattative si sono svolti in uno spirito di costruttiva franchezza e in una atmosfera di reciproca comprensione. Sono stati esaminati in modo esauriente problemi internazionali di attualità e questioni relative all'ulteriore sviluppo delle relazioni italo-sovietiche. Il Presidente del Consiglio dei Ministri italiano e i dirigenti sovietici hanno constatato con soddisfazione che le relazioni italo-sovietiche hanno avuto un sostanziale sviluppo nei campi economico, tecnico, scientifico e culturale. Gli incontri e i contatti ad alto livello hanno avuto un ruolo importante nell'imprimere alle relazioni italo-sovietiche il loro attuale andamento favorevole.
>
> Le due parti hanno ribadito che le differenze di struttura sociale e di ideologia fra l'Italia e l'Urss non rappresentano un ostacolo allo sviluppo delle relazioni fra di loro. Tali relazioni sono fondate, in conformità agli obiettivi dello Statuto delle Nazioni Unite, sui princìpi della sovranità, dell'eguaglianza, del mutuo vantaggio, dell'integrità territoriale, della coesistenza pacifica, del rispetto del diritto dei popoli di determinare il proprio ordinamento politico e sociale, della rinuncia all'uso o alla minaccia dell'uso della forza. La loro collaborazione in campo internazionale avrà come scopo di contribuire a che tutti i paesi vivano in condizioni di pace e di sicurezza senza essere soggetti a interferenze nei loro affari interni.
>
> Le parti hanno sottolineato l'utilità delle consultazioni in atto fra l'Italia e l'Urss su problemi di reciproco interesse.

Nel desiderio di portare a un livello più alto i loro rapporti in tutti i campi, compreso quello politico, il Presidente del Consiglio dei Ministri d'Italia e il Presidente del Consiglio dei Ministri dell'Urss hanno firmato a Mosca il 26 ottobre 1972 il protocollo italo-sovietico inteso ad allargare e approfondire le consultazioni su importanti problemi internazionali e su questioni bilaterali.

Le due parti hanno constatato il miglioramento dell'atmosfera in Europa, grazie alla conclusione dei trattati di Mosca e di Varsavia e dell'Accordo quadripartito del 3 settembre 1971. Le parti sono d'avviso che la normalizzazione generale dei rapporti fra la RFG e la RDT e la loro ammissione alle Nazioni Unite creerebbero nuove possibilità di progresso della distensione europea, di rafforzamento della sicurezza internazionale. Dopo aver ampiamente esaminato le questioni riguardanti la conferenza sulla Sicurezza e cooperazione in Europa, le parti hanno messo in rilievo che essa è chiamata ad avere un ruolo importante nell'approfondire la distensione e assicurare il futuro pacifico dell'Europa.

Ambedue le parti concordano che la conferenza dovrebbe portare a un sostanziale miglioramento dell'atmosfera e al consolidamento delle basi della sicurezza in Europa, mediante il rispetto dei princìpi dell'inviolabilità delle frontiere, della non interferenza negli affari interni, dell'eguaglianza, dell'indipendenza e della rinuncia all'uso e alla minaccia dell'uso della forza. La conferenza dovrebbe anche promuovere una più larga collaborazione nel settore economico, commerciale e tecnologico, e favorire lo sviluppo degli scambi culturali e scientifici.

Le due parti si sono espresse in modo positivo nei confronti delle intese per esplorare la possibilità di una riduzione reciproca delle forze e degli armamenti in primo luogo in Europa centrale.

A loro avviso l'esame di questa questione dovrebbe avvenire in un foro speciale, separatamente dalla conferenza sulla Sicurezza e cooperazione in Europa, e la sua soluzione non deve arrecare pregiudizio alla sicurezza degli stati interessati.

Le parti sono d'accordo che nel rafforzamento della pace e della sicurezza mondiale un ruolo importante potrebbe essere svolto grazie all'applicazione da parte di tutti gli stati del principio della rinuncia alla forza, che abbraccia l'impiego di ogni tipo di armamento, compreso quello nucleare.

Nel corso dei colloqui è stata espressa soddisfazione per la serie di misure adottate in questi ultimi tempi mediante accordi fra l'Urss e gli Stati Uniti, che frenano la corsa agli armamenti nucleari.

Le parti collaboreranno attivamente per raggiungere un accordo internazionale sulle armi chimiche.

I governi italiano e sovietico hanno espresso la speranza che ulteriori sforzi di tutti gli stati interessati possano condurre a nuovi risultati positivi nel settore del disarmo, contribuendo alla ricerca di una soluzione del problema del disarmo generale e completo. Essi si dichiarano favorevoli alla convocazione di una conferenza mondiale per il disarmo adeguatamente preparata e con la partecipazione di tutti gli stati.

Seria preoccupazione nelle parti è suscitata dalla continua tensione nel Vicino Oriente. Esse hanno nuovamente espresso la convinzione che debbano essere intrapresi attivi sforzi per stabilire una giusta e solida pace in questa regione sulla base dell'applicazione in tutte le sue parti della risoluzione del Consiglio di Sicurezza del 22 novembre 1967.

Le parti ritengono indispensabile la garanzia dei diritti legittimi e degli interessi di tutti i paesi e popoli del Vicino Oriente.

La soluzione del problema del Vicino Oriente così come un ulteriore procedere della distensione nel continente europeo favoriranno, a giudizio delle parti, lo stabilimento di una atmosfera di pace e di amichevole collaborazione nell'area del Mediterraneo.

Nel corso dei colloqui le due parti hanno esaminato vari aspetti delle relazioni italo-sovietiche. Esse hanno preso atto del buon andamento dei rapporti economici e commerciali tra i due paesi. Ciò è riflesso nell'incremento dell'interscambio commerciale che è aumentato di due volte e mezzo negli ultimi dieci anni, fino a raggiungere nel 1971 circa 350 miliardi di lire.

Nel corso delle conversazioni le parti hanno esaminato le ulteriori possibilità per l'ampliamento della collaborazione economica e industriale fra i due paesi, tenendo conto dell'alto livello di sviluppo industriale da loro raggiunto.

Ha formato oggetto di favorevole apprezzamento l'andamento complessivo della cooperazione scientifica tra i due paesi. È stato rilevato il positivo significato delle intese di recente stipulate tra il Consiglio nazionale delle ricerche, l'Accademia dei Lincei e l'Istituto di fisica nucleare da un lato e l'Accademia delle scienze dell'Urss dall'altro.

È stato anche convenuto di adoperarsi per una attuazione più efficace del protocollo italo-sovietico relativo alla collaborazione nel campo medico-sanitario.

È stato poi deciso di mettere allo studio la questione della cooperazione fra l'Italia e l'Urss per quanto concerne la protezione dell'ambiente.

Le due parti attribuiscono importanza allo sviluppo del turismo e pertanto convengono sulla necessità di incrementare la collaborazione nel quadro dell'accordo del 1967.

Le parti attribuiscono grande rilievo agli scambi culturali italo-sovietici, in quanto mezzo importante per la migliore conoscenza e stima reciproca tra i due popoli. È stato convenuto di adoperarsi perché essi possano ulteriormente ampliarsi.

È stato confermato che, in applicazione dei programmi di massima già concordati per gli scambi culturali, saranno attuate le seguenti principali iniziative: una mostra di grandi maestri della pittura italiana del '700 nella primavera 1973 a Mosca, una mostra della pittura russa dell'800 a Roma e lo scambio di tournées tra il Teatro Bolšoj e il Teatro alla Scala nell'autunno 1973 e nella primavera 1974.

Considerando l'importanza della conoscenza reciproca della lingua dei due paesi, le parti sono d'accordo per favorire lo sviluppo dell'insegnamento della lingua russa in Italia e di quella italiana nell'Urss.

Il Presidente del Consiglio dei Ministri della Repubblica italiana e il Presidente del Consiglio dei Ministri dell'Urss hanno firmato il 26 ottobre un trattato sulla navigazione marittima. Tale trattato ha lo scopo di favorire un ulteriore incremento dei traffici marittimi tra i due paesi.

A giudizio delle parti i colloqui che hanno avuto luogo durante la visita del Presidente del Consiglio dei Ministri italiano Andreotti sono stati fruttuosi per un ulteriore sviluppo della cooperazione in tutti i suoi aspetti tra l'Italia e l'Unione Sovietica nell'interesse dei popoli di entrambi i paesi. Essi hanno costituito un utile contributo alla causa della distensione in Europa e al rafforzamento della sicurezza internazionale.

Al ritorno a Roma cercai di tirare le conclusioni sul viaggio: erano, fuor di ogni dubbio, politicamente positive; Est e Ovest finiranno con l'incontrarsi e noi non dobbiamo *subire* tale inversione di rotta, ma contribuire nel nostro piccolo ad accelerarla.

Sui progetti concreti ebbi una piccola delusione. A me era sembrata brillante l'idea di una centrale atomica da venti miliardi di kilowattora, con cinque reattori fabbricati anche dalle nostre industrie. Ma i dirigenti dell'Enel mi dissero che la conduzione dell'energia a distanza provoca dispersioni; ed era meglio costruire le centrali nucleari in Italia. Sembrava loro facile.

Dialogando tra Roma e Mosca
(e altrove)

1

IL VIAGGIO DI LEONE

Nella udienza al Quirinale il ministro Gromyko aveva rinnovato al Presidente Leone l'invito a recarsi a Mosca, dopo il «pareggio protocollare» Gronchi-Podgornyj; e lo aveva fatto con particolare calore anche per la opportunità di smentire le ricorrenti voci di una malattia di Brežnev che avrebbero consigliato il rinvio delle visite di Stato. A Parigi, ai funerali di Pompidou, Podgornyj fece nuove insistenze e furono finalmente fissate le date (18-24 novembre 1975) e abbozzato il programma comprendente, oltre la capitale, brevi puntate a Leningrado, in Georgia e in Ucraina.

Moro, nell'incoraggiare il Presidente, aveva anche di mira l'obiettivo di constatare se nelle dichiarazioni ufficiali i sovietici — e Brežnev in persona — dessero segnali di cambiamento in relazione a quei princìpi innovatori nei rapporti internazionali che erano stati concordati a Helsinki. L'ambiente interno italiano era tuttavia inquieto per le ricorrenti crisi nella compatibilità programmatica, e anche caratteriale, tra i partiti governativi e, personalmente, persino tra i relativi dirigenti. Ma a rendere ancora più tesa l'atmosfera sopravvenne, tre giorni prima, un altro fattore ben più grave. Per la prima volta i banditi sardi sequestrarono un membro del Parlamento, il deputato democristiano Pietro Riccio. La sua automobile fu ritrovata in piena campagna tra Oristano e Nuoro, dove si era recato per tenere un comizio amministrativo, con i vetri dalla parte del conducente frantumati. Rumor, ministro degli Esteri, suggerì di non annullare il viaggio presidenziale, ma chiese di parteciparvi solo per i colloqui politici a Mosca, mentre per il resto delle visite avrebbe lasciato il sottosegretario Cattanei. Purtroppo dell'onorevole

Riccio non si è avuta più notizia, salvo la confessione di un pentito o quasi, secondo il quale sarebbe stato ucciso e fatto a pezzi per disperderne barbaramente ogni traccia. Sembra però escluso il fine politico — che le vicine elezioni locali potevano far supporre — e, a parte la criminale richiesta di riscatto, si è detto che avendo riconosciuto in volto uno dei rapitori, forse, in quanto avvocato penalista, la sua sorte era stata segnata.

In sincronia con il viaggio del Presidente nell'Urss, vi si recarono anche alcuni esponenti del mondo imprenditoriale che avevano, o speravano, di avere laggiù rapporti economici. Erano industriali pubblici e privati: Pietro Sette, Alberto Capanna, Loris Corbi, Attilio Iacoboni per i primi, Mario Genghini e Mario Fortini per gli altri.

Mariano Rumor ci fece in Consiglio dei Ministri il rapporto sulla missione presidenziale, sviluppata con ampi colloqui con Podgornyj, Kosygin, Gromyko e con una visita a Brežnev, che apparve tuttavia meglio di quanto non fosse emerso dalle immagini televisive e ancor più dalle corrispondenze dei giornalisti accreditati.

Temi di fondo delle conversazioni erano stati il processo di distensione e la attuazione dell'Atto finale di Helsinki. Gli interlocutori sovietici insistevano molto sui loro propositi di proseguire la politica in questa direzione, e cioè meglio di quanto a loro avviso facessero i paesi occidentali. Naturalmente da parte nostra era stato sottolineato un analogo interesse, nonché la convinzione che, nel quadro delle fedeltà alle rispettive alleanze, la distensione dovesse essere perseguita, trattandosi della sola politica capace di contribuire a rafforzare la pace e la sicurezza tra stati a differente sistema politico, economico e sociale. Per quanto riguardava la conferenza sulla Sicurezza e cooperazione in Europa (Csce), in particolare, Podgornyj aveva sottolineato che tutti i punti dell'Atto finale dovevano essere rigorosamente attuati, senza dare più importanza ad alcuni che ad altri, e aveva fatto qualche accenno alla tendenza di «alcuni paesi» di accentuare uno o due aspetti isolati. Il Presidente Leone, nel dichiarare la convinzione della necessità dell'integrale applicazione dell'Atto finale, aveva sottolineato che esso si fondava su tre pilastri, e cioè: rapporti politici, rapporti economici e rapporti umani, tutti ugualmente importanti e interdipendenti. Aveva aggiunto che a base delle opere di pace vi doveva essere soprattutto la conoscenza tra i popoli nelle loro differenti culture, tradizioni e costumi che aumenta la fiducia reciproca. Di qui l'importanza delle relazioni e dei contatti tra le persone. Il tema, ovviamente riferendosi al terzo punto Csce, era stato ripreso con opportuno accenno nel brindisi di risposta al pranzo offerto da Podgornyj.

Per quanto riguardava i rapporti bilaterali, i nostri interlocutori avevano dato un apprezzamento estremamente favorevole di quelli economici e commerciali esprimendosi tra l'altro in termini particolarmente caldi per la cooperazione con le nostre aziende. Circa i rapporti politici, Podgornyj, peraltro non seguito da Brežnev e Kosygin, aveva ripreso un tema già emerso nei passati contatti a Roma con l'ambasciata dell'Urss e in qualche organo di stampa sovietica, secondo cui detti rapporti, pur buoni e in via di sviluppo, particolarmente dopo il protocollo 1972 sulle consultazioni, sarebbero stati in qualche misura più indietro di quelli economici: Podgornyj ne auspicava pertanto l'ulteriore accentuazione. La delegazione italiana aveva replicato che, dal nostro punto di vista, i rapporti politici apparivano svolgersi a non minore livello degli altri e, forse, la diversa valutazione di Podgornyj era questione di ottica; non doveva dimenticarsi tra l'altro che l'orientamento dei rapporti economici comparato con quelli dei paesi dell'Europa orientale era improprio, essendoci per questi ultimi facilitazioni creditizie che rispondevano a una politica particolare. In questo quadro si era accennato anche alle complessità della situazione economica che stava attraversando l'Italia e indicata l'attesa, in base al buon andamento delle nostre relazioni anche politiche, che le offerte presentate da industrie italiane potessero ricevere sempre più adeguata considerazione nei piani economici dell'Unione Sovietica.

I sovietici ci avevano inoltre chiesto, e ricevuto, notizie sul vertice economico di Rambouillet, mettendo in risalto la sua fondamentale caratteristica non decisionale, mentre l'attenzione era portata al punto di rapporto Est-Ovest. Sia da parte di Podgornyj che di Kosygin era stato garbatamente, ma insistentemente, indicato che il metodo delle consultazioni, limitato alle grandi potenze occidentali industrializzate, non era suscettibile di dare risultati positivi in quanto non teneva in adeguato conto altri interessi, in particolare di quelli dei paesi dell'area socialista.

Per quanto riguardava il giro di orizzonte sulla politica internazionale, si era trattato — continuò Rumor — del problema del disarmo in maniera generale e con la riaffermazione delle note rispettive intenzioni e posizioni. Kosygin aveva rilevato il costante aumento delle spese nei bilanci militari occidentali (tra cui anche l'incremento del nostro), criticando tale tendenza sotto il profilo della influenza sulle situazioni economiche dei paesi interessati e dei paesi in via di sviluppo. Da parte italiana, se si escludeva il rilievo sulla lievitazione generale dei prezzi, era stato facile rispondere che il buon esempio deve venire dalle principali potenze nucleari. Avevamo altresì riscontrato l'interesse alla piena applicazione del trattato di non proliferazione, in modo peraltro da consentire a condizioni di parità ai paesi non nucleari l'utilizzo pacifico dell'energia nucleare.

Circa il Medio Oriente, era interessante che Podgornyj avesse evidenziato qualche elemento positivo nella politica «Step by Step» del segretario di Stato americano, a differenza di quanto aveva fatto Gromyko nel colloquio con me a New York in settembre. Naturalmente la conclusione sovietica era che si trattava ancora di passi interinali e parziali, mentre la soluzione globale doveva venire dalla conferenza di Ginevra; tuttavia non insistevano per una sua rapida convocazione (e neppure avevano chiesto che se ne facesse menzione nel documento conclusivo della visita).

Sui rapporti con i paesi dell'Europa occidentale, Podgornyj aveva avuto parole assai calde per la Francia, più misurate per la Repubblica Federale. Leone e Rumor avevano fatto notare gli sviluppi della Comunità europea non solo sul piano economico ma anche su quello politico, indicando che molte delle posizioni da noi indicate su problemi internazionali venivano ormai elaborate in accordo tra i Nove.

I rapporti sovietici con gli Stati Uniti erano stati definiti *normali* da Podgornyj, con l'espressa speranza di ulteriori miglioramenti ove Washington vi corrispondesse con analoghe intenzioni, da manifestarsi in particolare attraverso la rapida conclusione della trattativa Salt.

Podgornyj, nell'esporre lo stato dei rapporti con la Cina, si era espresso in termini assai critici e aveva indicato come elementi fondamentali della posizione cinese il tentativo di sabotare la distensione e lo sforzo per creare la convinzione che una nuova guerra mondiale fosse inevitabile. Naturalmente Leone non aveva raccolto i suoi accenni, peraltro discreti, a che l'Italia tenesse conto di questa situazione.

Gromyko aveva infine sollevato la questione Angola, esprimendosi in modo particolarmente vivace a favore della legittimità del governo espresso dallo Mpla (Movimento popolare per la liberazione dell'Angola), aveva accusato forze straniere di volerlo «strangolare» e attaccato i tentativi di risolvere la questione da parte dell'Organizzazione dell'unità africana (Oua) su base regionale anziché ricorrere al foro delle Nazioni Unite. La situazione locale — avevano replicato i nostri — non ci pareva tale da poter ancora consentire la valutazione finale e avevano detto di vedere invece, al pari degli altri governi dei Nove, taluni vantaggi nell'approccio regionale dell'Oua.

La visita si era svolta in un'atmosfera assai cordiale e utile, testimoniata anche da attenzioni protocollari e personali prodigate al Presidente, alla signora Leone e a tutta la delegazione. A conclusione della parte ufficiale della visita erano stati firmati una breve dichiarazione italo-sovietica (nel testo concordato tra le due parti prima della partenza), nonché un accordo quinquennale di cooperazione economica e un accordo per evitare la doppia imposizione nei traffici marittimi.

Dalla relazione di Rumor si apprese che — dopo una discussione terminologica, ma che era di sostanza — era stata abbandonata la formula della *coesistenza pacifica* per quella di *distensione e cooperazione pacifica*. Un piccolo passo, ma in avanti.

Leone — a quanto ci fu riferito — aveva ritenuto concretamente *utili* i colloqui con Kosygin e *cortesi* quelli con Podgornyj, mentre Brežnev gli era apparso «loquace, ma senza sostanza». Il potente Segretario generale si era indugiato a parlare di spaghetti, dichiarando che nella sua casa vi era una «macchinetta» per prodursli direttamente. Fisicamente però Brežnev si presentava in forma, ed era la *testimonianza* che i sovietici si aspettavano.

Partito Rumor, Leone e il seguito avevano intrapreso il viaggio... in provincia, con una variante improvvisa perché l'aereo, decollato alla volta di Leningrado, aveva dovuto deviare verso Riga a causa della forte nevicata che aveva fatto chiudere l'aeroporto pietroburghese.

Leone si chiese, data la breve distanza, come mai gli ospitanti non lo sapessero quando si erano congedati da lui a Mosca. Tuttavia anche le accoglienze non programmate in Lettonia furono molto calde (come quelle poi a Leningrado e in Georgia, compresa l'antica capitale Mtzcheta); e dettero anzi una nota extraprotocollare al viaggio, tutt'altro che sgradita.

Due particolari interessanti: per «motivi ideologici» Leone aveva rifiutato l'offerta di una laurea *ad honorem*; e a Tbilisi aveva potuto assistere alla messa domenicale — presenti pochissimi fedeli georgiani — celebrata da un sacerdote, don Costantino Saparislvili, fatto venire apposta per l'occasione addirittura da Riga.

Il viaggio ebbe un contorno alle Camere, con una pioggia di interrogazioni per sapere cosa avesse fatto il nostro governo per ottenere la liberazione di Sacharov.

Piero Ostellino, definendo *fiabesca* l'accoglienza al nostro Presidente al Cremlino, definì sul «Corriere» la missione Leone come «un successo per l'industria italiana». Ma l'attenzione degli italiani fu favorevolmente impressionata non tanto per le ricadute mercantili, quanto per l'iniziativa presa dalla signora Vittoria a favore delle ricerche di italiani dispersi laggiù durante l'ultima guerra. Accompagnata dalla consorte di Gromyko si era recata dal presidente nazionale della Croce Rossa sovietica per esporre il dramma di tante famiglie che attendono da allora qualche notizia. Conosceva

— disse — le difficoltà che ostacolavano la complessa operazione, ma «fino a che c'è un filo di speranza abbiamo il dovere di non rinunciare a qualsiasi tentativo». Da parte sovietica venne dimostrata ampia comprensione, ma fu illustrato il risultato quasi sempre negativo delle molte ricerche dispiegate in passato.

2

«SONO LUTERANO»

Quando nel 1973 lasciai la presidenza del Consiglio e andai per la prima volta a presiedere la Commissione esteri della Camera, presi contatto con l'Unione interparlamentare e me ne entusiasmai.

Si tratta di un organismo che da quasi un secolo riunisce i membri delle assemblee parlamentari dei paesi aderenti (superano i cento), con una o due conferenze plenarie annuali e con un intreccio fecondo di relazioni bilaterali. Già allora, ma specialmente durante la legislazione italiana 1979-1983, che ho trascorso interamente fuori dal governo, mi sono dedicato con passione all'Unione interparlamentare, che continuo a curare essendo stato sempre riconfermato alla presidenza del Gruppo italiano. Ho presieduto anche per un quadriennio la Commissione politica e del disarmo.

Si tratta di dibattiti che, non dovendo arrivare a decisioni operative e avendo pertanto molto più libertà dei negoziati diplomatici e degli incontri tra governi, consentono di comprendere con anticipo umori e possibilità, mentre creano relazioni interpersonali di grande utilità. Come ministro degli Esteri sto apprezzando ancora di più l'Unione e il suo ruolo. A Pechino il Gruppo cinese mi ha offerto un banchetto, memore che ero stato io a spingerli a entrarvi, dopo molte loro esitazioni.

I sovietici sono presenti nell'Unione interparlamentare con molta serietà e ho avuto pertanto con loro in questa sede molti rapporti. Di norma la delegazione alla conferenza era guidata dal Presidente del Soviet delle Nazionalità (la loro seconda Camera) onorevole Vitalij Ruben, proveniente dai paesi baltici e con una strana somiglianza fisica con Kruscev.

Faceva parte della mia commissione e avemmo quindi modo di stringere una buona relazione.

Nella primavera dell'80 si tenne a Oslo una sessione straordinaria sul disarmo e ci trovammo dinanzi due grossi scogli: la questione degli euromissili, che la Nato, essendo fallito il tentativo di indurre l'Urss a smantellare i suoi, era stata costretta a cominciare a dispiegare, e lo spinoso problema dell'invasione dell'Afghanistan, che aveva suscitato emozione e rabbia nei paesi non allineati, fino allora molto convergenti con i sovietici.

Per gli euromissili, esaurito il tentativo di concordare in seduta un testo, ci mettemmo a tavolino Ruben e io e stilammo un documento (di cui conservo il manoscritto firmato da entrambi) che fu sostanzialmente alla base della soluzione: «La conferenza invita i parlamenti degli stati partecipanti alla conferenza ad assicurare l'adozione di misure appropriate che permettano di affrontare senza indugi i negoziati relativi ai missili nucleari di media portata senza la ricerca di assicurarsi una superiorità militare sia prima dei negoziati che nel corso del loro svolgimento».

Circa l'Afghanistan, occidentali e neutrali esigevano con forza un testo per chiedere il ritiro delle truppe sovietiche. Ruben fece un primo penoso tentativo per contestare la fondatezza della notizia della presenza di sovietici, dimentico che il suo governo si era invece attestato sulla avvenuta richiesta di appoggio fatta dai dirigenti di Kabul. Esaurito l'espediente, si mostrò assai preoccupato dopo aver constatato il dissenso integrale dei non allineati, obiettivamente convergenti con gli occidentali. Ripiegò sul fatto che anche gli americani, tramite il Pakistan, sarebbero entrati in Afghanistan e senza appelli di quel governo. Ma l'insuccesso fu identico.

Ci consultammo allora per adottare una formula imperniata sul ritiro di tutte le truppe *straniere*. E così, più o meno, si concluse.

La conferenza di autunno dell'80 si tenne nella Repubblica Democratica Tedesca con qualche difficoltà, causata dallo *status* di Berlino, ma superata abbastanza agevolmente. Il documento politico fondamentale sulla distensione raccolse 774 voti contro 128 e 38 astensioni; più articolata la conclusione sul Medio Oriente (646 contro 91 e 206 astensioni) e sulla prevenzione di complicazioni nel Golfo Persico — che invece si sarebbero purtroppo presto verificate (464 contro 188 e 260 astensioni).

Nell'aprile successivo ci trovammo all'Avana. Da alcune sfumature notai come Fidel Castro, pur grato ai sovietici per gli aiuti ricevuti, non aveva dimenticato lo smacco subito come presidente di turno dei non allineati, allorché apprese dai notiziari della radio l'invasione della associata Afghanistan. Se gli americani in quel momento avessero offerto un ramoscello d'olivo ai cubani, con molta probabilità ne avrebbero recuperato il rapporto. Ma il clima psicologico negli Stati Uniti era tale che i due deputati Usa che vennero a Cuba (Robert McClory ed Edward Derwinski) vennero messi fuori gioco nelle prime elezioni che seguirono.

Cominciata malissimo, la conferenza riuscì a raggiungere l'unanimità sul punto politico più delicato adottando un testo presentato da Franco Maria Malfatti a nome della delegazione italiana.

Fidel Castro era venuto a trovarci in ambasciata, dopo che in un lungo colloquio a due, che ho descritto nel secondo dei miei *Visti da vicino*, io ne avevo lodato la moderazione perché, avendo detto cose turpi e incredibili contro gli americani, aveva però evitato qualsiasi cenno critico sulla base Usa di Guantanamo. In un vivace dialogo con la nostra delegazione, Fidel fece un po' di polemica antioccidentale. In seguito si sarebbe lamentato con Berlinguer perché i due parlamentari comunisti erano stati... sordomuti.

L'anno 1982 ospitammo in Roma la conferenza grande, che ebbe molta notorietà per la partecipazione e un discorso di Yasser Arafat.

Il capo della delegazione sovietica visse nell'occasione romana due momenti assai interessanti. Dieci anni prima, in analoga circostanza, i sovietici non avevano preso parte all'udienza del Papa (Paolo VI). Questa volta, al mattino della visita in Vaticano, Ruben venne da me per parlarmi — evidente scusa — di un piccolo problema sui lavori della conferenza; e, quasi per caso, mi chiese se, nel discorso che ci avrebbe rivolto, il Papa potesse toccare punti per lui imbarazzanti, specie sulla situazione polacca. Risposi che potevo escluderlo con sicurezza, conoscendo un poco sia la diplomazia vaticana che le caratteristiche personali di Giovanni Paolo II. Mi sembrò lieto e sollevato; e la delegazione sovietica fu tra le prime a varcare il Portone di bronzo essendosi associato anche il loro ambasciatore a Roma, Ryžov.

Tutto si svolse nel migliore dei modi. Il Pontefice esaltò le rappresentanze popolari ed enunciò un importante principio sulla libertà («La libertà è un prisma unico, di cui la libertà religiosa non è che una delle facce. Senza libertà globale non può esserci libertà religiosa; ma senza libertà religiosa la libertà non esiste»).

Terminato il discorso e dedicandoci quasi due ore, volle salutare uno a uno i capidelegazione; e con Ruben parlò parecchi minuti in lingua russa, che Ryžov definì poi di stile classico.

Un momento divertente di quell'udienza fu quando il Papa porse le mani — che alcuni baciavano, altri stringevano — a due deputate iraniane, forse scambiandole per suore, dati i loro mantelloni di lana grezza nera. Le colleghe ritrassero le loro mani come se si fossero scottate; ma non era per ostilità al Papa. I deputati avevano fatto lo stesso con la presidente Iotti, in nome di un costume islamico di maggior rigore che vieta anche la stretta di mano tra persone di sesso diverso.

Un seguito dell'udienza si ebbe con un altro episodio che vide protagonista Ruben.

I sovietici non gradivano un invito alle Botteghe Oscure e d'altra parte qualche incontro con i comunisti italiani dovevano pure averlo. Indissi allora, d'accordo con Luciano Barca che guidava il gruppo bilaterale Italia-Urss dell'Unione, una riunione informale della Commissione esteri che io presiedevo. Ruben, ospite d'onore, ci tenne una relazione sul suo Paese, in verità un po' troppo propagandistica (industrie ottime, agricoltura pionieristica e così via) e nel corso della quale, per due volte, parlando del raccolto dell'annata, disse che «per grazia di Dio» era buono.

Pajetta, che conosce il russo, lo interruppe dicendo: «Dici *per grazia di Dio* per far piacere ad Andreotti», ma Ruben non raccolse; e continuò parlando di pace, di disarmo e di prospettive internazionali.

Seguì un breve dibattito e alla fine Ruben si felicitò per la buona organizzazione della conferenza e concluse: «Sono grato all'onorevole Andreotti anche perché mi ha dato un buon consiglio circa la partecipazione all'udienza del Papa, il cui discorso è stato esemplare». E, guardando Pajetta fisso negli occhi, aggiunse: «Io non sono un senza Dio come te: sono luterano».

Ruben è morto prima della perestrojka. Non so come se la sarebbe cavata, ma certamente non era un uomo chiuso al colloquio e alle posizioni di movimento.

3

PER NOI O PER IL PAPA?

Può apparire una curiosità, ma c'era una certa logica: durante la mia presidenza del Consiglio del 1972-73 ebbi rapporti rimarchevoli con i sovietici, mentre nel nuovo periodo 1976-79 — con i comunisti non più all'opposizione — questo non avvenne. Va notato che agli inizi di questo triennio era molto diffusa la sensazione internazionale che l'Italia stesse scivolando a sinistra. Nel vertice dei paesi industrializzati tenutosi poche settimane prima a Portorico, gli occidentali, su suggerimento degli analisti americani e senza neppure avvertire Moro e Rumor che erano lì, fecero fare da Helmut Schmidt una specie di diffida ai politici italiani perché non aprissero ai comunisti le porte del governo, minacciando l'isolamento della nostra nazione.

Nella vita pubblica e in quella privata è molto facile dare consigli agli altri, senza avere la responsabilità di prendere decisioni né l'obbligo di verificare se ciò che si suggerisce è praticabile. In una congiuntura nella quale avevamo valuta estera per sette giorni e un indebitamento tale che per ottenere gli ultimi prestiti il Governo Rumor aveva dovuto dare in pegno alle banche tedesche... l'oro della patria, io dovevo chiedere l'appoggio a tutti i partiti, senza esclusioni, ma dovevo stare attentissimo a non dare spunti — all'interno e all'estero — per ritenere che stessimo iniziando un giro di valzer.

Andato d'urgenza in America, nonostante Ford fosse stato battuto alle elezioni e Carter (che mi inviò, però, Cyrus Vance, segretario di Stato *in pectore*) non fosse ancora alla Casa Bianca, potei confutare il pessimismo dei loro servizi a nostro riguardo, sostenendo che la piattaforma della solidarietà nazionale non solo non indeboliva lo schieramento atlantico, ma gli apportava in Italia nuovi e preziosi consensi. Il che avvenne formalmente in Parlamento l'anno successivo con una mozione firmata e votata anche dai comunisti, in cui si proclamavano punti di riferimento fondamentali della nostra politica estera proprio il Patto Atlantico e la Comunità europea. Mi fecero credito, in quell'autunno del 1976, ma era necessario non avere personalmente con l'Est che i rapporti strettamente necessari.

Soltanto nell'ultimo anno, a situazioni ormai più che chiarite e dopo la tragedia di Aldo Moro, avemmo una ripresa dei contatti al massimo livello. Tuttavia non ero così sprovveduto da non ritenere che il ministro Gromyko venisse a Roma a trovare il collega Arnaldo Forlani, ma, innanzi tutto, per incontrare il nuovo Papa. E per una combinazione, il 25 gennaio 1979, prima di avere a colazione l'autorevole ministro sovietico, andai a salutare all'aeroporto Giovanni Paolo II che partiva per il Messico e appresi che il giorno innanzi si era intrattenuto con Gromyko per oltre due ore.

L'ospite aveva già avuto due ampi colloqui con Forlani e li giudicava molto positivi. Si trattava ora, constatato che i rapporti italo-sovietici erano buoni, di concretare modi per svilupparli ulteriormente. Mi disse che era in Italia per questo, offrendo un programma di cooperazione economica e commerciale a lungo termine. «Noi ci troviamo avvantaggiati in questo tipo di programma, in quanto siamo un Paese a economia pianificata; ma nelle relazioni avute con l'Italia abbiamo riportato una impressione di grande serietà, per cui ci teniamo più che con altri paesi. I prodotti italiani sono ormai noti in Urss e molto apprezzati per la loro qualità.»

Espressi, d'accordo con Forlani, la mia adesione a questa prospettiva, che volevamo inquadrare nel programma triennale in elaborazione (per *incidens* tutti ci chiedevano questo programma, ma appena cominciammo a elaborarlo sul serio il governo fu messo in crisi).

Parlammo a questo punto di temi più politici. Allorché nacque la Comunità economica europea, dissi, fu ritenuto che il suo progressivo funzionamento avrebbe ostacolato i rapporti bilaterali dei paesi membri con l'Urss e non consentito rapporti della Comunità in quanto tale con l'Urss e gli altri paesi socialisti. Vi fu pertanto una certa diffidenza nei suoi confronti. Noi invece avevamo creduto fin dall'inizio che questa diffidenza non avesse alcun valido motivo di sussistere, e oggi, a distanza di tempo, potevamo dire di aver avuto ragione.

Osservavo inoltre che noi consideravamo l'ulteriore progresso della costruzione comunitaria (pensando in particolare alle prossime elezioni a suffragio universale del Parlamento europeo) non come una chiusura in se stessa di una parte dell'Europa, ma come un contributo al miglioramento dei suoi rapporti con l'esterno.

Gromyko ricordava che, effettivamente, quando fu costituita la Cee si erano posti la domanda di come si sarebbero sviluppate concretamente le relazioni dell'Unione Sovietica con i paesi europei comunitari. Lo stesso problema aveva agitato altri paesi europei non comunitari. E in effetti alcuni paesi membri della Cee non prendevano alcuna iniziativa senza una preliminare autorizzazione della Comunità. Per l'Italia invece era diverso. Essa infatti non appariva legata mani e piedi alla Comunità; si aveva quindi l'impressione che i legami che la univano alla Cee non la condizionassero a tal punto da impedirle di sviluppare rapporti bilaterali con i paesi al di fuori della Comunità, come, ad esempio, l'Unione Sovietica. E Mosca riconosceva che questo era un fatto positivo.

Concordai con Gromyko, nel senso che la nostra appartenenza piena e leale alla Cee non ci impediva di sviluppare i rapporti con l'Urss programmandoli anche a lungo termine. L'appartenenza alla Cee ci consentiva inoltre di esercitare in seno alla Comunità una certa influenza sugli stessi rapporti tra la Cee e i paesi socialisti, che dovevano distendersi e migliorare.

Sottolineai anche che in Italia vi era attualmente una gamma particolarmente ampia di consensi in tema di adesione alla Cee. Tutti i partiti democratici avevano infatti un'opinione concorde al riguardo. A mio avviso ciò era molto importante, anche per il ruolo che tali partiti, ivi incluso il Pci, avrebbero svolto nel futuro Parlamento europeo. Essi potevano infatti esplicare una funzione democratica altamente positiva facendo in modo che la Cee diventasse sempre di più un fatto di popoli e sempre meno un fatto di governi. Naturalmente io esprimevo valutazioni dal punto di vista dello Stato e non in termini di partito.

Gromyko manifestava soddisfazione per aver sentito che gli sviluppi futuri dell'Europa occidentale non avrebbero avuto conseguenze negative sulle relazioni fra i nostri due paesi. Per quando concerneva il Parlamento europeo, mi disse di non essere in grado di esprimere alcuna valutazione al riguardo. Si trattava di un argomento troppo difficile e, se lo avesse affrontato, rischiava di perdersi in quella che per lui era una giungla.

Andando avanti toccai un altro punto di interesse politico. In quei giorni avevo avuto modo di ricordare il «protocollo italo-sovietico sulle consultazioni», firmato da me a Mosca nel 1972. Mi riservavo di ritornare sull'argomento in Parlamento la settimana successiva, al fine di inquadrare nelle normali consultazioni italo-sovietiche su importanti problemi di carattere generale, previste da tale protocollo, anche l'episodio delle lettere del Presidente Brežnev relative alle forniture di armamenti alla Cina. Come era noto, a questo proposito vi erano state accese polemiche da parte dei partiti e anche dei sindacati, forse più per motivi di politica interna che di politica estera. Esse erano ingiustificate, poiché su questi grandi problemi internazionali è giusto che ci si scambi idee e informazioni, senza che ciò significhi, proprio in forza del protocollo sulle consultazioni, interferenza o non rispetto dell'autonomia dall'altro Paese. Sul tema specifico sollevato nelle lettere del Presidente Brežnev, pensavo che se noi avessimo trovato il modo di dare un seguito concreto alla sessione speciale delle Nazioni Unite per il disarmo, allo scopo di far compiere qualche passo avanti nella riduzione degli armamenti, avremmo contribuito a far progredire la pace e la distensione nel mondo. Noi davamo infatti la nostra piena adesione agli sforzi diretti a tale scopo. Inoltre uno scambio di idee o di lettere poteva servire a vedere in quale modo questo cammino avrebbe potuto proseguire. Ciò è importante sotto l'aspetto pratico e anche sotto quello educativo. Ricordai che, anni prima, quando si discuteva della preparazione della conferenza di Helsinki, vi era chi diceva che essa sarebbe stata inutile. Gli stessi dissero in seguito che la conferenza non aveva realizzato i risultati sperati. Tutto ciò è contraddittorio. A mio avviso, invece, sono stati compiuti passi in avanti. Bisognava perciò continuare a lavorare con umiltà e pazienza sulla via della pace e della distensione nel mondo senza attenderci però miracoli. E bisognava anche fare ogni sforzo per evitare che questa linea politica fosse compromessa da polemiche interne che nulla hanno a che fare con essa.

« Lei ha gettato molto opportunamente un ponte » mi disse Gromyko « dai problemi economici a quelli politici internazionali. A questo riguardo vorrei esprimere alcune mie considerazioni. »

In primo luogo, esaminando la politica estera italiana degli anni passati, i sovietici avevano ricavato la convinzione che noi favorissimo la diminuzione della tensione internazionale e del livello dei *confronti*, là dove esistono. Apprezzavano questa linea politica seguita dai governanti italiani e la ritenevano giusta nell'interesse generale. « Continueremo pertanto a considerare l'Italia proiettata in questa direzione. »

A questo punto Gromyko, leggendo delle note, toccò un tasto delicato. Trascrivo quanto raccolsi:

> Nel mondo esistono delle forze che agiscono contro la pace, la distensione e la riduzione degli armamenti. Queste forze sono rappresentate in massima parte dai dirigenti cinesi. Mi riferisco a essi non perché l'Unione Sovietica è in cattive relazioni con la Cina, ma perché si tratta di una realtà effettiva. I dirigenti cinesi si sentono infatti a proprio agio allorché si verificano conflitti o scontri armati. A loro avviso le controversie vanno risolte con le armi. L'Unione Sovietica invece non ha mai pensato di muovere guerra alla Cina. La sua politica è seria e i suoi impegni di politica estera sono seri e realistici. Chi ci conosce in Occidente non crede alle tesi cinesi, che sono manifestamente false. Desidero quindi attirare l'attenzione del governo italiano sul fatto che i cinesi cercano di procurarsi non ciò che a loro è necessario per migliorare il livello di vita del popolo, bensì soltanto armamenti per prepararsi alla guerra. Essi, d'altronde, non lo nascondono. Al-

cuni paesi occidentali non sono contrari a soddisfare queste richieste cinesi di armamenti. Si tratta però di una politica miope, poiché non distingue ciò che porta alla pace da ciò che porta alla guerra. La guerra rappresenta morte e distruzione. L'intelligenza degli uomini deve invece essere diretta al mantenimento della vita e della realizzazione del benessere dei popoli.

In questi ultimi tempi si è parlato di un'ingerenza dell'Unione Sovietica negli affari interni degli altri paesi. In realtà l'Unione Sovietica non si è mai ingerita negli affari interni altrui e, analogamente, non vuole che altri si ingerisca nei suoi affari interni. In realtà in politica estera è sempre possibile esprimere la propria opinione. Chi dice il contrario non comprende questa verità.

Ci è sembrato infine che la politica del governo italiano, sotto la sua guida, sia realistica ed equilibrata. Ciò è per noi molto positivo. Ascolterò quindi con molto interesse le sue considerazioni e informerò il Presidente Brežnev di tutto.

Gromyko aveva parlato con particolare solennità e capii che le parole di risposta dovevano essere ben pesate.

Non considero un'interferenza il fatto che vi fosse uno scambio di opinioni e di valutazioni su problemi di tanta importanza e con un'influenza di carattere mondiale. Grazie al protocollo delle consultazioni, avevamo anche uno strumento per dialogare in merito a tali temi. Non condividevo pertanto la polemica sorta sulle lettere di Brežnev (che, peraltro, non sono state le prime a essere a noi indirizzate). Le avevamo fatte conoscere anche ai segretari dei partiti politici. Da qualche parte esse erano state poi rese pubbliche. Ma forse non era un male che se ne discutesse apertamente.

Per quanto riguardava in particolare i rapporti politici dell'Italia con la Cina, come noto, noi avevamo atteso un certo numero di anni prima di stabilire relazioni diplomatiche con quel governo e i sovietici ci criticavano perché non avevamo rapporti con Pechino. Era nostra opinione che attualmente, a seguito della realizzazione di più estesi rapporti della Cina con il mondo occidentale, vi fosse la possibilità di esercitare una più forte influenza su di essa per indurla ad avere maggiore fiducia nella distensione, nella cooperazione e nella non proliferazione nucleare. Anche noi avevamo ascoltato taluni discorsi cinesi di apologia della guerra che ci preoccupavano fortemente poiché volevamo realizzare nel mondo esattamente l'opposto.

Colsi questa occasione per ricordare che a una lettera del Presidente Carter, la quale preannunciava lo stabilirsi delle relazioni diplomatiche tra gli Stati Uniti la Cina, avevo risposto testualmente: « Mi auguro che, attraverso un contatto diretto con lei e con i suoi collaboratori, i governanti cinesi abbandonino una ricorrente affermazione della inevitabilità di un conflitto e aderiscano invece a comuni iniziative di distensione ».

Ero convinto che in materia di forniture di armamenti occorresse procedere con prudenza e cautela. Ma ciò valeva per tutti. L'Urss aveva avuto esperienze di aiuti militari a taluni paesi (ad esempio la Somalia e l'Egitto), che successivamente non avevano seguito la linea creduta. Il nostro vero obiettivo era di cercare di realizzare meccanismi idonei a ridurre la diffusione degli armamenti. Noi siamo in genere molto prudenti in materia di simili forniture e lo saremmo stati anche nei confronti della Cina. Era infatti nostra opinione che i programmi di sviluppo non dovessero dare troppo spazio agli armamenti. Se lo scià di Persia avesse speso meno in armamenti e più in altre direzioni, forse non sarebbe stato costretto all'esilio.

Sotto tale profilo pensavo quindi che non potessero esservi contrasti di fondo tra noi. D'altra parte non mi ero mai entusiasmato di fronte agli elogi cinesi nei confronti della Nato e della Cee. Per noi l'obiettivo della realizzazione di rapporti sempre migliori con l'Unione Sovietica era primario; e ciò che contrastava con esso non avrebbe avuto il nostro appoggio. Mi auguravo quindi che la Cina migliorasse il proprio atteggiamento. Vi era peraltro qualche indizio in tal senso: la terza guerra mondiale, che prima veniva evocata come imminente, oggi era vista più lontana. Tutti dovevano pertanto cooperare affinché i cinesi non si sentissero al servizio di soluzioni di guerra.

Gromyko mi ringraziò per l'esposizione e concludendo ripeté che l'Unione Sovietica era sempre fautrice di buone relazioni con l'Italia, alla quale augurava ogni prosperità. « I nostri paesi devono continuare ad avere buone relazioni e a operare in favore della pace e della distensione nel mondo. »

Durante la colazione, il discorso toccò altri vari temi meno impegnativi. Vi partecipavano, con gerarchica moderazione, due loro diplomatici che avrebbero in seguito fatto una buona carriera e che mi sembravano molto bene informati dei problemi italiani: il capo dell'Ufficio primo « Europa » del ministero degli Esteri Adamišin e il primo segretario Valentin Bogomazov.

Riferendosi all'udienza con Giovanni Paolo II, Gromyko disse di aver avuto la sensazione di un grande interesse del Papa per i problemi mondiali, di un forte impegno conoscitivo e di un robusto vigore fisico. Ricordava peraltro con ammirazione « i quattro incontri con Paolo VI, di cui uno all'Onu ».

Nel congedarci formulai auguri per i prossimi Giochi olimpici di Mosca. Ricordai che all'epoca dei Giochi olimpici di Roma nel 1960, io ero presidente del comitato organizzativo. In precedenza erano sempre stati allestiti due villaggi olimpici, uno per gli atleti dei paesi occidentali e un altro per quelli dei paesi orientali. Noi invece rifiutammo una tale impostazione e realizzammo un unico villaggio per tutti gli atleti. Mi auguravo che anche a Mosca tutto procedesse per il meglio e si rafforzasse l'amicizia e la conoscenza dell'Unione Sovietica.

Prima di lasciar Roma, Gromyko scambiò con Forlani gli strumenti di ratifica dell'accordo per evitare la doppia imposizione nel settore della navigazione marittima e firmò tre documenti: 1. una convenzione sull'assistenza giudiziaria in materia civile; 2. un accordo per la cooperazione tra il museo dell'Ermitage di Leningrado e la galleria fiorentina degli Uffizi; 3. un memorandum di intesa sulla cooperazione nel campo della astrofisica.

4

BREŽNEV AL TAPPETO?

Nel giugno 1979 partecipai a Tokyo, con Arnaldo Forlani e Filippo Maria Pandolfi, al vertice dei paesi industrializzati.

Kosygin mi aveva chiesto di fare sulla via del ritorno una sosta, sia pur breve, a Mosca; e lo avevo doppiamente apprezzato, in quanto era ormai certo che avrei lasciato Palazzo Chigi, nonostante le elezioni fossero andate bene per la Dc, e, poiché i comunisti italiani avevano perduto colpi, potevano non plaudire per un invito a Mosca rivolto a un presidente democristiano.

Arrivammo alla mezzanotte del 29 giugno e fummo alloggiati in una delle residenze per gli ospiti ufficiali sulla collina di Lenin. Ma in questa seconda visita a Mosca non volevo perdermi la visione della Piazza Rossa e vi andai di buon mattino, prima del programma ufficiale. Già una lunga coda si snodava lentissimamente per entrare nel mausoleo di Lenin, dove il fondatore — imbalsamato mirabilmente — resiste ai corsi e ricorsi mentre il povero Stalin è stato rapidamente epurato.

Per gli ospiti dello Stato vi è un corridoietto speciale ed entrai nella penombra di questo sacrario profano con un certo affollamento di pensieri in testa. La guida, troppo zelante, cercava invano di attrarmi con una sua spiegazione sulle tecniche conservative e sui ritocchi periodici del personaggio esposto, che assomigliava in modo impressionante a Lelio Basso. All'uscita notai tra la folla alcune spose con il velo bianco; sembra che porti fortuna una visitina a Lenin e un momento di salita alle colline che ne portano il nome. Forse una qualche liturgia — magari solo civile — è indispensabile all'uomo nei momenti essenziali della vita.

Varcammo le soglie del Cremlino, ricevuti da Kosygin e da Gromyko. Durante i preliminari fotografici e televisivi, Kosygin propose l'ordine del giorno (1. risultati del vertice di Tokyo; 2. relazione sulla riunione tenuta per il XXX anniversario del Comecon; 3. risultati dell'incontro a Vienna tra Brežnev e Carter; 4. rapporti bilaterali Italia-Urss). I giornalisti accreditati si meravigliarono molto che questo fosse stato detto in loro presenza mentre giravano e fotografavano; perché di regola ascoltano solo battute sul viaggio degli ospiti e sulla meteorologia.

Espressi, innanzi tutto, le felicitazioni per l'esito positivo dell'incontro Usa-Urss a Vienna, di cui il nostro governo aveva sottolineato l'importanza per la pace e la distensione universale. Venendo al primo tema, manifestai la preoccupazione per gli aumenti intervenuti nel prezzo del petrolio, non solo per la loro incidenza sull'economia delle nazioni industrializzate, ma anche su quella dei paesi in via di sviluppo che, a causa delle loro deboli strutture, apparivano danneggiati ancor più degli altri.

Riferii che a Tokyo i Sette avevano adottato due decisioni: 1. stimolare l'acquisizione di nuove fonti energetiche sostitutive del petrolio (per l'Italia si trattava di un problema essenziale, dal momento che una parte cospicua della sua energia era prodotta mediante il petrolio); 2. avviare contatti coi rappresentanti dei paesi Opec per promuovere un'auspicabile intesa su un programma di regolamentazione del mercato.

Per ciò che concerneva la diversificazione delle risorse energetiche, accennai all'impiego del carbone (che incontrava peraltro dei limiti a causa dell'inquinamento atmosferico che ne sarebbe derivato), nonché all'energia nucleare (cui ostavano tuttavia non trascurabili fattori psicologici). Insistetti anche sull'importanza dell'energia solare, eolica e altre, escludendo peraltro la possibilità per l'Italia di aumentare, salvo piccoli margini, lo sfruttamento delle centrali idroelettriche che coprivano già il 20 per cento del nostro fabbisogno di energia e non erano più suscettibili di ulteriore incremento.

Al vertice di Tokyo, l'impegno in ordine di necessità che Stati Uniti e Giappone limitassero le proprie importazioni di petrolio nei prossimi anni (considerato in particolare che il 60 per cento del consumo mondiale di benzina è attribuibile agli Stati Uniti) era stato rafforzato con l'intesa di promuovere reciproci controlli sulla sua corretta osservanza.

Sempre nel quadro delle fonti energetiche alternative, andava poi considerato che l'aumento dei prezzi petroliferi aveva reso economico lo sfruttamento di talune risorse, come ad esempio gli scisti bituminosi. Inoltre, gli Stati Uniti prevedevano che nel prossimo ventennio, grazie a un sostanziale programma di investimenti, il 20 per cento del loro fabbisogno sarebbe stato coperto dall'energia solare. (In verità mio figlio, che studiava a Boston al Mit, mi disse che la dattilografa di Carter doveva essersi sbagliata.) A sua volta Kosygin era scettico sul mantenimento di tutti gli impegni.

In considerazione dei timori per la sicurezza, nonché delle remore psicologiche e politiche che potevano ostacolare lo sviluppo dell'energia nucleare, era stato convenuto fra i Sette di chiedere all'Agenzia di Vienna (Aiea) l'assunzione delle opportune responsabilità per un controllo imparziale e autorevole. Mi permisi di invitare l'Urss a fornire, nell'ambito Aiea, tutta la propria collaborazione tecnica.

Dopo uno scambio di opinioni e di informazioni sulle caratteristiche tecniche delle centrali nucleari in Italia e in Urss, oltreché sulle opportunità di impiego del gas naturale, passammo all'esame di altri due punti già discussi a Tokyo: le possibilità di crescita economica in connessione con l'aumento del tasso inflazionistico e gli aiuti ai paesi in via di sviluppo.

Sul primo punto mi soffermai a illustrare l'incidenza negativa che l'aumento dell'inflazione sul piano mondiale aveva sulla politica di crescita economica. Ciò non aveva tuttavia impedito che in Italia si fosse registrato un aumento dei salari superiore al 5 per cento rispetto all'aumento del tasso inflazionistico, come era testimoniato dalla diffusione e dall'aumento di molti consumi popolari negli ultimi anni. Nel decennio trascorso, la parte del reddito nazionale andata ai lavoratori dipendenti era passata dal 50 al 70 per cento, mentre non erano cresciute in termini reali le retribuzioni dei dirigenti. Negli ultimi tre anni inoltre si era riusciti a conseguire una situazione politica di stabilità, i cui positivi effetti erano stati l'aumento della produzione e della produttività, nonché una diminuzione delle ore di sciopero. Occorreva peraltro tener conto delle perduranti difficoltà dei pensionati e dei percettori di piccoli redditi, le cui risorse economiche avevano subito una grave riduzione. Si imponeva dunque una risoluta lotta all'inflazione, anche in considerazione del fatto che l'aumento dei costi di produzione rendeva sempre più difficili la difesa dell'occupazione e un'efficace politica degli investimenti. Da parte del governo italiano si riteneva opportuno il funzionamento della scala mobile con aggiustamenti trimestrali e un rinnovo contrattuale ogni tre anni con aumenti in termini assoluti e indipendenti dall'andamento dell'indice inflazionistico.

Per ciò che concerneva i paesi in via di sviluppo, auspicai un maggiore impegno dei paesi industrializzati, per conseguire un miglioramento del dialogo Nord-Sud. A Tokyo era stato formulato l'auspicio che al riguardo fosse possibile approfondire la concertazione coi paesi del Comecon. Poiché il prossimo vertice economico si sarebbe tenuto in Italia, il governo italiano riteneva utile avviare consultazioni con i sovietici a livello tecnico. Kosygin accennò alla possibilità di costruire centrali nucleari nei paesi in via di sviluppo, anche con iniziative congiunte italo-sovietiche.

Evocai poi un argomento di carattere politico, discusso al vertice economico di Tokyo: l'aiuto umanitario ai profughi indocinesi, sottolineando l'opportunità di tenere distinto l'aspetto umanitario da quello politico.

Kosygin convenne su tale distinzione, poiché anche da parte sovietica si intendeva evitare ogni speculazione politica. Il problema comunque — egli disse — riguarda i singoli paesi interessati: «il Vietnam per i vietnamiti e la Cambogia per i cambogiani». Esisteva inoltre il problema dei cinesi che dal Vietnam avrebbero voluto rientrare in Cina, ma erano stati respinti da quest'ultima.

Replicai che, ancorché la questione riguardasse in primo luogo i paesi interessati, era doveroso da parte degli altri fornire il proprio aiuto e il proprio contributo a una soluzione umanitaria. A tal fine occorreva coinvolgere anche la Cina, evitando toni propagandistici, ma puntando fattivamente alla soluzione del problema umanitario, come del resto aveva cercato di fare il segretario generale dell'Onu Waldheim nei suoi contatti con il governo di Hanoi.

Kosygin si espresse a favore della utilità degli incontri indocinesi, ma con fermezza ribadì, da un lato, la volontà dell'Urss di non interferire nel problema e, dall'altro, la necessità che coloro i quali non si adattavano alla nuova situazione politica determinatasi nei loro paesi ne fossero allontanati. «Si tratta» disse «di commercianti, di predoni, di delatori che hanno collaborato con gli americani.» Da parte sovietica peraltro non si vedeva perché fuggissero sulle barche, dal momento che il governo vietnamita favoriva il libero esodo di chiunque lo desiderasse. L'Urss riteneva come sua filosofia che le conferenze internazionali siano un mezzo inidoneo alla soluzione del problema, ma occorreva nel caso specifico rivolgersi direttamente ai governi dei paesi interessati: questo è quanto i Sette industrializzati, ovvero le Nazioni Unite, dovevano fare. Quanto all'Urss, essa non riteneva di doversi occupare di ciò che non la riguardava.

Non mollai e, evocando l'amicizia da anni consolidatasi fra l'Italia e l'Unione Sovietica, insistetti nell'attirare l'attenzione del mio interlocutore sulla crescente sensibilità dell'opinione pubblica internazionale al problema dei profughi, sottolineando la necessità che una grande potenza come l'Urss non si sottraesse alle responsabilità particolari che da tale suo status internazionale le derivavano. L'esigenza della non interferenza non escludeva la necessità di una concentrazione sul problema umanitario dei profughi, anche allo scopo di evitare ingiuste polemiche antisovietiche.

Kosygin lamentò la parzialità con cui era condotta dalla stampa occidentale la campagna propagandistica sui profughi indocinesi. Si era ad esempio taciuto il fatto che in Cambogia erano stati uccisi tre milioni di persone per far posto ai cinesi. La stampa occidentale manteneva un analogo silenzio circa la sorte dei profughi palestinesi.

Ribattei ancora, sottolineando la volontà chiaramente espressa dal governo italiano che i palestinesi avessero una patria, e ricordando come, nell'ambito europeo comunitario, fosse emerso un ampio riconoscimento del carattere politico del problema. Ciò era del resto dimostrato dalla negativa accoglienza che le dichiarazioni dei Nove avevano ricevuto in Israele.

Si passò quindi alla successiva disamina della recente sessione del Comecon. Kosygin pose in rilievo l'importanza della riunione, che era stata accuratamente preparata nel corso dell'anno precedente e alla quale avevano partecipato in qualità di osservatori numerosi paesi come il Messico, la Jugoslavia e l'Iraq. Un fatto politicamente rilevante nel corso della sessione del Comecon era stata l'approvazione unanime dell'accordo Salt 2, firmato al vertice di Vienna.

Ripetei come l'Italia avesse tempestivamente e pubblicamente dichiarato la propria soddisfazione per la conclusione dell'accordo sulle armi strategiche, valendosi di ogni occasione per svolgere opera di persuasione sui membri del Senato americano.

Seguì uno scambio di battute sulla collaborazione economica bilaterale, da cui emerse il desiderio di entrambe le parti di approfondire le questioni delle forniture di gas sovietico all'Italia e quelle di petrolio, cui era interessato l'Eni.

Il tema del vertice di Vienna fu esposto dal ministro Gromyko. Egli insistette sul fatto che l'accordo Salt 2 rispondeva pienamente al principio della parità strategica fra le due parti e serviva quindi in egual misura agli interessi di entrambe. Ciò era stato esplicitamente riconosciuto da Carter e dai principali responsabili del governo americano, fra cui il segretario alla Difesa e il capo di Stato Maggiore. Da parte sovietica si dissentiva quindi da coloro che, negli Stati Uniti, affermavano che l'Urss avrebbe avuto più bisogno degli Usa di ottenere la definitiva approvazione dell'accordo. Occorreva sottolineare invece che, se l'accordo non avesse ricevuto la sanzione del Senato americano, sarebbe venuto meno il presupposto per l'avvio del Salt 3 sulla riduzione delle armi strategiche. Era necessario quindi che tutti coloro che auspicavano lo sviluppo di tale processo negoziale lo sostenessero con opportune prese di posizione. A tale proposito, da parte sovietica si era registrato con soddisfazione il messaggio da me rivolto a Carter e a Brežnev, e si auspicava che tale azione continuasse.

L'accordo di Vienna, dissi, non rispondeva solo all'interesse delle due parti, ma all'interesse generale, poiché costituiva un passo avanti nella politica di distensione, di rasserenamento del clima politico internazionale e di pace. Esso avrebbe avuto un effetto psicologico positivo anche nei confronti delle giovani generazioni. L'Italia pertanto intendeva insistere sulla linea intrapresa che, del resto, era stata assunta ufficialmente dalla Nato.

Gromyko espresse infine la propria soddisfazione per la favorevole evoluzione delle relazioni bilaterali, sottolineando come la mia visita a Mosca nel 1972 e la firma in tale occasione del protocollo sulle consultazioni italo-sovietiche avessero segnato una tappa importante di tale processo.

Terminato questo serrato scambio di idee nella sala delle conferenze, ci avviammo a colazione in una sala vicina. Ma, come già nel 1972, Kosygin mi prese di nuovo sottobraccio e, chiamando solo il suo interprete, disse che voleva mostrarmi una «cosa interessante». Era la stanza di lavoro di Stalin, lasciata intatta come era al momento della morte dell'ex Grande Capo. Perché questo riguardo documentale mentre la salma era stata vilipesa e la memoria ufficialmente cancellata? E perché proprio io, che non ero della loro parrocchia politica né avevo conosciuto Stalin e avevo ricevuto da lui premi, dovevo essere messo al corrente di questo frammento di storia in naftalina? Non seppi allora, né so tuttora, dare una risposta.

Ma Kosygin voleva anche *dirmi* qualcosa. Era preoccupato per le voci che provenivano dall'America circa gli ostacoli alla ratifica dell'accordo di Vienna. Non sapeva cosa pensare e si augurava che quelli fossero solo piccoli screzi di politica interna. Era, a suo giudizio, impossibile che il Presidente fosse andato a firmare al buio; e si rifiutava di credere che fosse stato un atto teatrale l'improvviso abbraccio dato al compagno Brežnev. («A proposito, lei ci perdonerà se anche questa volta non potrà salutarlo.» Lo perdonai, dicendogli scherzosamente che nei sette anni intercorsi non ne avevo proprio sentito la mancanza.)

Circa la ratifica dissi quel che sapevo. Gli ostacoli nel Senato di Washington erano effettivi; ma Carter non aveva detto né ai Sette né alla Nato di aver dubbi sull'esito finale dell'iniziativa. Con un accenno sibillino alle forze che ostacolavano con ogni mezzo la distensione con l'Occidente, raggiungemmo gli altri in sala da pranzo.

Durante la colazione si parlò del più e del meno, con molti accenni ai Giochi olimpici del 1980 che, finalmente, si celebravano a Mosca. Sportivamente parlando era una specie di promozione in serie A internazionale.

E alle Olimpiadi fu riservata metà del programma pomeridiano, con la visita agli impianti in avanzata costruzione (compreso un gigantesco albergo) e al villaggio degli atleti, dove ci mostrarono gli appartamenti già assegnati agli italiani. Ci guidava il signor Popov (credevo che scherzasse quando si presentò) responsabile di tutta la preparazione, nella quale — ci disse — giocava tutto il suo avvenire politico. Era amico di Guttuso, che ci pregò di salutare, assicurandolo che la sua popolarità artistica nell'Unione Sovietica era al top. Sorvolò però sulla mia domanda se enti e cittadini acquistavano i quadri di Renato. Non so se non usasse oppure se temesse che io lo segnalassi al fisco o al controllo valutario.

Ultima tappa, prima di andare in aeroporto, fu a una singolare esposizione presentata dall'Italia: «Tutto per il consumo». E la presenza dei grandi sarti, Valentino in testa, voleva essere una specie di messaggio augurale per la diffusione in Urss dei beni non strettamente necessari, anzi indicatori di quel *consumismo* che fino a qualche tempo prima era rimproverato all'Occidente come un peccato capitalistico da Sodoma e Gomorra. Ci dissero che qualche buon affare era già andato a buon fine.

Partimmo dopo l'annuncio di Gromyko che entro l'anno sarebbero venute a Roma le delegazioni dei due Soviet, guidate dal presidente del Comitato esteri del Soviet delle Nazionalità, il compagno Boris Ponomarëv. Brežnev aveva dato istruzioni precise e teneva a farcelo sapere, come gesto di considerazione per l'Italia. Nulla invece su una visita dello stesso Brežnev a Roma, in seguito all'invito più volte fattogli in circa un decennio dai nostri presidenti e sempre accettato nei comunicati ufficiali. In verità le immagini televisive trasmesse da Vienna ci avevano mostrato un personaggio non più semovente. E se Carter non fosse stato così mingherlino il suo appassionato abbraccio avrebbe messo Brežnev al tappeto. Che scandalo internazionale evitato!

5

L'AMICO DI PONOMARËV

Alla fine degli anni Settanta, quando Bettino Craxi, desideroso di conquistare piazza Colonna (Palazzo Chigi), indirizzava verso di me, che vi lavoravo, la sua *vis polemica*, mi definì un giorno: «l'amico di Ponomarëv».

Ponomarëv era uno dei massimi dirigenti sovietici di livello internazionale, esperto in politica estera e, per quel che so, non molto amato da tutti i comunisti italiani, per i quali sembra che avesse avuto in qualche occasione un atteggiamento criticamente severo. Giancarlo Pajetta, in particolare, lo gradiva pochissimo, imputandogli una rigida immobilità di concezioni, in un mondo che invece evolve e si modifica continuamente.

Lasciata nell'agosto 1979 a Cossiga la presidenza del governo (Craxi per il momento aveva vinto una battaglia e non la guerra), fui eletto presidente della Commissione affari esteri della Camera succedendo a Carlo Russo, che due anni prima aveva guidato una visita della commissione a Mosca. Era in programma ora la restituzione e la fissammo per metà novembre. I deputati sovietici dei due rami vennero presieduti appunto dall'onorevole Boris Ponomarëv, presidente della Commissione esteri del Soviet delle Nazionalità. Erano tutti molto qualificati: L. N. Zaikov, sindaco di Leningrado, P. N. Fedoseev, vicepresidente dell'Accademia delle scienze dell'Urss, E. K. Fëdorov, direttore dell'Istituto di geofisica, A. B. Čakovskij, direttore della «Literaturnaja Gazeta».

A Mosca avevano attribuito importanza a questa missione e la «Pravda» nell'annunciarla aveva sottolineato che a salutare all'aeroporto i partenti era andato un membro del Politburo, il signor N. V. Kuznecov.

All'arrivo a Roma il presidente Ponomarëv, quasi a voler confutare interpretazioni nostre interne sbagliate, dichiarò che i contatti tra i parlamentari dell'Urss e i colleghi americani avvenivano molto più frequentemente che con noi.

Era evidente che il tema più dibattuto negli incontri fosse quello militare; e i nostri, pur ciascuno nella specifica linea della propria parte, furono molto fermi sul concetto di *parità* delle forze nucleari, da verificarsi e da non compromettersi. Senza un negoziato che sancisse l'impegno sovietico a smantellare i missili intermedi collocati in Europa, non era pensabile che l'Alleanza atlantica, a sua volta, non desse seguito alla decisione di installare un certo numero di postazioni, almeno per ridurre lo squilibrio. I comunisti (Pajetta) forse più degli altri, *et pour cause*, insistettero su questo concetto di *equilibrio*. Da parte mia invitai gli ospiti a non fare errori, interpretando come dissenso il discorso del radicale Roberto Cicciomessere impostato sul pacifismo e sul disarmo unilaterale, perché con non minore vigore e intransigenza tale politica era chiesta dai radicali al governo italiano.

Il socialista Enrico Manca ipotizzò una attuazione in due tempi della doppia decisione della Nato per dare più spazio alle trattative: produzione dei missili separata dalla installazione; ma Ponomarëv citò fonti americane per contraddirlo.

Anche Lucio Magri, allora del PdUp, pur minacciando azioni popolari se l'Italia avesse accettato di installare i missili (azioni che la saggezza del nostro popolo non mise poi in campo), condivise l'idea comune che l'Urss dovesse assumere iniziative concrete di «attesa» se voleva che gli altri non prendessero le loro decisioni.

Ponomarëv era venuto con il proposito di constatare se veramente e fino a che punto il Parlamento italiano appoggiava le decisioni della Nato. Trovatosi dinanzi a una fermezza di posizioni cercò, senza riuscirvi, di convincere che le modifiche introdotte negli SS20 erano solo *ammodernamenti*. Ma era arduo sostenere che le basi mobili invece di quelle fisse e le testate multiple fossero di scarso rilievo.

Ricordo positivamente il confronto di quelle giornate, così approfondito, ma nello stesso tempo leale e ispirato più a trovare frammenti di concordia che esasperazioni polemiche.

Concordia che emerse molto solida sugli altri punti all'ordine del giorno: rapporti bilaterali Italia-Urss e auspicio di contatti tra la Cee e il Comecon.

Ponomarëv si mostrò interessato a due tesi che io svolsi, riguardanti lo sviluppo della politica di Helsinki e l'aiuto al Terzo Mondo.

Nel 1975 l'Atto finale firmato a Helsinki per la cooperazione e la sicurezza dell'Europa era stato un momento di svolta, che bisognava far sviluppare con metodo, cominciando dal rigetto di teorie inconciliabili come la sovranità limitata di alcuni paesi e la pretesa di considerare intromissione la difesa dei diritti umani senza limiti di frontiere.

Circa l'aiuto agli stati in via di sviluppo (prima si chiamavano *sottosviluppati* ma sembrava... irriguardoso) osservai che non era esatto parlare di politica Nord-Sud perché Occidente e Oriente agivano senza alcun coordinamento tra di loro, anzi... Un programma concertato al riguardo tra Est e Ovest avrebbe avuto non solo efficacia specifica, ma ottime ricadute internazionali generali.

Anche la difesa della Cee fatta durante una delle parentesi conviviali da Altiero Spinelli, confutando certe posizioni pregiudizialmente ostili dei sovietici (che però non erano emerse nell'incontro), fu molto puntuale e suscitò il loro apprezzamento.

Le delegazioni sovietiche amano conclusioni scritte, anche per registrare dissensi, su quanto si discute. Ponomarëv insistette e concordammo una dettagliata dichiarazione congiunta che partì dalla non convenzionale constatazione della *atmosfera operosa* e dello *spirito di cooperazione*. Ne trascrivo alcuni brani.

> I parlamentari sovietici e italiani hanno rilevato con soddisfazione il favorevole sviluppo dell'ampia collaborazione tra l'Urss e l'Italia e il suo ruolo costruttivo negli affari internazionali. Durante lo scambio di opinioni è stato rilevato che esistono notevoli possibilità per approfondire ed estendere tale collaborazione sia nella sfera economica e culturale che in quella politica...
>
> Grande attenzione è stata dedicata alla discussione dei

più attuali problemi dello sviluppo della situazione mondiale e della politica internazionale...

Ha avuto luogo un franco scambio di opinioni sul problema della situazione politico-militare nel continente europeo. Da ambedue le parti è stata espressa la volontà di proseguire e approfondire il processo della distensione in Europa; di avanzare tenacemente a tale fine lungo la via dell'integrazione della distensione politica con la distensione militare; del consolidamento della fiducia fra gli stati. Abbiamo espresso tutti la convinzione che questo è possibile soltanto alla condizione che sia i paesi della Nato che i paesi del Trattato di Varsavia non aspirino a raggiungere la superiorità militare degli uni sugli altri e siano elaborate misure per la limitazione delle forze armate e degli armamenti nel continente europeo, in una rigorosa osservanza del principio dell'eguale sicurezza e della non alterazione della parità militare. A nostro comune avviso la via che porta in questa direzione è quella di una rapida discussione di tutte le questioni controverse in materia al tavolo delle trattative. I deputati del Soviet Supremo dell'Urss hanno illustrato l'insieme delle proposte dell'Unione Sovietica per la pace e la sicurezza in Europa, soffermandosi sulle dichiarazioni del Presidente Brežnev del 6 ottobre e del novembre scorso.

Da parte sovietica è stata espressa la convinzione che l'attuazione delle iniziative, avanzate dal Segretario generale del Cc del Pcus, Presidente del Soviet Supremo dell'Urss L. I. Brežnev sull'immediato inizio delle trattative, contribuirebbe alla riduzione delle forze armate e al consolidamento della pace in Europa.

I parlamentari italiani, nell'apprezzare positivamente queste iniziative di L. I. Brežnev, hanno espresso il rispettivo punto di vista di diverse forze politiche, ponendo l'accento sull'osservanza dell'equilibrio degli armamenti anche come premessa per il disarmo bilanciato.

I parlamentari dell'Urss e dell'Italia sono stati unanimi nel ritenere che il trattato sovietico-americano sulla limitazione degli armamenti strategici offensivi (Salt 2) rappresenti un importante passo sulla via della sospensione della corsa agli armamenti e dia un forte impulso al progresso delle trattative su tutto l'insieme dei problemi del disarmo. Abbiamo espresso un caldo voto per la più rapida entrata in vigore del trattato Salt 2.

Parimenti concorde è il nostro pieno appoggio all'adempimento completo dell'Atto finale della conferenza europea, come guida sicura dell'azione nell'interesse della pace e della sicurezza. Abbiamo espresso l'auspicio che l'imminente incontro di Madrid del 1980, dei rappresentanti degli stati che hanno preso parte alla conferenza europea, si svolga con successo e in una atmosfera costruttiva.

Un particolare rilievo è stato dato allo sviluppo dei rapporti Cee-Comecon e al contributo che i paesi industrializzati debbono dare per la crescita economica e sociale delle nazioni insufficientemente sviluppate.

Durante il soggiorno in Italia, la delegazione fu cordialmente ricevuta dai presidenti delle due Camere, Fanfani e Iotti, da Cossiga a Palazzo Chigi e dal ministro Malfatti alla Farnesina. Anche il programma «sociale» fu molto curato. Rimasero tra l'altro incantati da un concerto nella Sala Paolina di Castel Sant'Angelo delle soliste del Concertus Antiqui che eseguirono musiche del XIII secolo con strumenti dell'epoca.

Sia la «Pravda» sia le «Izvestija», che già avevano dedicato alla visita ampie cronache dei loro inviati speciali, al ritorno della delegazione a Mosca pubblicarono impegnativi articoli di commento, sottolineando la nostra posizione ispirata alla necessità di trovare nuovi cammini e nuovi mezzi per corrispondere al problema più scottante del mondo contemporaneo, rappresentato dal disarmo.

I commentatori sovietici ritenevano di poter affermare che dal contatto con gli italiani era emersa la convinzione che il consolidamento della pace e l'avvio a un reale disarmo non erano affatto utopie.

Gli anni che sono seguiti confermarono come fossimo sulla via giusta.

Non posso davvero dire di esser divenuto allora *amico* di Ponomarëv, ma ne nacquero una conoscenza approfondita ed una reciproca stima. Quando ho visto Gorbaciov a Mosca, l'ho sentito rimproverare Ponomarëv per non aver coltivato abbastanza i contatti con i parlamentari italiani.

6

GLI EX UNITI

Per lungo tempo i politici occidentali hanno creduto nel dogma che Unione Sovietica e Cina popolare costituissero una sola forza operativa, all'insegna del progressivo cammino verso il mondo da loro assemblato. Ogni anno si votava in blocco all'Assemblea generale dell'Onu contro l'ammissione di Pechino; e Chiang Kai-shek deteneva il seggio permanente del Consiglio di sicurezza sostenuto dagli americani, ma senza alcuna opposizione dei francesi e degli inglesi.

L'ambasciatrice a Roma Clare Boothe Luce, durante una colazione amichevole che mi offrì quando lasciai dopo sette anni il sottosegretariato alla Presidenza, toccò l'argomento e affermò apoditticamente che «*mai* il Senato americano avrebbe accettato il riconoscimento della Cina rossa».

La sinistra italiana faceva del riconoscimento della Cina rossa un cavallo di battaglia, ma non certo per contrapporre Pechino a Mosca; mentre negli ambienti cattolici si registrava con molta pena la persecuzione spietata scatenatasi laggiù, dove pure il gesuita Matteo Ricci aveva gettato solide basi scientifiche alla sinologia e alla identità nazionale. Il cardinale Paolo Yu Ping — vecchia conoscenza della Lega missionaria studenti — propagandava con efficacia la concentrazione dei cattolici superstiti nell'isola di Formosa sotto il governo tollerante di Chiang (in verità alcuni superstiti hanno resistito sul posto, prima soffrendo e poi venendo a patti politici con il governo, per conservare il nucleo di una ripresa che oggi è in atto).

Fu Enrico Mattei che, sorprendendomi, mi fece un quadro tutto diverso da quello abituale sui rapporti tra la Russia e la Cina, prevedendo a termine ravvicinato una totale divaricazione. Ricordo incisivamente quella giornata: l'interessante *excursus* internazionale durante la colazione compensò la noia di tre ore di pesca a due nel laghetto di Anterselva, di fronte alla casa alpina del presidente dell'Eni. Tra l'altro, lo appresi sul momento, le trote hanno un udito sensibilissimo per cui occorre evitare non solo di parlare, ma anche semplici colpi di tosse. Del resto Mattei fu per tutto il tempo occupato ad armeggiare con dozzine di «mosche», nessuna delle quali tuttavia doveva essere troppo attraente. La media fu di una trota l'ora: molto modesta per un pescatore provetto come il mio ospitante.

La previsione di Anterselva mi apparve in tutta la sua validità quando — e non era passato molto tempo — Mosca e Pechino effettivamente si divisero. Fatto curioso: allorché la Jugoslavia prese le distanze dai sovietici, i censori più spietati di Tito erano stati proprio i cinesi. Misteriosi risvolti del mondo comunista. Almeno gli italiani si limitarono (vedi «l'Unità»), ad accusare il maresciallo jugoslavo di essere frivolo e perfino di imbellettarsi con il rossetto.

Non tardò a scoppiare tra i due grandi paesi comunisti una violenta polemica pubblica: spietata quella cinese, più moderata quella dei russi. E presto, persino all'aeroporto di Hong Kong, si trovò in tutte le lingue il libretto rosso di Mao Tse-tung, con prefazione panegiristica di Lin Piao, e accuse ai sovietici di esser peggio dei nazisti. Kruscev veniva definito servo degli imperialisti e dei reazionari stranieri, cospiratore e arrivista; ma quel che più urtava il Pcus era la teorizzazione del militarismo socialista che mandava all'aria tutta la propaganda dei movimenti socialisti per la pace. «Il nostro metodo principale è imparare a fare la guerra facendola.» «La guerra può essere abolita solo con la guerra. Perché non vi siano più fucili, bisogna impugnare il fucile.»

Accanto alle massime eterne del potente Mao, la Cina sviluppò una diplomazia (teorica e pratica) intensissima. Movimenti studenteschi e operai in Europa e altrove trovarono sostanziosi sostegni, mentre veniva corteggiata la Comunità economica e non tralasciata occasione per incitare gli occidentali a non fidarsi di Mosca. Soames, commissario Cee, fu ricevuto a Pechino con tutti gli onori.

L'Amministrazione Nixon invertì la rotta tradizionale americana e il «mai» precedente (come è pericoloso usarlo in politica!) si dissolse. La via per riconoscere Pechino, per giubilare Chiang e per sostituire Formosa con la Cina continentale era ormai aperta.

Nel 1970 anche l'Italia allacciava relazioni diplomatiche, restando a Roma solo l'ambasciatore di Taiwan presso la Santa Sede.

La prima volta che incontrai un ministro degli Esteri cinese fu nel 1978. Il signor Huang Hua venne l'8 ottobre a farmi visita a Palazzo Chigi e, dopo scambi di dati e di idee sull'interscambio globale e sui rispettivi modelli di sviluppo, incominciò a parlarmi di politica generale. Due grandi periodi negativi si erano susseguiti: prima il blocco di ogni progresso per la netta ostilità degli Stati Uniti e poi dell'Unione Sovietica; successivamente l'isolamento voluto dalla «banda dei quattro», con sabotaggio della produzione economica e industriale. Per fortuna — affermava il ministro — la banda dei quattro era stata schiacciata e, grazie all'insegnamento di Mao, la Cina era ora in grado di riprendere la marcia verso una sempre maggiore elevazione del Paese. Prima di tutto facevano leva su loro stessi, ma confidavano anche nell'intreccio di fecondi rapporti con paesi amici.

Huang Hua continuò con panegirici del partito, che sotto la guida di Hua Kuo-feng aveva suscitato enorme entusiasmo costruttivo nel popolo. Le condizioni obiettive assicuravano il successo; bastava pensare alle riserve di carbone, sufficienti per 3000 anni e all'abbondanza dei giacimenti di petrolio vicino al mare.

E a questo punto iniziò una filippica contro l'Urss. Sul piano dei rapporti internazionali la linea indicata dal Presidente Mao era sempre seguita, e la sua «teoria dei tre mondi» costituiva il pensiero guida della politica estera cinese. Secondo questa teoria, l'Unione Sovietica non era più un Paese socialista, ma imperialista, il quale perseguiva una politica di «egemonismo»: essa infatti era, insieme con gli Stati Uniti, una delle due superpotenze. Il governo cinese auspicava quindi che l'Europa occidentale fosse sempre più forte e unita e realizzasse un fecondo dialogo con il Terzo Mondo.

Di fronte alla minaccia proveniente dall'Unione Sovietica e dai paesi del Patto di Varsavia, l'Europa occidentale doveva essere più vigilante e pronta a reagire in caso di bisogno. Ribadì a lungo l'importanza di contrastare l'«egemonismo» sovietico, creando in tal modo le condizioni favorevoli sul piano internazionale a fecondi rapporti tra i popoli.

Se non lo avessi interrotto, avrebbe continuato per ore a parlarmi della banda dei quattro e dell'Unione Sovietica.

Lo rassicurai di essere convinto che la crescita economica del popolo cinese non soltanto era giusta, ma costituiva anche una condizione di equilibrio del mondo nei prossimi decenni. A tal fine era molto importante che si realizzasse in futuro una sempre più estesa collaborazione tra paesi con origini e sistemi politici diversi, la quale sfruttasse al massimo tutti i possibili motivi di unione e accantonasse quelli di contrasto.

Il governo italiano aveva visto con interesse il recente miglioramento dei rapporti della Cina con il Giappone e, sia pure in modo diverso, anche con gli Stati Uniti. Tutto ciò era indubbiamente positivo.

Per quanto concerneva in particolare l'Europa, la nostra politica era di avere insieme con gli Stati Uniti idonee forze militari di difesa al fine di evitare di essere attaccati dal blocco contrapposto dei paesi del Patto di Varsavia. Nello stesso tempo, però, intendevamo avere buoni rapporti economici, commerciali e culturali con tutti, in modo da allentare la tensione nata nei primi anni del dopoguerra nel continente europeo. Esisteva indubbiamente una notevole differenza sul piano ideologico e su quello del sistema politico, che tuttavia non impediva rapporti anche proficui tra gli stati: per esempio, sussisteva un reciproco rispetto tra l'Unione Sovietica e l'Italia. Ciò rappresentava un dato positivo nelle relazioni internazionali.

Per noi non comunisti, non era sempre facile — dissi — comprendere il movimento comunista nelle sue varie articolazioni esistenti nel mondo. Può esserci però una evoluzione: occorre pertanto lavorare a tal fine, senza farsi particolari illusioni, ma pur sempre credendo fortemente nella pace.

Ricordai da ultimo che la linea politica adottata dall'Italia e che l'aveva condotta prima ad allacciare rapporti con la

Cina e successivamente a caldeggiare il suo ingresso nelle Nazioni Unite era stata approvata in Parlamento senza distinzioni di parte.

Nel 1985 sono andato per la prima volta in Cina accompagnando Bettino Craxi, e vi sono tornato nel 1988 per inaugurare importanti opere sanitarie e ospedaliere donate dall'Italia. A Roma è venuto il ministro degli Esteri (ora viceprimo ministro) e a New York ho più volte scambiato idee con i colleghi cinesi. Ormai i rapporti sono stabilizzati e molto costruttivi.

Da Deng Hsiao-p'ing in persona ho ascoltato nei riguardi dell'Unione Sovietica concetti fermi, ma non più polemici. Se Mosca non continuerà nell'aiuto ai vietnamiti che occupano la Cambogia; se ritireranno o almeno alleggeriranno fortemente i massicci contingenti di truppa al confine cino-sovietico; se si realizzerà qualche altro mutamento nella politica di Mosca: i rapporti potranno via via tornare normali.

Con una punta di orgoglio Deng rivendicava una primogenitura nel nuovo corso delle politiche comuniste e sosteneva che zone di economia mista e l'apertura verso l'Occidente le avevano introdotte a Pechino molto prima delle enunciazioni di altri (leggi Gorbaciov).

A Craxi chiese sorridendo se godeva in Italia del 99 per cento dei consensi; per lui, anche se avesse solo un uno per cento di contrari da convincere, rimarrebbero sempre undici milioni di creature. Una fila piuttosto lunga.

7

PER UNA PORTA IN MENO

Il 13 maggio 1981 Giovanni Paolo II fu vittima in piazza San Pietro di un attentato a opera di un giovane turco che, evaso da un carcere di massima sicurezza del suo Paese, aveva potuto girare liberamente per l'Italia e per mezza Europa.

La flagranza dell'incredibile delitto e l'emozione enorme suscitata in tutto il mondo fecero sì che il processo potesse essere celebrato in tempi brevissimi; e Ali Agca fu condannato all'ergastolo.

Dall'istruttoria e dal dibattimento non emersero molti elementi di valutazione per comprendere il movente, accertare le eventuali collaborazioni, risalire a possibili mandanti. Si disse che già sin da quando il Papa aveva annunciato la visita in Turchia questo giovane gli aveva indirizzato una lettera di minaccia se avesse osato dar seguito al proposito. Si parlò inoltre di una organizzazione di « Lupi grigi », presentando il tutto in chiave di un esasperato fanatismo islamico. Ma — forse per l'opportunità di non ritardare le procedure — non sembra che siano stati fatti efficaci accertamenti sulla natura dei numerosi viaggi dell'imputato; sull'origine dei mezzi finanziari di cui disponeva; sulla romanzesca fuga dalla prigione turca, vestito — pare — da ufficiale di quell'esercito.

Destò stupore il fatto che, contro la sentenza di primo grado, Ali Agca non presentasse appello (il che da noi fanno tutti o quasi, compresi i rei confessi). Era troppo facile sospettare che facesse affidamento su qualcuno o su qualche circostanza, da lui ritenuti più utili dell'improbabile modifica della pena in Corte d'Assise di secondo grado.

Qualche tempo dopo (non sto qui a ricostruire analiticamente il *secondo tempo*), Ali Agca chiamò in causa una corresponsabilità bulgara, denunciando protezione — e peggio — della relativa ambasciata in Roma, attraverso la dichiarata dimestichezza del turchetto con il caposcalo della linea aerea bulgara a Fiumicino, signor Sergej Ivanov Antonov.

Ali indicò il domicilio dell'Antonov — anche con un sopralluogo notturno al portone di via Pola — e presentò una piantina dell'appartamento, da lui disegnata a quanto pare con una precisione da geometra del catasto.

L'Antonov venne arrestato e prese il via una campagna giornalistica e politica di dimensioni mondiali su una cosiddetta *Bulgarian Connection*. Particolarmente vivace fu il clamore negli Stati Uniti, e non solo di stampa e di stazioni radio, perché venne appositamente a Roma il senatore di New York, Alfonso D'Amato, e, al ritorno, fece una relazione ai suoi colleghi del Campidoglio dando per dimostrata e sicura la «connessione bulgara».

D'altra parte io stesso, incontrando un ministro Usa, mi sentii raccomandare di non interferire sui giudici in nome di un quieto vivere con l'Est europeo. Risposi naturalmente che a far luce sul tentato assassinio del Papa ero certamente più sensibile di lui, ma rimasi turbato da un passo del genere.

Un elemento che emerse nell'istruttoria di questo processo bis fu l'immagine di una Sofia molto diversa da quella tradizionalmente ritenuta. E per la cattiva abitudine a generalizzare, sembrò che la Bulgaria non fosse più quella agricolo-austera dei tempi di Re Boris e del Delegato apostolico Roncalli, ma si fosse trasformata in un luogo di divertimenti costosi e pervertiti. Qualcosa di vero c'era, ma *un* casinò in *un* albergo di *una* città non poteva aver mutato il volto della nazione né dell'intera città di Sofia. Ma poiché il *dominus* di questo casinò (attento, proto, all'accento) era un ricchissimo signore *turco*, apriti cielo! Ecco una conferma inoppugnabile della «connessione».

Il turco in questione, che si disse non fosse estraneo al traffico della droga (tema curiosamente trascurato in tutta questa vicenda), fu estradato dai bulgari, ma piacque alla misericordia di Dio, come fu scritto nei necrologi, di sottrarlo con la morte a un processo esemplare.

Tornando alla nostra Corte d'Assise, vi è agli atti un documento che se non avessi letto riterrei inventato per discreditare i giudici. Che bisogno c'è di prove? si chiede il pubblico accusatore; e argomenta così:

1. chi ha interesse a uccidere il Papa polacco? La Polonia, perché così crolla Solidarnošč e tutto quel che vi è connesso;
2. ma la Polonia poteva agire senza il consenso della Russia? No, afferma il procuratore;
3. e a chi era logico che la Russia desse l'incarico assassino? Per il dottor Albano è pacifico: alla Bulgaria, che è il «ventre molle» di tutta quella alleanza.

La sentenza di rinvio a giudizio, redatta dal dottor Martella, non segue questo ordine... logico, ed è in molti punti problematica, dando peraltro un valore indiziario determinante ad alcuni fatti: la *piantina* dell'appartamento Antonov e la circostanza che in quel 13 maggio era effettivamente partito dall'ambasciata bulgara un Tir che, secondo Ali Agca, avrebbe dovuto essere il suo mezzo di espatrio, se non lo avessero arrestato sul posto del delitto.

A esasperare la campagna antisovietica provvide una parte della stampa internazionale, parlando persino di una riunione del Patto di Varsavia, presieduta da Brežnev, nella quale si sarebbe votata — non era detto se all'unanimità o a maggioranza — la decisione di far uccidere il Papa.

Tale campagna, forse proprio perché ricca di particolari così inverosimili, non mi risulta turbasse troppo i sovietici, mentre suscitò forte reazione in Bulgaria. E poiché non è facile far comprendere che da noi il procuratore è della Repubblica e non del *governo della* Repubblica, le conseguenze furono un deperimento molto grave dei rapporti italo-bulgari, un crollo nell'interscambio commerciale, critiche severe contro la lunga carcerazione preventiva (tanto più che l'Antonov era ammalato) e contro il ritardo nel celebrare il processo.

Vidi in quel periodo il ministro degli Esteri bulgaro e cercai di spiegare la estraneità del governo nella attività dei magistrati e, non meno, negli orientamenti della stampa. Vidi inoltre più volte un mio vecchio collega dell'Unione interparlamentare, onorevole Voutov, che, essendo un grande amico dell'Italia, era particolarmente avvilito. Gli ricordai la mostruosa vicenda del processo Montesi, che aveva tenuto sotto scacco non solo un uomo importante (Attilio Piccioni) e la sua famiglia, ma l'intera coalizione governativa per una accusa di omicidio di cui altri giudici provarono l'assoluta infondatezza, dopo che un procuratore e un istruttore avevano messo a soqquadro l'Italia proprio per un drammatico errore di metodo: credere cioè per intuito alla colpevolezza di un soggetto (Piero Piccioni) e considerare quasi accessorio l'obbligo di provarne la responsabilità. Comunque, all'insipienza dei primi magistrati aveva — per quanto possibile — posto riparo l'onestà intellettuale e il coraggio della verità degli altri. Bisognava quindi avere fiducia nel sistema giudiziario italiano.

Voutov mi disse che le autorità bulgare avevano fatto una inchiesta molto approfondita su Antonov ed erano in grado di garantire moralmente la sua estraneità per il criminoso attentato al Papa, verso cui ebbe accenti di stima e di simpatia ricordando l'udienza data all'Unione interparlamentare nel 1982, durante la quale aveva avuto l'opportunità di parlargli personalmente. Per allentare la tensione politica creatasi tra i nostri due paesi, Voutov proponeva che il giudice italiano si recasse a Sofia per prendere diretta cognizione di tutte le prove da loro raccolte a totale discarico di Antonov.

Finalmente si arrivò al dibattimento, presieduto in Assise da un integerrimo magistrato, Severino Santiapichi. E la fragilità delle prove emerse in tutta la sua impressionante crudezza. Quando, poi, l'avvocato difensore (Giuseppe Consolo) dimostrò che la porta *à coulisse* con tanta precisione disegnata da Ali Agca esisteva nell'appartamento sovrastante e in quello sottostante l'abitazione dell'Antonov, ma non nel suo, si ebbe la sensazione di una macchinazione messa in atto da ignoti, nella quale i magistrati di preparazione erano purtroppo caduti.

Antonov fu assolto con quella formula dell'*insufficienza di prove* che altri ordinamenti penali non conoscono e che anche la riforma in corso da noi cancellerà. Ma come? gemeva l'ambasciatore (avevamo evitato la rottura diplomatica con uno sforzo reciproco non facile), dopo anni di ricerche, di sopralluoghi, di interrogatori; dopo accuse sanguinose alla Bulgaria e all'Unione Sovietica in Italia, in America e altrove; dopo la loro collaborazione piena *pro veritate*: come era possibile che, non avendo sufficienti prove da addurre, un povero cittadino, massacrato moralmente e fisicamente, non avesse almeno la piena soddisfazione?

Comunque l'*iter* era compiuto e l'Antonov era di nuovo libero. Ma vi fu purtroppo una incomprensibile coda procedurale. Per scarcerarlo e consentirgli di tornare in patria, si richiese dal Palazzo di giustizia, con notifica al ministero dell'Interno, il nulla osta della Sezione istruttoria. Io ho terminato i miei studi giuridici nel 1941 e può darsi che la laurea si sia prescritta, ma che non c'entrasse più la Sezione di istruzione era più che palese. Ci si trovava dinanzi a un errore semplice o a un colpo di coda dei «colpevolisti», stizziti per l'assoluzione?

I bulgari fecero un passo molto severo presso il ministero degli Esteri. Era il Venerdì Santo e Antonov doveva essere liberato, secondo la legge italiana. Telefonai al capo gabinetto del ministero della Giustizia, il quale riconobbe subito la illiceità della procedura instaurata per trattenere l'Antonov, ma... purtroppo, solo la Sezione poteva formalmente dichiararlo; e, essendo sotto Pasqua, bisognava aspettare il martedì successivo.

A questo punto dovetti, come usa dirsi, vestirmi di autorità, e dichiarai all'onesto capo di gabinetto che se la Sezione non si fosse radunata entro poche ore sarei andato personalmente a firmare la richiesta di referendum proposta dai socialisti, denunciando il sequestro di persona che si stava, volutamente o no, compiendo. Se i giudici della Sezione erano in vacanza potevano ben rientrare; io stesso e i miei collaboratori del ministero degli Esteri eravamo al lavoro per evitare un guaio internazionale, e non esultavamo per questo.

Al mattino seguente la Sezione si riunì e si dichiarò, come era ovvio, incompetente. Ne derivava che incompetente era, quindi, chi l'aveva chiamata in causa.

Altro momento di *suspense* perché non si trovava il titolare del tribunale che doveva revocare il telex di blocco della scarcerazione. Finalmente si arrivò alla conclusione e mentre le campane annunciavano la Resurrezione, l'Antonov riprendeva il volo per Sofia.

Poiché registro solo quel che ho visto e conosco, non voglio fare commenti. Enuncio solo il non bizzarro sospetto che le forze occulte che operano per render difficili gli accordi Usa-Urss avessero giocato questa carta prendendo macabramente in giro la giustizia italiana.

Con l'occasione rammentai un episodio del passato nel quale, invece, i magistrati erano stati verso la Bulgaria di una infinita bontà.

Il 20 gennaio 1962 il pilota militare bulgaro Milusc Solakov, penetrato abusivamente nello spazio aereo italiano con un Mig, era stato costretto ad atterrare poco distante da Gioia del Colle, dove erano installati i missili della Nato, rovinando gravemente l'apparecchio. Operato d'urgenza per le fratture riportate nell'incidente, il Solakov (un sottotenente di ventitré anni) dichiarò in un primo momento di aver voluto «scegliere la libertà», ma non vi insistette; passò a sostenere di essere rimasto senza carburante, dopo che si era smarrito in rotta. Ma sull'aereo fu trovata, accanto alle armi proprie del tipo di velivolo (un cannoncino), una apparecchiatura fotografica di rilevazione: per cui il sospetto di spionaggio non era peregrino.

L'istruttoria penale durò un anno. Tra l'altro il Solakov aveva con sé un disegnino che riproduceva la dislocazione dei missili e che probabilmente doveva servirgli come riferimento per fotografare. Interrogato in proposito, disse che era lo schema della palestra ginnica di Sofia nella quale si allenava!

Secondo i combinati disposti dalle liturgie giudiziarie, si instaurò la procedura per rogatoria onde accertare quale fosse la verità. E da Sofia venne la conferma che era proprio lo schizzo della palestra. Tanto bastò al giudice, in difformità dalla procura, per mandare assolto il giovane ufficiale che era sfuggito ai radar, ma non all'avaria del suo Mig.

L'« Unità », sotto il titolo a caratteri di scatola: « Nel ridicolo il *volo-spia* di Andreotti », scrisse che io mi ero particolarmente impegnato, come ministro della Difesa, per far condannare il bulgaro. Non era affatto vero. Io fui lieto, anzi, che non si facesse il processo perché ci avrebbe obbligato a una discussione pubblica sui missili che era molto piacevole risparmiarci.

8

INCONTRO A MADRID

Dopo le elezioni del 1983, tornai al governo succedendo a Emilio Colombo nel ministero degli Esteri. Alla presidenza, c'era Bettino Craxi che finalmente realizzava il suo disegno, coltivato da tempo, ossia dal 1979, quando aveva iniziato la campagna per sloggiare me da Palazzo Chigi. Non gliene portavo certo rancore e lavorammo in piena sintonia per rafforzare — in una linea di continuità con tutto il passato — la presenza internazionale dell'Italia.

Il primo appuntamento importante fu a Madrid, nel settembre, per la seconda conferenza dei Seguiti di Helsinki. Il clima Est-Ovest, che aveva già risentito della mancata ratifica americana del Salt 2, era stato fortemente compromesso dall'abbattimento di un aereo civile coreano, operato freddamente dai sovietici per reazione a uno sconfinamento nel loro spazio aereo. Il mondo civile aveva reagito duramente e ben pochi davano credito alla voce che nell'aereo fossero incorporati apparecchi per rilevazioni spionistiche.

Il discorso di Gromyko a Madrid risentiva di questa atmosfera pesante e fu di una durezza particolare, forse anche a fini interni dell'Urss.

Io lo incontrai a due il giorno successivo, secondo una consuetudine che colloca i colloqui bilaterali in occasione e a margine di conferenze o riunioni collettive. Avevo ricevuto da lui, all'atto del mio insediamento alla Farnesina, un messaggio più caldo di quelli protocollari in uso; e mi rinnovò a voce voti molto cordiali esprimendo viva considerazione per il nostro Paese, di cui apprezzava il ruolo internazionale e le capacità di collaborazione in campo economico; le realizzazioni positive in questo campo — disse — hanno accresciuto il valore dell'Italia, presentandola in una luce molto favorevole sia al popolo che al governo sovietico.

Nonostante un inizio così accattivante, e per non creare dubbi, dichiarai subito che fatti come l'abbattimento dell'aereo sudcoreano mettevano in grave imbarazzo coloro che pur sono animati da sentimenti di amicizia per l'Urss e valutano che il suo ruolo e le sue responsabilità siano essenziali per il mantenimento della pace. Avevo ascoltato il discorso di Gromyko in proposito, ma in ogni caso era enorme la sproporzione della reazione rispetto alla legittima difesa della propria sovranità nello spazio. Forse, dopo una esperienza così tragicamente amara, bisognerebbe rendere più precise le relative norme giuridiche internazionali. Comunque l'Italia aveva apprezzato che le due parti avessero avuto cura di non rendere impossibili i negoziati sul disarmo, a cominciare da quello che si stava svolgendo a Ginevra.

Gromyko si irrigidì. Pensava di aver chiuso la questione con le dichiarazioni pubbliche e appariva contrariato per la mia — peraltro ovvia — ribadita posizione. Tuttavia specificò che la difesa antiaerea aveva creduto di aver dinanzi un velivolo militare e non un apparecchio commerciale di linea, e precisò che lui stesso deplorava quanto era avvenuto, ma: «La sovranità è per noi un punto intoccabile; una sovranità dimezzata o ridotta a un quarto non è accettabile».

Sul rapporto generale Est-Ovest, mi disse che loro intendevano, innanzi tutto, mantenere «centrale e indispensabile» il dialogo con Washington; e al riguardo apprezzavano molto il contributo italiano per salvaguardare e favorire questo rapporto. «L'Italia è tra i principali paesi europei ai quali l'Urss non a caso fornisce dettagliatamente periodiche informazioni sulla propria posizione»; si ripromettevano, anzi, di «intensificare tali ragguagli e renderli il più possibile tempestivi».

Sul negoziato per i missili intermedi europei, Gromyko cominciò col dire: «Abbiamo l'impressione che gli americani siano prevenuti sulle nostre proposte, ma in verità essi non desiderano l'accordo». Dopo la nostra affermazione in senso opposto, attenuò l'impatto critico e pessimista: «Ma noi manteniamo una luce di speranza e per questo avanziamo nuove proposte: non lo faremmo se fossimo in partenza certi che verranno respinte».

Vi era poi il difficile nodo delle forze nucleari francese e inglese. Che esista, e un giorno vada affrontato, è logico, ma perché l'Urss aveva abbandonato la saggia linea di tenerlo separato dal «grosso» in discussione con gli americani?

Mi rispose in modo molto diplomatico e pesando le parole: «È un punto per noi capitale e invariabile. Il margine di manovra è stretto perché non possiamo arretrare. Non è tanto importante il tavolo al quale gli arsenali francesi e inglesi saranno discussi, quanto il fatto di discuterli. Lo stesso Presidente Carter ci aveva detto che, in via di principio, dovessero essere a un certo punto considerati, ma non era stato in grado di fornire più precise indicazioni. Il problema quindi c'è, e Reagan non può negarlo».

La questione era delicata anche all'interno della Nato, ma io credo — benché non lo avessi detto a Gromyko — che andasse vista in prospettiva e rispetto agli elementi base — parimenti importanti — del trascinamento di un accordo Usa-Urss e il progresso di una trattativa globale di disarmo. Tra l'altro, e questo lo dissi, occorreva intensificare gli sforzi per generalizzare le adesioni al trattato di non proliferazione nucleare, altrimenti si rischiava di favorire il formarsi di pericolosi spazi vuoti nella sicurezza mondiale.

Sottolineai, *et pour cause*, che Gromyko aveva parlato di margini stretti nello specifico dialogo con Washington. Per stretti che fossero, tuttavia i margini c'erano. Gromyko, però, mi fece notare che la Casa Bianca sbagliava nel voler mettere sul tavolo del dialogo fondamentale Est-Ovest anche il comportamento dell'Urss nelle crisi regionali. Questo complicava molto le cose, e inutilmente. Un accordo di base tra le due parti viceversa avrebbe giovato anche a risolvere le crisi regionali.

Convenimmo di ritrovarci a fine mese a New York, utilizzando la presenza di entrambi all'Assemblea generale dell'Onu.

La conferenza di Madrid alla fine si concluse abbastanza bene. A render difficili le ultime battute non furono più le reazioni per quella che era stata definita la pirateria aerea, ma la posizione polemica del governo maltese sulla considerazione, ritenuta insufficiente, della sicurezza nel Mediterraneo. Finalmente il *consensus* venne raggiunto.

A testimoniare l'interesse sovietico al rapporto con l'Italia mi fu fatto notare, una volta rientrato a Roma, che il loro telegiornale aveva dato un ampio resoconto del nostro incontro bilaterale a Madrid, ripreso integralmente all'indomani dalla « Pravda ».

9

LA CORDA E LA SPADA

A Stoccolma, nel gennaio 1984, si aprì la conferenza per la Difesa europea ed ebbi con Gromyko un colloquio durato molto di più di quanto fosse previsto: poco meno di due ore. Attribuii il tempo riservatomi al fatto che venivo da una visita negli Stati Uniti dove, oltre a Shultz, avevo incontrato anche il Presidente Reagan.

Cominciai con il rallegrarmi per il tono del discorso che aveva rivolto alla conferenza, considerando chiusa la polemica aspra che aveva turbato il clima negli ultimi mesi, quando aveva minacciato di non venire a Stoccolma. E potei dirgli che i miei illustri interlocutori di Washington avevano espresso senza equivoci il proposito di ricostituire un *vero* dialogo con l'Urss.

A mio avviso, per essere efficace, il dialogo doveva svolgersi riservatamente, senza aprioristiche dichiarazioni di pessimismo o di ottimismo che costituiscono poi il riferimento, talvolta pedante, dei commentatori per sminuire anche i progressi effettivamente realizzati. Ma che cosa in realtà si riprometteva l'Unione Sovietica dai lavori di Stoccolma? Questo non era chiaro, e pregavo Gromyko di illuminarmi.

Prima di rispondere alla domanda, Gromyko (che pure aveva parlato per cinque ore con Shultz) cominciò a svolgere una lunga filippica sul rapporto sovietico-americano, rimpiangendo il periodo in cui erano riusciti ad avere un linguaggio comune, indipendentemente dalle differenze ideologiche e di sistema sociale. Ricordò nominativamente Nixon. Quello attuale era invece uno spirito di crociata contro gli stati socialisti. Purtroppo i sovietici erano costretti a trattare con gli americani sulla base di concezioni «primitive».

«Che cosa ci si può illudere di ricavare da questi contatti? Ci si incontra per litigare e non per ricercare un linguaggio comune.» Gromyko non nutriva illusioni su Reagan e i suoi collaboratori («portati dalla stessa ondata»). «Questa amministrazione americana ragiona in termini di potenza militare.»

Ma l'Urss non aveva nessuna intenzione di arrendersi. «Siamo obbligati a preoccuparci della nostra sicurezza. Perciò, mentre saremmo pronti ad andare molto avanti nel disarmo nucleare (pronti anche alle misure più radicali), siamo invece costretti a prendere delle contromisure. Perché non si arriva al disarmo generale e completo? Perché non ci vogliono ascoltare: la questione del controllo è soltanto una scusa. Si pianificano spese militari annuali, biennali, quinquennali. Si "farcisce" di armi persino lo spazio. Chi fa questi ragionamenti sembra normale, in realtà è un mostro, di quelli delle favole o della fantascienza. Mi scusi, ma userò una espressione cruda: non ho alcuna fiducia verso l'attuale amministrazione americana. Quando sembra decente si tratta soltanto di una maschera.»

Mentre Gromyko parlava, accalorandosi e inveendo, le sue parole suscitavano in me sorpresa e preoccupazione. Soltanto qualche mese prima aveva teorizzato l'indispensabilità dell'accordo con gli americani e ora addirittura escludeva che fosse utile colloquiare con Reagan, il quale per un anno ancora — e forse per cinque — sarebbe stato alla testa degli Stati Uniti. Né mi sfuggiva il contrasto tra la fiducia riscontrata a Washington e questo irrigidimento, tra l'altro difforme dal tono del discorso pubblico del ministro sovietico.

Non mancai di rilevarlo, accennando anche, di sfuggita, all'ipotesi — subito smentita — che Andropov volesse cambiare la linea colloquiale «di Brežnev e di Gromyko». Forse questa sottolineatura della «continuità» giovò a calmarlo. E finalmente venne alla risposta sulle prospettive dei lavori appena iniziati in Stoccolma.

Mosca si riprometteva di raccogliere adesioni su due proposte essenziali: un accordo sulla rinuncia all'uso della forza da stipularsi fra i paesi della Nato e quelli del Patto di Varsavia; e l'adesione alla tesi sovietica del non uso per primi dell'arma nucleare. Anche se soltanto una delle proposte fosse stata accettata sarebbe stato già qualcosa, riteneva Gromyko. Mentre gli apparivano di minore rilievo le misure circa le manovre militari e il transito di truppe da annunciarsi preventivamente: si potevano anche pattuire accordi in proposito, ma l'opinione pubblica sarebbe rimasta indifferente a queste «minuterie».

«Sulla testa dell'umanità» disse con una certa enfasi «una spada è appesa a una corda. Noi sovietici ci preoccupiamo della spada: vorremmo toglierla di mezzo. Altri si preoccupano soltanto che la corda possa sfilacciarsi e vogliono rafforzarla.»

A questa esposizione replicai senza polemizzare, ma insistendo molto sui numerosi segni di apertura e buona volontà dati negli ultimi mesi dalla Amministrazione Reagan che, oltre tutto, aveva molte probabilità di continuare oltre novembre. Se tutti avessimo fatto uno sforzo per risuscitare lo spirito di Helsinki, avremmo avuti buoni risultati anche a Stoccolma. L'Alleanza atlantica è caratterizzata da obiettivi solo difensivi. Quindi nel campo del disarmo, con pazienza e sforzi reciproci di comprensione, sarebbe stato possibile raggiungere dei risultati concreti. Le misure di rafforzamento della fiducia sono state anni fa una novità importante. Realizziamole: ma puntiamo anche più in là. L'Europa è vitalmente interessata alla distensione.

A questo punto proposi al ministro degli Esteri sovietico di tenerci in contatto sia a Stoccolma, al livello delle due delegazioni, sia fra governi. Dopo la chiusura della prima fase del negoziato, avremmo potuto fra un paio di mesi esaminare in concreto la possibilità di realizzare l'incontro bilaterale da tempo previsto a Roma, ad esempio in aprile-maggio. Sarebbe stata un'ottima occasione per confrontare le reciproche impressioni sulla conferenza di Stoccolma.

Gromyko prese atto della disponibilità italiana a un serio impegno negoziale a Stoccolma. E raccolse anche l'invito a realizzare una sua visita a Roma da tempo programmata (io dissi che caso mai sarei andato io a Mosca, ma che preferivamo averlo da noi).

Su mia richiesta parlammo successivamente del Libano.

Rifacendomi alle negative valutazioni sulla forza multinazionale contenute nel suo discorso, volli ricordargli bene gli obiettivi per cui il nostro contingente era andato, su richiesta *unanime* di tutti gli interessati, ivi compresa l'Olp: riconciliazione libanese e protezione dei rifugiati palestinesi. Gli dissi che anche a Damasco avevo trovato comprensione per la nostra presenza. L'Italia, del resto, non aveva alcuna voglia di prolungare la sua presenza in Libano — che comportava gravi rischi e pesanti spese — oltre lo stretto indispensabile. Perciò, a nostro avviso, occorreva anche pensare a un ruolo delle Nazioni Unite.

Gromyko rispose di non ritenere costruttiva, in ordine alla soluzione dei problemi libanesi, la presenza americana. Poiché gli americani non potevano andarsene da soli, era tutta la forza multinazionale che doveva essere ritirata. Le fazioni libanesi, Gemayel, Jumblatt (fece questi due nomi) si sarebbero accordati più facilmente. Alluse anche alla necessità, in particolare, di sentire l'opinione della Siria prima di dibattere all'Onu il problema di un rilancio del ruolo delle Nazioni Unite in Libano, prospettiva che non sembrava escludere.

Sui rapporti economici bilaterali, il ministro sovietico tenne a dire che, se si fosse arrivati alla firma dell'accordo sul gas, egli comprendeva che gli introiti dovessero essere destinati ad acquisti di prodotti industriali italiani, in modo da contribuire al riequilibrio della bilancia commerciale.

Prima di accomiatarsi, Gromyko ebbe parole di apprezzamento per le relazioni italo-sovietiche. Quale che fosse la situazione generale, Mosca per parte sua desiderava mantenerle a buon livello. « L'Italia ha un carattere e un ruolo che le riconosciamo. »

A completare il nostro scambio di idee, ritenni di dover inviare a Gromyko questa lettera:

> Non appena rientrato a Roma da Stoccolma, desidero dirle quanto mi sia apparso utile per entrambi i nostri governi il colloquio che abbiamo avuto il 18 mattina. Naturalmente desidero anche molto ringraziarla della cortese accoglienza e delle espressioni personali avute per me.

Con questo messaggio vorrei chiarire un punto relativo all'attuale situazione libanese e ai problemi a essa relativi. Al momento di accomiatarci non ho avuto il modo di farlo. Si tratta di un aspetto particolare concernente gli obiettivi che potrebbe avere una maggiore presenza delle Nazioni Unite in questa fase.

Ho ben compreso la posizione sovietica rispetto alla forza multinazionale anche se le ho illustrato con altrettanta chiarezza le nostre motivazioni. Fra le motivazioni essenziali della presenza a Beirut di un contingente italiano, vi è stata quella della protezione dei campi palestinesi, dopo quanto era accaduto a Sabra e Chatila. Nel settembre 1982 è stata l'Olp che ci ha richiesto urgentemente di ritornare a Beirut per la protezione dei campi. Questa protezione è tuttora un compito che il contingente italiano assolve con grande impegno. Le ho detto che noi saremmo ben lieti se maturasse una situazione nella quale la presenza del nostro contingente non fosse più necessaria. Mi domando perciò, anche a seguito di una recente conversazione avuta a New York con il Segretario generale delle Nazioni Unite, se da parte sovietica il problema di uno specifico impegno dell'Onu per la protezione dei campi palestinesi non possa essere esaminato con priorità, rispetto al più vasto problema di un maggiore impiego dell'Onu stessa al fine di favorire la pacificazione del Libano. Vi sono a Beirut già circa cinquanta osservatori Untso [United Nations Truce Supervision Organization] che si occupano dei campi palestinesi. Come è evidente, per consentirgli di ampliare i suoi compiti, il corpo degli osservatori Untso dovrebbe avere un incremento numerico considerevole.

Mi domando se questo particolare problema, con importanti implicazioni sia umanitarie che politiche, non possa essere risolto evitando procedure troppo complesse, attraverso un incoraggiamento di governi interessati, e tra questi del governo sovietico, al Segretario generale Perez de Cuellar. Mi creda con viva cordialità.

Giulio Andreotti

L’anno di Černenko

1

DEFINITIVAMENTE RAFFREDDATO

Undici parole di un asciutto comunicato vennero a metter fine il 10 febbraio 1984 a settimane di voci e di smentite: «Il leader sovietico Jurij Andropov è morto. L'annuncio è ufficiale».

Già prima di Natale era cominciata a circolare la voce che Andropov fosse gravemente ammalato; e una esplicita conferma ci era venuta dagli jugoslavi che si erano visti annullare, a sole ventiquattro ore di distanza, un viaggio a Mosca per rilanciare il dialogo tra i due paesi in una fase molto delicata della congiuntura internazionale.

Dal Cremlino giungevano secche confutazioni: il Segretario generale era semplicemente un poco raffreddato. Il che non impedì al «Figaro», il 10 gennaio, di pubblicare una macabra vignetta nella quale un generalone metteva il microfono su una tomba aperta e, rivolgendosi ai giornalisti, li rassicurava: «Il compagno Andropov sarà felice di smentire personalmente tutte queste dicerie».

Ad accreditare la lievità del malessere, il 25 gennaio la «Pravda» pubblicava una intervista del Capo diretta agli americani perché rinunciassero alla politica di forza e dimostrassero «il desiderio e la volontà di raggiungere accordi sulle questioni aperte». Questo — dichiarava Andropov — «troverà una risposta adeguata da parte nostra». E invece, pochi giorni dopo, il successore di Brežnev era morto e vi sono, in queste circostanze, adempimenti di rito: il telegramma al ministro degli Esteri e la delegazione per i funerali.

Gli uffici prepararono il testo del dispaccio.

> Ho appreso con profondo cordoglio la scomparsa del Presidente del Presidium del Soviet Supremo dell'Urss Jurij An-

dropov. Desidero, per il suo tramite, esprimere al governo e al popolo sovietico le più sentite condoglianze per questa grave perdita e il sincero rammarico che il non lungo periodo in cui il Presidente Andropov è stato alla guida dell'Urss non gli abbia consentito di fornire la pienezza di quei contributi al consolidamento della pace e della collaborazione fra tutti gli stati che erano nelle aspettative, oltre che del popolo sovietico, anche della comunità internazionale. Mentre le confermo in questo momento l'impegno con cui da parte nostra continueremo a promuovere, nella reciproca utilità, il dialogo italo-sovietico, la prego di accogliere per questo grave lutto l'espressione della più viva partecipazione e solidarietà. Firmato *Giulio Andreotti.*

Quindi mi recai dal Presidente Pertini per sapere se voleva rinnovare la presenza personale che aveva riservato alle esequie di Brežnev o se intendeva delegare altri. Mi guardai bene dall'accennare al freddo intenso di quei giorni a Mosca poiché lo avrei offeso. E infatti stabilì subito di partire, con scali tecnici alternati Budapest e Vienna. Fu lieto di ospitare nell'aereo presidenziale anche le delegazioni della Santa Sede (lo scienziato francese Jérôme Lejeune, accademico pontificio) e del Partito comunista italiano.

Il «condolore» è in questi casi molto ufficiale, tanto che non apparve disdicevole passare il tempo in aereo giocando a carte. All'andata, associandosi Berlinguer, Pertini non ebbe la meglio; per questo al ritorno preferì avere al tavolo il giovane D'Alema, invitando me ed Enrico Berlinguer a parlare un po' tra noi (e fu una singolare occasione per un lungo colloquio, approfondito e umano, a quattro mesi da una morte improvvisa, per la quale il lutto non fu solo formale).

La salma del Segretario generale del Pcus era esposta nel salone d'onore del Palazzo dei Sindacati, tra migliaia di corone, con orchestre sinfoniche che eseguivano senza interruzione meste sinfonie. Vi fu poi la cerimonia sulla Piazza Rossa, con la bara ancora aperta secondo l'uso orientale e un gran numero di discorsi celebrativi, ascoltati in piedi, a venti gradi sotto zero, senza traduzioni simultanee o consecutive e pertanto incomprensibili per la gran parte di noi. Al freddo intenso ognuno reagisce come può. C'era chi, previdente, tirava fuori piccole borracce presumibilmente con alcolici adeguati e chi si limitava a saltellare onde evitare il congelamento degli arti. Qualcuno, irriverente, si confortava raccontando, con dubbio gusto, barzellette politiche. Una mi sembrò irriverente. Si diceva che al figlio di Andropov fosse stato spedito questo telegramma: «Vieni subito stop Tuo padre est *definitivamente raffreddato*». Altri scherzavano a bassa voce sul fatto che gli appartenenti al Kgb fossero in divisa, il che per un servizio *segreto* appariva bizzarro.

Debbo confessare che a me i funerali civili arrecano molta tristezza. Passi per i matrimoni, ché, anzi, chi non crede fa bene a non prendere in giro il diritto canonico o simili. Ma, in questo caso, vedere nella piazza dalle cupole dorate delle chiese l'assenza totale di ogni partecipazione religiosa mi turbava. L'impressione peggiore però la ebbi quando ci distribuirono il testo di alcuni dei discorsi e lessi che il rappresentante dell'Unione degli scrittori salutava il defunto, ringraziandolo con calore perché aveva indicato agli intellettuali «quel che dovevano scrivere e quel che *non* dovevano».

Portata via la salma e annunciata la vicina sepoltura da colpi di cannone ritmati, le truppe mutarono il passo e sfilarono in segno di obbedienza dinanzi al nuovo numero uno, il compagno Černenko. Subito dopo, nel Salone di San Giorgio, Černenko ricevette l'omaggio delle delegazioni estere e finalmente potemmo tornare in ambasciata. L'unico a essere vispo come se uscisse da una sauna era Sandro Pertini, con il quale nel pomeriggio andammo in udienza particolare da Černenko e Gromyko.

Il nuovo leader appariva affaticato e lievemente asmatico, ma, dopo giornate come quelle che aveva passato e il clima Findus del mattino, non c'era da stupirsi. Prima si adoperò con motivate espressioni per sottolineare il livello della partecipazione italiana alle cerimonie funebri, dopo ci lesse un testo di dichiarazioni, credo su un canovaccio standard, con varianti *ad homines*. Assicurava che non vi sarebbero state modifiche nella politica estera sovietica, dato che era intenzione di Mosca continuare ad adoperarsi per eliminare ogni rischio di guerra, soprattutto nucleare, e consolidare la pace e sviluppare rapporti «onesti e costruttivi tra paesi a diverso sistema sociale, tra cui l'Italia».

Dopo aver accennato al peggioramento della situazione conseguente alla installazione degli euromissili anche nel nostro Paese, sottolineò che il governo sovietico non considerava la situazione irreversibile e che le proposte dell'Urss per abbassare il livello della contrapposizione missilistica e nucleare restavano valide, pur essendo necessario procedere alla rimozione degli ostacoli che avevano reso impossibile sino ad allora il negoziato.

Ricordando il sessantennio dello stabilimento delle relazioni diplomatiche, rilevò che l'Urss e l'Italia potevano contribuire al consolidamento della pace in Europa e a migliorare la comprensione tra gli stati. Si riferì alle proposte formulate a Stoccolma e all'interesse manifestato da parte italiana e si pronunciò a favore di ulteriori scambi di idee al riguardo. Constatando inoltre il favorevole sviluppo delle relazioni economiche e culturali, sottolineò anche la possibilità di una ulteriore espansione degli scambi commerciali, inclusi gli acquisti di gas e la disponibilità sovietica a esaminare mezzi concreti per attuarla.

In conclusione espresse disponibilità a un ulteriore allargamento di contatti politici, ricordando che vi era la possibilità di farlo anche in un futuro prossimo.

Il Presidente Pertini mise in risalto la coincidenza di vedute sulla necessità di mantenere la pace e di evitare una nuova guerra, che sarebbe stata l'ultima perché avrebbe posto fine all'umanità, e sull'importanza, a tale proposito, che avvenisse una sollecita ripresa del dialogo tra le due superpotenze. Accennò anche al comune interesse a sviluppare sempre più stretti rapporti tra l'Italia e l'Urss; e dichiarò la disponibilità italiana ad approfondire tutte le vie di collaborazione multilaterale e bilaterale, auspicando in particolare la ripresa al più presto dei negoziati di Ginevra. Pregò poi me di aggiungere qualcosa.

Da parte mia, mi riferii alle responsabilità, ma anche alle possibilità scaturenti dalla difficile congiuntura internazionale del momento, auspicando che i fruttuosi e corretti rapporti mantenuti dall'Italia con l'Urss nel dopoguerra, anche in periodi di particolare tensione, continuassero e si sviluppassero. Circa il quadro internazionale, non bastava riprendere i negoziati, ma era necessario dare loro un contenuto positivo. Mi soffermai in particolare su quelli relativi alle armi nucleari, alle armi chimiche e al divieto dell'uso dello spazio a fini militari.

Ricordando la visita del Presidente Podgornyj, espressi l'augurio che anche Černenko potesse recarsi in Italia, in un clima internazionale reso migliore dai risultati concreti dell'azione volta a creare un clima di fiducia reciproca e a consolidare la pace.

Circa la collaborazione economico-commerciale, confermai che il governo aveva comunicato all'Eni che non esistevano obiezioni politiche alla conclusione del negoziato per l'acquisto di gas sovietico.

Poiché vi erano fuori altre delegazioni in attesa, Černenko sollevò Gromyko dal compito di assisterlo e lo pregò di approfondire separatamente con me alcuni dei punti toccati. Il che feci volentieri, con il beneplacito compiaciuto del nostro Presidente.

Gromyko e io passammo in una stanza vicina. Mi disse che voleva continuare lo scambio di idee politiche iniziato a Stoccolma e che non era stato possibile proseguire a New York, a causa del boicottaggio aeroportuale che gli aveva precluso l'andata all'Onu. Si riservava però di propormi una data vicina per un nuovo incontro, in giornate non cariche di altri impegni come quella in cui eravamo. La mia idea di contatti discreti e informali con gli americani per preparare un vertice al massimo livello gli era sembrata saggia, ma occorreva assicurare contenuti agli incontri. Potei dirgli che poche ore prima ne avevo fatto cenno a Bush, in visita al nostro Presidente in ambasciata, e avevo riscontrato interesse e disponibilità a sfruttare ogni occasione propizia, con l'intento di predisporre basi concrete per l'incontro da noi caldeggiato.

Gromyko non nascondeva il permanere in lui di una profonda sfiducia nei confronti dell'amministrazione americana, nonostante alcune dichiarazioni pubbliche di Reagan e quelle che ora gli trasmettevo di Bush. La mancata ratifica dell'accordo Salt 2, negoziato e sottoscritto, restava una pietra di inciampo non facile a rimuoversi per la credibilità Usa. Tornò a insistere sulle due proposte cardine che loro avevano avanzato per la rinuncia al primo colpo nucleare e per un accordo di rigetto della forza al fine di dirimere le controversie internazionali.

Gli feci osservare l'evoluzione che si poteva verificare nelle posizioni Usa dai testi ufficiali, comprese le dichiarazioni del Presidente, dopo la riunione della Nato nel dicembre che era stata particolarmente attenta e responsabile.

Se avessimo lavorato con responsabilità, ritenevo che a Stoccolma sarebbe stato possibile raggiungere *gradualmente* risultati positivi in ambedue le direzioni auspicate, così come noi avevamo sempre caldeggiato. Importante era la rinuncia alla «forza», che assorbiva anche la questione del primo colpo e la rendeva credibile. Altrimenti il... voto di castità nucleare poteva indurre altri a... peccati convenzionali o chimici. Il disarmo *doveva* essere, tendenzialmente almeno, generale. Mi dette, qui, la risposta al quesito sul Libano che gli avevo posto a Stoccolma (sostituzione della forza multinazionale con una forza Onu) dicendosi non contrario, ma raccomandando di chiarirlo con la Siria (che sapeva essere con noi in discreto contatto) nella prospettiva di un ritiro di *tutte* le forze extra Onu, anche nazionali. Le stesse unità dell'Onu avrebbero dovuto avere consistenza e funzioni limitate, dato che il loro compito essenziale era di protezione dei campi palestinesi; inoltre sarebbe stato bene fissare in partenza un tempo non lungo di impiego. Quindi, d'accordo per dare il loro consenso alle proposte in tal senso esaminate alle Nazioni Unite, ma il governo sovietico si attendeva che gli americani modificassero la loro politica «ritirando, insieme con altri, il loro stivale dal suolo libanese». Alla mia osservazione di un necessario coordinamento tra l'arrivo dell'Onu e il ritiro della forza multinazionale, per evitare vuoti pericolosi, convenne che era materia da regolarsi. Registrò però il fatto — e insieme dette atto — che l'Italia era laggiù perché richiesta dall'Olp; e che aveva il netto proposito di venirne via appena le circostanze locali lo avessero consentito.

2

QUEL POVERO MARESCIALLO STALIN

Uno dei compiti delle ambasciate è quello di estrarre dagli archivi i precedenti per mettere ministri in visita o altri delegati in condizione di conoscere le analogie del passato e di avere norme di linguaggio ovvero — se le cose sono cambiate — di individuare gli argomenti su cui è meglio non soffermarsi.

Ebbi così tra le mani, durante il funerale di Andropov, un fascicolo di documentazione sulle ultime due morti importanti di statisti sovietici: nell'ordine inverso: Leonid Breznev e Iosif Stalin.

Per il caso più recente non vi era molto da imparare, sia per il breve tempo trascorso, sia per la presenza riassuntiva dello stesso Presidente Sandro Pertini. Con curiosità sfogliai invece l'incarto sul decesso di Stalin nel marzo 1953, diviso in due settori: partecipazioni ufficiali e rassegna stampa.

L'allora ambasciatore a Mosca, Mario Di Stefano, era stato incaricato di presentare le condoglianze del Presidente della Repubblica (Einaudi) e del governo; e di andar di persona al funerale. Inoltre, il Presidente del Consiglio (De Gasperi) aveva inviato una lettera molto concisa all'ambasciatore a Roma, Kostilev, così concepita:

> È con profonda commozione che ho appreso la dolorosa notizia della scomparsa del Presidente del Consiglio dei Ministri dell'Unione Sovietica, Giuseppe Stalin. A nome mio personale e a nome anche del governo che ho l'onore di presiedere, porgo a V.E. le più sentite condoglianze per il lutto che ha colpito il governo e i popoli della Unione delle Repubbliche Socialiste Sovietiche.

De Gasperi era poi intervenuto pubblicamente rilasciando una dichiarazione all'Ansa:

> In vita il dittatore non mostrò per il nostro Paese né comprensione né considerazione. L'atteggiamento dei suoi diplomatici fu, nelle trattative e nella conferenza della pace, ostinatamente duro e pertinacemente negativo. Tuttavia, se fosse vera l'opinione di chi attribuisce al suo influsso personale l'esitazione dell'Urss a scatenare una nuova conflagrazione mondiale, dovremmo mettere al suo attivo questo suo rifuggire dalla responsabilità estrema e augurarci che i suoi successori lo accettino come norma di saggezza. Ma chi, prima dello storico imparziale, potrà in questo momento misurare e valutare il ruolo personale che un uomo come lui volle o poté svolgere nei momenti decisivi? Perciò grave rimane l'incognita di domani e se, in mezzo a tante parole di esaltazione o di condanna, possiamo trovare un accento semplicemente umano, vorremmo dire che questo tragico trapasso deve ammonirci tutti intorno ai limiti della persona umana e ai confini del suo destino. Con questa grave riflessione noi chiniamo la fronte, pensosi, innanzi alla scomparsa di un uomo che, senza dubbio, lascia nel mondo un grande vuoto che vorremmo si riempisse di comprensione, di fraternità e di pace.

E il Vaticano?

Gli ambienti responsabili della Santa Sede non avevano fatto alcuna dichiarazione relativamente alla morte di Stalin, tuttavia l'«Osservatore Romano» aveva aggiunto alle notizie ufficiali da Mosca un corsivo nel quale era detto, fra l'altro, che il nome di Stalin rimaneva per sempre legato alla muta e grande passione della Chiesa.

> I cattolici della Russia [proseguiva l'organo vaticano] furono dispersi ancora prima della guerra. Dopo il conflitto furono distrutte fiorenti comunità di rito orientale. Cominciò poi il dolente calvario dei nostri fratelli baltici: lituani, lettoni, estoni. Infuriò e infuria la tempesta sui cattolici romeni, bulgari, albanesi, ungheresi, cecoslovacchi, polacchi e in vaste plaghe dell'Oriente asiatico. La Chiesa del silenzio, che alcuni vorrebbero negare, è anche la Chiesa della dispersione

> degli esuli, delle prigioni e del martirio. Un martirio che nulla spiega e tanto meno giustifica, se non un fiero odio ideologico. E la Chiesa soffre e prega.

Il commento dell'« Osservatore » così continuava:

> Nel febbraio del 1946, davanti ai rappresentanti delle nazioni accreditate presso la Santa Sede, Sua Santità Pio XII diceva: « Noi abbiamo avuto la preoccupazione costante di arrestare un conflitto così funesto alla povera umanità e per questo, in particolare, ci siamo ben guardati, nonostante certe pressioni tendenziose, di lasciar sfuggire dalle nostre labbra e dalla nostra penna una sola parola, un solo segno di approvazione e di incoraggiamento per la guerra iniziata contro la Russia nel 1941. Certamente nessuno potrebbe contare sul nostro silenzio quando sono in causa la fede e le fondamenta della civiltà cristiana. Ma d'altra parte non c'è nessun popolo cui non desideriamo, con tutta la sincerità della nostra anima, di vivere in dignità, in pace nell'ambito dei propri confini ».
>
> È con questo spirito [concludeva l'organo vaticano] che tutti i cattolici, in unione di intenti e di pensieri col Capo augusto della Chiesa, levano a Dio una preghiera fervida, perché i fondamentali diritti della libertà siano finalmente riconosciuti in tanta parte del mondo agli individui e alla Chiesa.

Di prima classe risultava invece il conduolo dei comunisti e dei socialisti, riuniti, in coincidenza esatta con il funerale, in una sessione commemorativa congiunta dei due comitati centrali al Teatro Valle di Roma, mentre analoghe cerimonie erano indette in tutta Italia.

Il cerimoniale dell'avvenimento era minuzioso e informava che l'addobbo del teatro consisteva in un grande ritratto di Stalin sullo sfondo del palcoscenico, con a lato la scritta: « STALIN È MORTO MA LA SUA OPERA E IL SUO PENSIERO SONO IMMORTALI » e, più sotto, l'appello che il *Capo dei lavoratori* aveva rivolto ai comunisti del mondo in occasione del XIX Congresso del Pcus nell'ottobre precedente.

Alla tribuna sedeva tutta la direzione del Pci salvo Togliatti, che era volato a Mosca, e per i socialisti, salvo Nenni (anche lui in Urss), Rodolfo Morandi, Oreste Lizzadri, Domenico Grisolia, Giusto Tolloy, Ferdinando Targetti, Tullio Vecchietti, Dario Valori, Elena Caporaso.

Commossi erano stati i discorsi: «Il nostro pensiero è a Mosca», aveva detto Pietro Secchia terminata la *Marcia funebre* di Chopin e con un sottofondo della *Marcia* di Beethoven che aveva accompagnato tutto il suo dire. Per suo conto Morandi — senza musica — affermò che «*mai nella storia* l'umanità è stata percorsa da così profonde vibrazioni per la scomparsa di un Uomo [attento, proto, a metter la maiuscola] dalla scena umana».

Dell'*amico* morto tessé poi il panegirico l'onorevole Luigi Longo, citando tra l'altro quel che aveva detto Winston Churchill all'annuncio ferale:

> Fu per me un'esperienza di estremo interesse incontrare il maresciallo Stalin. È stata una grande fortuna per la Russia avere avuto questo rude maestro che l'ha guidata nelle ore difficili. È un uomo con una personalità eccezionale, l'uomo che era necessario in questi tempi scuri.
>
> È un uomo di un coraggio e di un'energia inesauribili, un uomo dritto dalla parola schietta e perfino brusca. È soprattutto un uomo dotato di quel buon senso che può salvare una situazione, il che ha un'enorme importanza per tutti gli uomini e per tutte le nazioni. Il Maresciallo Stalin mi ha dato l'impressione di una fredda e profonda saggezza e di un'assenza completa di illusioni di ogni genere.

L'elogio funebre era stato recitato anche nei due rami del Parlamento italiano, senza che si creassero le diatribe suscitate in Francia per la decisione di esporre le bandiere abbrunate e per il calore delle parole del Presidente Edouard Herriot («Colui che con l'eroico esercito sovietico ha contribuito alla nostra liberazione e ha rafforzato il legame creato tra i nostri due popoli»). All'Assemblée, alcuni deputati erano rimasti ostentatamente seduti e il rappresentante di Parigi, Bernard Lalay, aveva gridato contro questa «ipocrisia decisamente irritante».

Le due Camere italiane si erano affrettate a una prima

commemorazione il giorno dopo il decesso, per dar modo a Nenni e a Togliatti di recarsi a Mosca.

«Con *l'anima oppressa dall'angoscia* perché si era chiusa la *vita prodigiosa* di Stalin» esordì lo stesso Togliatti; Nenni fu ancora più caloroso: «Nessuno fra i reggitori di popoli ha lasciato morendo, dietro di sé, il vuoto che lascia Stalin... Quando nell'estate scorsa ebbi occasione di incontrarlo egli mi disse parole che mi sembrano oggi poter racchiudere la lezione della sua vita: non ammettere mai che non ci sia più niente da fare; non rompere mai il contatto con l'avversario o con il nemico; non puntare mai su una carta dubbia le sorti dello Stato, del partito, della collettività».

Per il governo si associò sobriamente Paolo Emilio Taviani, sottosegretario agli Esteri: «Il popolo italiano ha accolto con commozione la notizia della scomparsa di un uomo che così importante e vasta parte ha avuto negli avvenimenti mondiali di quest'ultimo decennio. Il governo italiano rivolge a quello sovietico l'espressione delle sue condoglianze».

La seduta fu tolta in segno di lutto per un'ora; e subito dopo la Camera tornò al proprio lavoro, ricevendo dal ministro della Pubblica Istruzione, Antonio Segni, un disegno di legge su provvidenze turistiche e alberghiere e negando l'autorizzazione a procedere contro gli onorevoli Covelli e Alliata di Montereale per diffamazione a mezzo stampa.

Più impegnativo fu il rito a Palazzo Madama. Per i comunisti toccò a Mauro Scoccimarro («pieno di stupore e di amarezza»), il quale, dopo aver affermato che scompariva «un gigante del pensiero e dell'azione, una di quelle figure che nella storia dell'umanità hanno impresso una impronta così potente che nessuno potrà mai più cancellare», indugiò in particolari patetici come la nascita del personaggio in una misera capanna di contadini: padre prima calzolaio e poi operaio di fabbrica, madre figlia di servi della gleba secondo le leggi feudali della Russia zarista. Non mancò l'accento alla frequenza del giovane Iosif alle scuole elementari e al ginnasio nel seminario di Tiflis, donde venne scacciato per aver fatto «propaganda socialista».

Per il Psi parlò il senatore Sandro Pertini. «Il dolore e l'angoscia che sono in noi» esordì «impediscono ogni frase retorica e ogni accento polemico. Dinanzi a questa morte non si può rimanere che stupiti e costernati.» E previde che «la memoria di questo gigante della storia non conoscerà tramonto».

In Senato, si alzò a parlare per il governo Leopoldo Rubinacci, ministro del Lavoro, e lo fece in chiave di massime eterne: «La morte, pur così connaturata all'umanità, determina sempre per i grandi e i potenti, come per i piccoli un senso di costernazione e di sbalordimento. Le passioni devono placarsi; ognuno non può non provare un senso di accoramento, la mente si volge soprattutto alla meditazione. La sintesi di una vita non può farla che la storia; e è al giudizio pacato, obiettivo, sereno della storia che noi ci rimettiamo».

Anche qui un'ora di interruzione necrologica e quindi ripresa del lavoro ordinario, con un dibattito sul decentramento amministrativo.

Può dirsi pertanto che il lutto ufficiale italiano fu meramente protocollare e che si trattò prevalentemente di un dolore di parte (comunisti e socialisti), imperniato peraltro sullo Stalin vincitore della guerra contro il nazifascismo. Negli altri uomini politici vi fu silenzio o polemica, come nel caso del segretario della Democrazia cristiana, Guido Gonella, che, parlando a Bergamo, disse: «Non si può imporre il culto di Stalin agli italiani, in quanto la sua figura è destinata al triste Pantheon dei dittatori che hanno oppresso i diritti dei popoli».

Anche l'onorevole Saragat fu molto netto: «Non possiamo che esprimere un giudizio negativo; non possiamo dimenticare che, nonostante Stalin ci sia presentato oggi come paladino della pace, fu la sua decisione nel 1939 a determinare la scintilla che portò alla seconda guerra mondiale».

Ma più che allo spoglio degli scritti e discorsi del 1953, a me sembra che giovi, ai fini della comprensione del grande recupero realizzato nei rapporti Italia-Urss, depurati da interferenze partitiche e restituiti all'ambito interstatale, la comparazione con gli atti ufficiali. Allora lo Stato italiano si limitò a un telegramma di ventuno parole del segretario generale degli Esteri Vittorio Zoppi all'ambasciatore a Mosca:

Presidente Repubblica associasi cordoglio decesso Maresciallo Stalin. Con riferimento telegramma Vostra Eccellenza pregola rendersi interprete di tali sentimenti presso codesto governo.

Dal successore di Stalin in poi, è il nostro Presidente della Repubblica che si reca di persona agli estremi onori. E non è davvero il solo occidentale. Sarebbe più facile, infatti, notare le assenze. Tali circostanze funebri divengono anche occasioni per incontri bilaterali.

In quella sosta a Mosca per la sepoltura di Andropov, avemmo in ambasciata, come già scritto, il Vicepresidente americano. E non fu solo un momento di cortesia internazionale. Potemmo parlare in profondità del Libano (problema in quel momento caldissimo) e Bush ci mise al corrente della politica americana in proposito:

a) A richiesta di Gemayel, gli Usa ritireranno i marines a bordo delle navi.
b) Sempre a richiesta di Gemayel, gli Usa sbarcheranno elementi specializzati nella lotta contro il terrorismo e materiale ed equipaggiamenti speciali per contrastare più efficacemente il fuoco dell'artiglieria.
c) Il potenziale di forze navali e da sbarco rimarrà operativo e pronto a entrare in azione a difesa dell'ambasciata e dei civili americani se questi saranno oggetto di attacchi di forze siriane situate in territorio libanese.

Il Vicepresidente dichiarò che Washington era stata colta di sorpresa dalla decomposizione delle forze armate libanesi; e illustrò i motivi per cui le decisioni americane circa il ritiro del proprio contingente non avevano potuto formare oggetto di consultazioni preventive. Espresse rammarico al riguardo e speranza che la decisione non avesse creato problemi per l'Italia, alla quale chiedeva suggerimenti sulla linea d'azione da seguire nel Libano. Spiegò poi il perché dei bombardamenti navali e le finalità con essi perseguite. Nel constatare la mancanza di mezzi di pressione sulla Siria, sottolineò che uno stato di anarchia a Beirut non è nell'interesse di Damasco. Basandosi su tale fattore, gli Stati Uniti erano impegnati a promuovere, con la missione dell'ambasciatore Donald Rumsfeld, una soluzione politica a Beirut, per la quale facevano anche assegnamento sul fiancheggiamento della diplomazia saudita. Infine espresse profondo e sincero apprezzamento per il ruolo svolto dall'Italia nel Libano.

Pregato da Pertini, manifestai il mio parere, sottolineando che una soluzione che consentisse al Libano il recupero della piena sovranità e integrità territoriale (eventualmente con la sostituzione di Gemayel con altra personalità maronita), richiedeva l'accordo tra tutte le forze politiche libanesi con equilibrio tra cristiani e musulmani. La sostituzione delle forze multinazionali con le forze Onu richiedeva la modifica dell'accordo 17 maggio — da tenere fermo — in quanto esso comportava l'impiego soltanto di unità di paesi che hanno contemporaneamente rapporti diplomatici sia con Israele sia con il Libano. Occorreva evitare che Israele, anche per motivi finanziari, si ritirasse in modo autonomo senza portare a un parallelo ritiro delle forze della Siria, che era indispensabile coinvolgere in qualche misura nella soluzione del problema libanese. Bush sembrò molto attento alle nostre considerazioni.

3

ČERNENKO E LE OLIMPIADI

Per una felice — e non occasionale — coincidenza, il dispiegamento dei missili intermedi dell'Occidente in Europa, essendo scaduto il termine per l'accordo ipotizzato nella «doppia decisione» della Nato nel 1979, non solo non impedì la continuazione del nostro dialogo con l'Est (l'Unione Sovietica e gli altri), ma lo intensificò. Anche a costo di sembrare, a seconda dei punti di vista, ingenuo o machiavellico, io ero più che convinto che questa fosse la sola strada da percorrere e che Stati Uniti e Unione Sovietica avrebbero finito con l'incontrarsi. Certe affermazioni di Gromyko sulla inutilità di parlare con l'Amministrazione Reagan mi sembravano rispondenti più a momenti di malumore che a vere convinzioni; altrettanto non andava preso alla lettera il piccolo dogma di una parte degli americani, secondo i quali dell'Urss non c'è mai da fidarsi. Comunque, compito e interesse dell'Italia non è certo quello di cooperare alla divaricazione tra i due Grandi. E a questa convinzione ho sempre ispirato la conduzione del ministero degli Esteri.

Nell'aprile del 1984 accettai con piacere un invito di due giorni a Mosca, imperniato su colloqui di una certa ampiezza con Gromyko e con Černenko.

Trascrivo i relativi appunti.

Cremlino, 23 aprile 1984

Gromyko: Sono sicuro che le nostre conversazioni saranno condotte in un clima favorevole e con spirito costruttivo. Anche in passato le consultazioni politiche tra i nostri governi hanno avuto uno svolgimento molto positivo. Sono disponibile a uno scambio di idee su tutti i problemi su cui lei desideri discutere.

Andreotti: Potremmo iniziare dalla situazione internazionale e toccare in un secondo tempo le questioni bilaterali. Nel 1972, quando ho compiuto una visita a Mosca come Presidente del Consiglio, i rapporti Est-Ovest in generale e anche quelli tra le due maggiori potenze erano caratterizzati da reciproco rispetto, volontà di dialogo costruttivo e interesse a procedere nella distensione. Pur essendo le circostanze attuali cambiate, ritengo che sia possibile ritornare al clima che prevaleva in passato. Vi sono infatti alcuni elementi positivi. Tra questi, come già da me sottolineato qui in febbraio, il cambiamento di tono del Presidente americano particolarmente a partire dalla riunione ministeriale della Nato di dicembre, nella quale fu unanime la volontà di tutti per un approccio positivo nei rapporti Est-Ovest. L'avvio della conferenza di Stoccolma non è andato male. Occorre tener presente la ricorrenza nel 1975 del decennale dell'Atto finale di Helsinki e occorre preparare il terreno perché esso si svolga in circostanze favorevoli. Non è tanto importante sapere se e quando un negoziato si apre, ma che esso venga preparato perché abbia prospettive costruttive. Dobbiamo esaminare le possibilità che a Stoccolma si lavori, oltre che sulle misure di fiducia, che a giudizio sovietico sono di portata tecnica e non tanto significative per l'opinione pubblica, anche per una affermazione politica solenne del non ricorso all'uso e alla minaccia della forza.

Il lavoro condotto a Vienna sulle Mbfr fa registrare nuove prospettive. I paesi della Nato hanno avanzato proposte ragionevoli per sbloccare la situazione. Vorrei menzionare la preoccupazione che ha suscitato in Italia, anche nell'opinione pubblica, il problema dei missili a media gittata. Come il governo italiano ha ribadito più volte in Parlamento, noi non solo auspichiamo, ma lavoriamo concretamente perché il problema sia risolto attraverso il negoziato: esso, infatti, non riguarda solo gli equilibri fra le due superpotenze, ma interessa anche direttamente gli europei.

Gromyko: Ci sono molti problemi sui quali dobbiamo avere scambi di idee. Anzitutto come vediamo la situazione generale nel mondo. La consideriamo tesa e molto grave. Sono state accumulate montagne di armamenti convenzionali e nucleari. Si vive come su un vulcano. Questo vale per tutti i paesi e per il mondo intero. Solo gli ingenui o i male informati possono pensare che vi siano regioni del mondo al riparo da questi pericoli. Tutti gli stati devono adoperarsi concretamente per rimuoverli. Sarebbe un grave errore credere che debbano occuparsene solo le potenze nucleari. Ma è anche vero che le potenze che dispongono di armi nucleari e le altre che possiedono particolari mezzi militari hanno responsabilità particolari. Parliamo dell'Europa sulla quale ricadono singole responsabilità storiche e attuali. Non dimentichiamoci che abitiamo insieme nella casa europea e apparteniamo a due diversi raggruppamenti di stati. Ciò accresce la responsabilità dei nostri paesi. Anche volendo mantenersi molto coscienziosi e cauti, non possiamo evitare il problema dei problemi: alla origine di questa situazione vi è la politica di Washington tesa alla supremazia militare e politica nel mondo. Questa politica è stata imposta a tutta l'Alleanza atlantica. Sono state compiute molte analisi della attuale situazione. Ma tutti quelli che seguono la realtà sono concordi con noi che la politica degli Stati Uniti mira a guidare gli affari mondiali e decidere sui sistemi sociali dei vari paesi come farebbe un guardiano del traffico stradale. I fatti sono eloquenti. Il Presidente e gli altri ministri dell'amministrazione americana ripetono che tutto è legittimo per gli Stati Uniti, fino all'intervento militare se un regime non piace. Ma questo è solo il 10 per cento di un iceberg. Il resto è ancora più grave e voi lo sapete.

Lei ha parlato del cambiamento di tono della presidenza americana. Se prescindessimo dalla politica reale americana, potremmo tener conto degli interventi nel corso della campagna elettorale. Ma noi e voi sappiamo qual è l'importanza che il Presidente degli Stati Uniti dà alle sue parole. Esse non hanno alcuna relazione con la politica reale. L'importante non è l'accompagnamento musicale, ma il contenuto. Questo cambiamento di tono non ci fa certo impressione. Lo stesso Presidente non si stanca di ripetere che il suo credo è la forza e questo conduce alla corsa agli armamenti. Noi, che ripetiamo ogni giorno proposte come il disarmo, il non uso dell'arma nucleare, il non uso della forza in generale, come dobbiamo giudicare la politica americana condivisa dalla Nato? Nel mondo non c'è un Paese che come il nostro si adoperi tanto e sia più fedele alla politica di pace; e riaffermo in questa occasione che questa rimarrà la politica nostra e dei nostri alleati. Come lei sa, questo è riaffermato nei discorsi del Presidente Černenko. Se c'è un Paese pronto a lottare per la pace e contro la guerra noi saremo d'accordo.

Vorrei soffermarmi sul significato della sua visita. Anche l'Italia è per il dialogo e per ricercare le strade che conducono alla pace. Queste strade sono quelle del dialogo e di negoziati costruttivi e onesti. Ma gli Stati Uniti hanno utilizzato i negoziati come pretesto per le opinioni pubbliche, per poi trasformarli in un ultimatum di fatto: o accettate le nostre proposte o dispieghiamo i missili. Ci hanno addirittura indicato in quale periodo preciso ciò sarebbe avvenuto. Ci hanno fatto un ultimatum e noi vogliamo che lo ritirino. I piani militaristici di Washington rispondono a una filosofia ben strana: che per disarmare occorra cumulare armamenti. È una tesi assurda.

Andreotti: Non sono l'avvocato d'ufficio degli Stati Uniti, ma vorrei ricollegarmi alla stagione in cui abbiamo visto americani e sovietici lottare assieme contro il fascismo. Successivamente gli eventi indussero l'Occidente a pensare che si volesse imporre all'Europa un determinato modello politico. Ciò ha fatto nascere l'Alleanza atlantica. In quel momento la diffidenza nei vostri confronti era molto forte e ha determinato questa politica. Ma non ho mai visto, in seno alla Alleanza, nessuna ipotesi che prevedesse piani militari diversi da quelli puramente difensivi. Parlo con cognizione di causa essendo stato tanti anni ministro della Difesa. Voglio comunque ricordare quanto De Gasperi dichiarò in Parlamento al momento della ratifica del trattato nord-atlantico: «Ho fiducia che anche i sovietici vogliono la pace». Torniamo alla situazione attuale e al problema dei missili. È un fatto che il nuovo dispositivo missilistico sovietico a media gittata non ha obiettivi americani, ma europei. Su questo problema l'opinione pubblica non fa fantasie, è veramente preoccupata. Occorre dunque uno sforzo reciproco. Non si può dire semplicemente che noi dobbiamo smantellare i nostri missili. Lo *status quo ante* non può logicamente essere circoscritto solo a quest'anno, ma deve risalire al 1979. Mi rendo conto che bisognerà discutere anche dei missili britannici e francesi. È un punto importante. Ricordo che in una delle fasi del negoziato vi era stata una proposta di Andropov che prevedeva la rimozione di missili sovietici.

Lei ha affermato l'impegno totale dell'Urss per la pace e il disarmo. Anche noi siamo impegnati a fondo in direzione di un negoziato onesto e costruttivo. Da adesso alla fine di maggio, quando avremo la riunione della Nato, tutti gli sforzi saranno compiuti per una ripresa di questo dialogo.

Vorrei ritornare su quanto ho già osservato circa il cambiamento dell'atteggiamento americano. Non è solo un fatto elettorale. Ne abbiamo discusso molto con gli americani. Comprendiamo le vostre reazioni e alcune espressioni molto dure che vi urtavano non piacevano neanche a noi. Ma guardiamo alla sostanza e al lungo termine.

Gromyko: Sono d'accordo che il disarmo non può essere unilaterale. Noi ci atteniamo al principio dell'uguaglianza e pari sicurezza. Ma sono gli Stati Uniti e la Nato che seguono un approccio unilaterale quando ci dicono: o accettate le nostre proposte o vi poniamo un ultimatum. Abbiamo proposto di ritornare alla situazione del 1979. Ma Washington ha rifiutato. Ha altre idee per la testa. Vuole la supremazia.

Per quanto riguarda le forze francesi e inglesi, qualunque uomo politico che parta da posizioni obiettive e non unilaterali deve riconoscere che esse fanno parte integrale del dispositivo occidentale. Carter era più realistico e mi aveva detto che l'Urss aveva diritto di considerarle dirette contro di noi, che si trattava di un problema difficile di cui avremmo tenuto conto. I governi inglese e francese sono contrari a prenderle in considerazione nel calcolo: essi non vogliono il negoziato. Ma altri paesi non nucleari, come l'Italia, potrebbero convincerli a non considerare noi sovietici come troppo ingenui. Avevamo chiaramente detto che una intesa era possibile ed eravamo disposti a concedere un numero uguale a quello delle forze francesi e britanniche. Ci hanno risposto con un ultimatum.

Vorrei che al suo ritorno a Roma portasse la convinzione che mai l'Unione Sovietica accetterà un ritardo negli armamenti e un mutamento della parità. Non abbiamo altra scelta, anche se pensiamo che non sia buona politica affidare la parità delle forze all'aumento degli arsenali. Vorremmo anche che la scienza con le sue grandi possibilità sia usata per scopi pacifici.

Andreotti: Anche noi ci ispiriamo al concetto della parità e alla politica di ricercarla diminuendo e non aumentando il livello degli armamenti.

Vorrei informarla che prima dell'Assemblea generale delle Nazioni Unite, Genscher e io chiedemmo ai colleghi francese e britannico di esaminare il calcolo dei loro missili nella materia oggetto del negoziato. Nei discorsi di Mitterrand e di Howe vi è un accenno a questa questione, nel senso che verrà il momento in cui si dovrà discutere anche di questo problema.

Vorrei ancora precisare che non si può dire che vi sia stato ultimatum. Dato che la decisione risale al 1979, e riguarda uno spiegamento da iniziare e da attuare con gradualità solo dopo quattro anni, mi pare che si tratti di un ultimatum a scoppio un po' ritardato.

Credo che una formula da esplorare sarebbe quella di riuscire a combinare l'opzione zero con il calcolo dei missili inglesi e francesi.

Gromyko: Quanto alle forze francesi e britanniche, ho già citato le nostre proposte che sono state rifiutate da Washington. Gli accenni all'Assemblea generale non sono abbastanza concreti. Quanto dobbiamo attendere? Circa all'opzione zero, si tratta di zero solo per l'Urss e non per Washington e la Nato. Noi abbiamo proposto una vera opzione zero che concerne tutte le armi nucleari. Quella di Washington è solo un gioco.

Andreotti: Un'impostazione valida e globale dei problemi del disarmo dovrebbe comprendere l'insieme delle armi convenzionali e nucleari. Vorrei far notare che la presenza americana nello schieramento difensivo europeo avrebbe come unica alternativa un sistema integrato di difesa europea, che potrebbe suscitare nuovi problemi come avvenne all'epoca del progetto di Comunità europea di difesa.

Gromyko: Vorrei toccare alcuni temi organicamente. Poiché le potenze nucleari, che ne hanno la responsabilità primaria, non sono disposte ad accordarsi su un ordine di comportamento che comprenda la rinuncia all'uso della forza nucleare tra di loro, esistono diverse possibilità per quanto riguarda le potenze non nucleari. Si potrebbe quindi lavorare per un accordo sul non uso della forza tra i paesi Nato e quelli del Patto di Varsavia. Nel nostro incontro a Stoccolma avevo notato che lei non escludeva questa possibilità. Apprezzammo questa posizione. Se riusciremo ad avanzare in questa direzione la situazione generale si sarà un po' migliorata. Se vi saranno progressi alla conferenza di Stoccolma essi avranno la loro importanza. Abbiamo proposto due idee: il non primo uso dell'arma nucleare che riguarda le potenze nucleari, e il non uso della forza. E il risultato ottimale per noi sarebbe che si accettasse di discutere entrambe, ma ciò non vuol dire che insistiamo per una loro discussione simultanea. L'importante è che si lavori su un terreno concreto.

Andreotti: Nell'incontro con i miei colleghi europei a Lussemburgo, ho potuto constatare il grado di accordo sulla questione del non uso della forza e sulla possibilità di darvi espressione assieme alle concrete misure di rafforzamento della fiducia. Sarà utile disporre di proposte precise del Patto di Varsavia.

Vorrei ora accennare ai problemi dello spazio. Si tratta di una questione complessa e importante, che ci preoccupa anche perché saremo i più vulnerabili se un giorno le superpotenze si neutralizzassero a vicenda attraverso lo strumento degli usi militari dello spazio.

Il problema delle verifiche e dei controlli non può essere più trascurato. È una questione che da quaranta anni crea difficoltà ai negoziati sul disarmo e diverrà sempre più rilevante con lo sviluppo delle tecnologie.

Gromyko: Il problema dei controlli, in tutto il periodo del dopoguerra, è stato sfruttato dagli americani per bloccare i negoziati. Si tratta di un paravento. I controlli hanno anche un preciso sapore di spionaggio. Il problema della corsa agli armamenti nello spazio è molto importante e sono lieto che esso interessi anche all'Italia. Ma la militarizzazione del cosmo aumenterebbe gravemente la minaccia e i rischi delle concezioni avventuristiche delle politiche mondiali. Noi vi saremo sempre tenacemente contrari.

Per quanto riguarda le proposte della Nato nel negoziato Mbfr, non abbiamo ancora compiuto una adeguata analisi. Voglio pertanto ancora riservarmi le nostre posizioni, anche se a prima vista mi paiono avere portata modesta.

Andreotti: Sulle armi chimiche mi pare che vi siano nuove prospettive concrete. L'argomento riveste per noi, e anche per gli americani che hanno presentato nuove proposte, un interesse effettivo. Tutti si rendono conto di quanto reale e urgente sia questo problema, anche alla luce di quanto è avvenuto nella guerra tra Iraq e Iran. Per quanto riguarda la Mbfr, mi auguro che si possa trarre dall'attuale fase conclusioni meno pessimistiche. Le proposte occidentali sono uno sforzo serio per tener conto delle posizioni sovietiche.

Gromyko: Vedremo.

Andreotti: Passando, se lei è d'accordo, ad alcuni argomenti extraeuropei, vorrei menzionare il Libano e l'interesse che venga compiuto ogni sforzo per restituire a quel Paese la piena sovranità, indipendenza e integrità territoriale. Abbiamo da tempo ritenuto importante il ruolo della Siria e constatiamo che la politica di Damasco è responsabile e contribuisce alla normalizzazione. Ogni soluzione del problema mediorientale non potrà, naturalmente, prescindere dal diritto di esistere dello Stato di Israele.

Gromyko: Prima di passare ad altro argomento, vorrei menzionare l'attenzione che noi dedichiamo a come celebrare degnamente il decimo anniversario dell'Atto finale di Helsinki e l'importanza che esso ha rivestito sul piano internazionale. La celebrazione dovrebbe essere preparata degnamente. Ricordo che in un incontro che ebbi a Roma con il Primo Ministro Moro e con il ministro degli Esteri Fanfani avevamo discusso della possibilità di qualche iniziativa a favore della pace e della sicurezza e avevamo posto le basi per il futuro processo della conferenza sulla Sicurezza e cooperazione. Siamo stati all'origine del processo «paneuropeo» e dovremmo celebrarne adeguatamente il decennale. Per quanto riguarda il Libano, comprendiamo bene e giudichiamo positivamente l'interesse italiano. Anche noi vogliamo un Libano sovrano e indipendente; ciò dipenderà dalla volontà di altre potenze di lasciarlo in pace. Noi abbiamo assistito all'intervento di forze straniere, e i bombardamenti delle navi americane non si potranno dimenticare facilmente. Avete fatto molto bene a ritirare il vostro contingente. La Siria ha condotto una politica molto responsabile. Il problema non è ancora risolto perché Israele continua a occupare parte del Libano; e tutti i paesi, anche l'Italia, debbono chiederne il ritiro, altrimenti non si andrà avanti. Sul Medio Oriente le nostre posizioni sono state da sempre vicine a ipotesi di soluzioni globali. Vorremmo che convergano. Siamo favorevoli a una soluzione che riconosca l'esistenza di Israele come Stato e che attui il diritto del popolo palestinese a un proprio Stato.

Andreotti: Proporrei di riunire i nostri esperti per delle consultazioni previste dal protocollo italo-sovietico.

Gromyko: Siamo favorevoli.

Ci sedemmo poi, con i nostri collaboratori, per parlare di altre aree «calde». Passammo infatti a esaminare il sanguinoso conflitto fra Iran e Iraq.

Gromyko, dopo aver premesso che Mosca intendeva mantenere rapporti normali con entrambi i paesi, pur essendo quelli con Baghdad indubbiamente migliori, espresse la difficoltà di comprendere la visione dei problemi internazionali interpretata da una dirigenza iraniana che sembrava collocare la Repubblica islamica al centro del mondo, radicalizzare gli antagonismi e respingere soluzioni ragionevoli. Anche

Mosca, come l'Italia, avrebbe continuato a dare buoni consigli per porre termine a quel tragico conflitto. Dovevamo tuttavia convenire che era difficile prevedere i possibili sviluppi futuri, dato il fallimento di tutti i tentativi finora esperiti. Un cenno incidentale (già lo aveva fatto in una parentesi Černenko) fu fatto alle possibili ripercussioni nelle repubbliche islamiche dell'Urss della propaganda fondamentalista.

Parlando poi della Libia, spiegai la nostra volontà di mantenere con essa rapporti di buon vicinato, malgrado le vicissitudini tra fasi di amicizia e crisi polemiche che tali rapporti periodicamente incontravano. Gromyko convenne che anche i rapporti con Mosca avevano andamento discontinuo (usò l'espressione «zig-zag») ed erano soggetti a congiunture emotive. Esisteva un certo carattere «eccentrico» nella politica di Tripoli, che si poteva anche spiegare con le loro difficoltà a intrattenere rapporti con i paesi vicini e anche lontani. Gromyko espresse anche (da decano della diplomazia europea) le sue perplessità sul sistema di rappresentanza libica all'estero basata sui comitati popolari. Mosca comunque apprezzava il ruolo della politica libica nel mondo arabo.

Ci soffermammo brevemente su Malta, argomento da me evocato per conoscere l'atteggiamento sovietico, anche con riferimento allo statuto di neutralità (che, ricordai, nella nostra concezione era nato in un disegno più vasto che avrebbe dovuto comprendere inizialmente altri stati europei e anche nordafricani). Gromyko dichiarò che l'atteggiamento sovietico non poteva essere che positivo, sia sulla neutralità maltese che sulle posizioni italiane; ed evocò una certa insoddisfazione maltese per l'insufficiente livello della cooperazione commerciale con l'Urss, che successivamente era stato possibile superare.

Passando al Corno d'Africa, anche per sondare la disponibilità sovietica ad assecondare i nostri sforzi per normalizzare i rapporti tra Somalia ed Etiopia, spiegai la nostra politica intesa a mantenere buoni rapporti con ambedue i paesi, fornendo anche disinteressatamente a entrambi aiuti al loro sviluppo. Questo atteggiamento ci offriva qualche possibilità per convincere i due stati poveri del loro comune interesse a convivere pacificamente e per facilitare la ricerca di una base di accordo. Ciò valeva anche per quanto riguardava la ricerca di soluzione del problema eritreo, con i relativi movimenti indipendentistici, sulla base di uno statuto di autonomia. Aggiunsi, per quanto riguardava l'Urss, che avremmo desiderato che i due paesi non fossero implicati in scelte di campo, con i rovesciamenti di posizione che tale logica aveva determinato in passato. Gromyko apprezzava i nostri sforzi ed enunciò il desiderio sovietico di avere rapporti amichevoli sia con l'Etiopia che con la Somalia (il rovesciamento di posizioni di quest'ultima, disse, non era dipeso da loro). Gli sembrava tuttavia che Mogadiscio non avesse ancora abbandonato le sue ambizioni territoriali. Sulla questione eritrea, si espresse a favore di uno statuto di autonomia nel quadro di uno Stato unico e sovrano, aggiungendo comunque che si trattava di problema interno dell'Etiopia.

A proposito delle controversie nell'Africa australe, Gromyko mi parve molto cauto nel valutare l'evoluzione dei rapporti tra Sudafrica e Mozambico, avanzando comunque dubbi sulla credibilità di intese con uno Stato razzista e aggressivo. Rimaneva grave il rifiuto di Pretoria di attuare le risoluzioni dell'Onu sulla Namibia; e Gromyko aveva espresso anche un giudizio negativo sulla posizione mantenuta in proposito dai paesi occidentali (giudizio che non si applicava necessariamente all'Italia). Per quanto riguardava la presenza cubana in Angola, egli si limitava a osservare che si trattava di un problema che riguardava esclusivamente l'Avana e Luanda.

Gromyko sollevò, di sua iniziativa, l'argomento della situazione nei Caraibi e America Centrale, descritta come molto tesa, e muovendo violente accuse alla politica di Washington di «strangolamento e di aggressione» nei confronti dei governi locali e alla politica di totale ostilità verso Cuba. Definì come assolutamente fantasiosa la tesi di supposte interferenze sovietiche in quella regione. Per parte mia, esposi che la nostra politica si fondava sul rispetto dell'autonomia dei governi locali e di appoggio agli sforzi del gruppo di Contadora; aggiungendo, però, che tale criterio doveva essere applicato con coerenza a tutte le situazioni, indipendentemente dalle caratteristiche ideologiche e politiche dei diversi sistemi. Occorreva pertanto guardare con favore alle elezioni del Salvador riconoscendo, ad esempio, che la personalità di Duarte e le sue credenziali democratiche meritassero ogni rispetto.

Sollevata infine — non certo in una graduatoria di importanza — la questione dell'Afghanistan e nel riferirmi all'interesse non solo di noi occidentali, ma anche e forse ancor di più di molti paesi non allineati a una soluzione che comportasse il ritiro delle truppe straniere, chiesi a Gromyko se avesse qualche notizia da darmi in proposito. Egli si riferì a contatti svolti sotto i buoni uffici di Cordovez (Onu) che sarebbero stati ripresi tra breve a Ginevra; espresse un giudizio positivo su questi sforzi, ma constatava al tempo stesso l'assenza di visibili progressi per il momento. Asserì che la normalizzazione della situazione dipendeva dal popolo afghano; che, all'interno, il potere del governo si stava consolidando, ma che continuavano gli interventi esterni direttamente alimentati dalla politica pakistana e iraniana.

Era la posizione ufficiale, e non potevo certo attendermi di più. Avevo voluto solo mettere l'accento su un punto di loro interesse: l'impatto negativo che l'occupazione militare in Afghanistan aveva avuto nei rapporti tra l'Urss e i paesi non allineati, non esclusa (ma questo non lo dissi) Cuba.

Dopo la colazione ufficiale — con un brindisi sovietico sempre piuttosto pessimistico sul disgelo, e uno nostro fermo, ma fiducioso — e prima di riprendere i colloqui per fare un giro d'orizzonte sui punti difficili dello scacchiere internazionale, Gromyko volle parlare con me delle accuse ad Antonov per l'attentato al Papa, da lui definito «crimine inumano contro il Capo della Chiesa cattolica, crimine che noi energicamente condanniamo». Ignorava chi avesse inventato o manovrasse da dietro le quinte queste accuse, ma sapeva con certezza, anche sulla base dei rapporti fraterni esistenti con la Bulgaria, che si trattava di un falso. La questione era tanto più grave in quanto da più parti, basandosi sulle possibili implicazioni della Bulgaria, si pensava anche a un possibile coinvolgimento dell'Unione Sovietica. Gromyko mi rivolse un vero appello perché da parte italiana si adottasse al più presto una posizione obiettiva e realistica sulla incresciosa vicenda.

Non era questo, mi disse, il terreno su cui si dovrebbe condurre la lotta politica internazionale. E non riusciva a comprendere il perché della indegna macchinazione.

Gli risposi che la questione era nelle mani della magistratura e, da noi, il governo non ha alcun potere o ruolo in materia. Più degli altri eravamo interessati a conoscere la verità, in ogni senso. Sia che risultasse davvero una responsabilità del caposcalo bulgaro, sia nell'ipotesi opposta che avrebbe aperto inquietanti interrogativi sulle manipolazioni giudiziarie. Non gli partecipai, naturalmente, la mia fondata propensione a credere alla seconda alternativa.

Prima di lasciarci, avendomi pregato di non porre la questione in riunione perché, «per ragioni di prassi e di principio», questioni di politica interna sovietica non potevano essere internazionalizzate, detti a Gromyko un appunto sugli ebrei dell'Urss cui non si consentiva di espatriare: evocavo il problema in generale e chiedevo il suo intervento per alcuni casi singoli. Mi assicurò frettolosamente che avrebbe fatto studiare la cosa *con tutta l'attenzione dovuta*. Mi venne allora in mente il frasario in uso nelle lettere della Curia romana, che concludono con un polivalente «con tutta la considerazione *che ella merita*».

Ero maligno? Direi di no, perché nessuno dei casi segnalati andò a buon fine, né ebbi un riscontro sui motivi del diniego.

All'udienza del Numero uno (divenuto nel frattempo Capo dello Stato oltreché del partito), trovai Černenko molto meno affaticato del febbraio, anche se quando parlava si avvertiva un sibilo da enfisema.

Gromyko non mi aveva parlato di un messaggio (eccezionalmente non finito sulla stampa) di cui ero a conoscenza e che qualche giorno prima Shultz aveva consegnato all'ambasciatore Dobrynin: in esso si riaffermava la disponibilità americana a discutere l'intera *agenda globale*, sottolineando il valore, agli effetti di un ragionevole compromesso, delle proposte americane per i negoziati Start e Inf (Intermediate Nuclear Forces). Sapevo, in particolare, che la posizione Usa sul negoziato per i missili balistici era strutturata in modo tale da far risaltare in primo luogo l'esistenza degli importanti margini di flessibilità insiti in essa e, inoltre, per far comprendere ai sovietici che gli Stati Uniti erano disponibili a un tipo di soluzione che prendesse atto delle notevoli «asimmetrie» dei due arsenali strategici e puntasse su una loro «ragionevole» riduzione piuttosto che sulla completa eliminazione delle differenze di struttura.

Quanto all'altro negoziato, Inf, il messaggio affermava la disponibilità americana a prendere in considerazione qualunque livello numerico compreso tra zero e i massimi attuali o previsti nell'ambito del principio di eguaglianza della nota opzione intermedia. Nell'intento di facilitare la ripresa delle discussioni sui temi dei negoziati di Ginevra, il messaggio suggeriva consultazioni informali confidenziali (come poteva essere ad esempio una missione di Rowny a Mosca) che prescindesse per il momento da una ripresa delle trattative a Ginevra.

Mi ripromettevo pertanto, più che di sondare l'accoglienza fatta al passo di Washington, di comprendere la linea di fondo di Černenko che sembrava rigida. Infatti, a un primo messaggio di Reagan del 2 marzo sulla agenda globale, aveva risposto seccamente che se l'Occidente non smantellava i missili schierati in Europa non era possibile avvicinarsi ad alcun tavolo di trattativa. Permaneva questa pregiudiziale dopo la replica del Presidente degli Stati Uniti? Sempre nei miei appunti trovo annotato questo scambio di vedute.

Černenko: Sono molto lieto di vederla nuovamente qui a Mosca. Ci siamo incontrati per un colloquio breve ma ricco di contenuto. A mio parere i rapporti tra i nostri due paesi vanno nella giusta direzione e la sua visita è un'iniziativa che favorirà lo sviluppo delle nostre relazioni. Nei prossimi due o tre mesi riceveremo diverse visite politiche dall'Europa e da altre regioni del mondo. Mi compiaccio che spetti a lei di aprire questa fase.

Sono al corrente dei negoziati che ha condotto col ministro Gromyko e vedo che su certi problemi i nostri punti di vista non sono molto lontani. Non possiamo però chiudere gli occhi sulle divergenze e anzitutto sul fatto grave dello spiegamento di armi nucleari in certi paesi della Nato compresa l'Italia.

La sua visita durerà solo due giorni. È difficile in un così breve periodo capire come vive un Paese come il nostro, come vi pulsa l'attività economica e sociale. Vorrei tuttavia che al suo ritorno lei riportasse l'impressione della vita piena, ricca e creativa che da noi si svolge e per cui lavoriamo. Come lei sa, si sono appena conclusi il Plenum e la Sessione speciale del Comitato Centrale. Il compito importante del momento è rimboccarsi le maniche per realizzare le decisioni del XXVI Congresso. Tra le tante cose che cerchiamo di costruire, citerò l'avvio della riforma del sistema scolastico e di formazione professionale. Sono sicuro che questa riforma approfondirà le basi per preparare fisicamente e mentalmente le nuove generazioni e renderle capaci di affrontare i problemi del nostro tempo. Voglio citare anche altri problemi su cui concentriamo i nostri sforzi, quello alimentare ed energetico. Ho menzionato questo per sottolineare che il popolo sovietico ha molto da fare per la sua costruzione interna e ha quindi bisogno di condizioni esterne favorevoli. Da ciò deriva la nostra fedeltà e aspirazione alla pace. Noi siamo molto attaccati al nostro modo di vivere, *ma non intendiamo esportarlo*. È questo un approccio che seguiamo dai tempi di Lenin. Siamo contrari a politiche di imposizione. In Occidente non si comprende ancora sufficientemente quanto grande sia l'aspirazione dell'Urss alla pace.

L'attuale situazione internazionale è non solo complicata, ma grave e pericolosa. Siamo unanimi sulla necessità di migliorarla, tuttavia esistono divergenze sulle cause di questa situazione e sulle conclusioni da trarne. Credo però che anche in Italia si stia riflettendo sul modo di affrontarle.

Siamo fermamente convinti che questo scopo sarà raggiunto quando avverrà un mutamento radicale della politica militaristica degli Stati Uniti, che purtroppo influisce anche sulla politica dei suoi alleati. La nostra analisi e il nostro modo di pensare si basano sui fatti.

All'inizio dello scorso decennio avevamo raggiunto una parità strategica approssimativa. Gli americani avevano cominciato ad accettare realisticamente questa situazione e questo contribuiva alla pace nel mondo. Ora gli Stati Uniti si pongono apertamente lo scopo di rompere tale parità e di raggiungere la supremazia basandosi sulla forza militare. Essi ricorrono alla forza con gli stati più deboli: basta citare gli esempi di Grenada, del Libano e del Nicaragua.

Anche per l'Italia sarebbe pericoloso se gli Stati Uniti fossero in grado di dominare senza controllo la scena mondiale. È certo però che gli Stati Uniti non riusciranno a ottenere la superiorità militare su di noi perché noi mobiliteremo tutte le risorse per fugare questa possibilità. La corsa agli armamenti non è una nostra scelta, però prenderemo tutte le misure necessarie a far fronte a ogni minaccia verso di noi e verso i nostri amici.

Penso che anche in Europa occidentale nessuno creda che missili nucleari di primo attacco mirino a rafforzare la sicurezza degli alleati degli Stati Uniti. La loro sicurezza è anzi più in pericolo a ogni nuovo missile che viene dispiegato.

È pura illusione sostenere che nulla di serio sia intervenuto e che possiamo trattare come prima anche sulle armi nucleari. Abbiamo la chiara impressione di un tentativo della Casa Bianca per dimostrare all'Occidente che i contatti con noi vadano in senso positivo. È un inganno: non esiste nessun progresso. I passi concreti degli Stati Uniti vanno in direzione diametralmente contraria alle loro dichiarazioni di pace.

Si insiste, d'altro lato, che l'Urss attenderebbe le elezioni americane. È falso, e mi sono già espresso su questo punto. Siamo pronti a cooperare con qualsiasi governo americano. Ci sono le possibilità, ma un approccio ostile impedisce di discutere sulle questioni essenziali: il bando alla militarizzazione del cosmo, il congelamento delle armi nucleari, il bando totale degli esperimenti nucleari e l'instaurazione nei rapporti tra le potenze nucleari di determinate norme di comportamento. Non capiamo perché non sia possibile accettare le nostre proposte nelle quali non vediamo niente di male.

Ciò darebbe un grande contributo alla pace e alla sicurezza. Noi proponiamo queste cose pubblicamente e nei canali internazionali. Cercate di influire sui vostri alleati americani. L'Urss si adopera per un ritorno dei rapporti tra gli stati a diversi regimi nell'alveo della distensione che è stata fatta fallire di proposito dagli Stati Uniti e dalla Nato. L'Unione Sovietica ha proposto ora di concentrare gli sforzi su alcune direttrici: dovremmo lavorare per giungere alla firma di un accordo reciproco sul non uso della forza e per il mantenimento della pace. Un impegno reciproco di questo tipo distenderebbe molto la situazione e faciliterebbe la ricerca di un linguaggio comune per la sicurezza in Europa e nel mondo intero. Siamo molto interessati a un dialogo costruttivo e serio su questo tema.

I rapporti sovietico-italiani si sviluppano, in generale, in modo soddisfacente, ma il livello dei rapporti politici è più basso che negli anni Settanta. Ricordo come erano regolari e nutriti allora i nostri contatti, io stesso ricordo di avere incontrato Moro, assieme a Brežnev, a Helsinki nel 1975. Questi contatti hanno avuto un grande ruolo nello sviluppo dei rapporti reciproci.

Il decennale dell'Atto finale di Helsinki è un anniversario molto importante e dovrà essere sottolineato nell'interesse della pace e della sicurezza.

Possiamo guardare con fiducia ai rapporti bilaterali. Conosco bene, signor ministro Andreotti, la sua fedeltà alla distensione e mi auguro che l'Italia e l'Urss, con il contributo di queste conversazioni, possano dire assieme una parola a favore della pace.

Andreotti: Le sono molto grato per avermi ricevuto e per quanto mi ha detto che ho trovato molto denso di contenuti. Le porgo i saluti del Presidente Pertini e l'invito a suo nome a visitare l'Italia.

Vorrei brevissimamente esporre le nostre posizioni.

Credo davvero che quando parlate della vostra tenace e sincera volontà in difesa della pace siate sinceri. La salvaguardia della pace è molto importante in chi ha sofferto tanto della guerra. Quando si parla di uguaglianza militare e strategica, si enuncia l'obiettivo che non vi deve essere superiorità da parte di nessuno. Ma non è sempre facile stabilire dove questi concetti si collochino. Gli sforzi devono tendere a diminuire il livello degli armamenti e non ad aumentarlo. Anche per questo condividiamo l'interesse a evitare un nuovo corso di uso militare dello spazio. Esso aggiungerebbe una terza dimensione a quella convenzionale e nucleare, tra l'altro con enormi spese. Vi è in questo problema un aspetto politico di grande importanza: perché il giorno in cui gli Stati Uniti e l'Unione Sovietica riuscissero a coprire le proprie esigenze in questo nuovo campo, gli altri paesi rimarrebbero scoperti e in situazione di inferiorità.

L'inizio dello spiegamento in Italia di missili nucleari e a medio raggio è avvenuto dopo quattro anni di negoziato e ne saranno necessari altri quattro per completarlo. È quindi possibile giungere allo smantellamento di queste armi con concessioni reciproche. Il Presidente Černenko comprenderà che un Paese come il nostro, che ha ratificato il trattato di non proliferazione nucleare, si preoccupi delle armi nucleari che sono puntate contro di lui; ciò indipendentemente dall'intenzione di usarle. Occorre trovare un sistema per riprendere il negoziato sulla base di concessioni reciproche, tenendo eventualmente in considerazione anche i dispositivi francese e britannico.

È importante e positivo quanto da lei detto sull'impegno solenne al non ricorso alla forza. Siamo pienamente favorevoli e lavoreremo in questa direzione.

I rapporti tra gli Stati Uniti e l'Urss debbono tornare a essere positivi come è avvenuto in passato. In seno all'Alleanza atlantica, e anche bilateralmente, insistiamo in questo senso. Persino un certo tono dell'amministrazione americana che voi avete criticato si è modificato ed esiste una premessa per una ripresa più leale e più corretta di questi rapporti. Sulle due superpotenze incombono responsabilità particolari nella politica mondiale, non solo in campo militare e politico ma anche nei riguardi, ad esempio, dei problemi di sviluppo del Terzo Mondo.

Mi pare molto significativo quanto lei, Presidente, ha detto in materia di riforma della scuola. Lo sforzo di venire incontro ai giovani è molto apprezzabile e denota l'aspirazione a un futuro di pace.

Condivido l'esigenza di maggiori contatti politici, oltre a quelli economici che ci hanno consentito di firmare in questi giorni gli impegni programmatici per il prossimo quinquennio.

Vorrei, se mi consente, dire qualche parola per le prossime Olimpiadi. Ho presieduto l'organizzazione di quelle di Roma nel 1960. Ci rifiutammo allora di avere due villaggi separati per i paesi dell'Est e dell'Ovest. Abbiamo partecipato a quelle di Mosca ritenendo errata la decisione di boicottarle. Sappiamo che ci sono difficoltà e che vi è una riunione in Svizzera per risolverle. È necessario fare di tutto perché le Olimpiadi si svolgano in una buona atmosfera e nel loro vero significato. Sono latore di un messaggio di Shultz che mi ha fornito la piena assicurazione della volontà di rispettare la Carta olimpica. Samaranch è disposto a venire qui a Mosca per fornire spiegazioni e assicurazioni.

Černenko: La nostra posizione è nota. Se il signor Samaranch vuole venire a proprio titolo è una cosa. Diverso è se egli viene con credenziali di Washington. La questione non è facile, ma è importante, tenuto conto del significato della Carta olimpica per la pace. Essa deve essere risolta di mutuo accordo. Debbono comprenderlo anche gli Stati Uniti, i quali non possono decidere da soli per tutti.

L'accenno che avevo fatto alle Olimpiadi di Los Angeles non era stato estemporaneo. Lo avevo discusso con il Presidente del Cio, Samaranch, di cui mi onoro di essere amico. Egli, che conosceva i sovietici per avere retto l'ambasciata di Spagna a Mosca, soffriva molto per la diserzione dell'Urss e, di conseguenza, di molti paesi dell'Est; e mi aveva appunto autorizzato a proporre una sua visita per dare solenni assicurazioni del rispetto della delegazione sovietica, in tutti i suoi diritti e doveri, come comporta la Carta olimpica. In più avevo potuto trasmettere ai sovietici un messaggio orale di Shultz sull'interesse positivo che il governo americano aveva per la partecipazione degli sportivi sovietici a Los Angeles.

Fuori programma, Černenko mi disse che avevano avuto

notizie di iniziative da parte di una organizzazione del Ku-Klux-Klan (?) per convincere gli atleti russi a chiedere asilo politico allettandoli con forti ingaggi da università e da club sportivi. Altri messaggi accennavano invece a rischi per la incolumità dei loro inviati ai giochi di California. Tuttavia, ripeté che se Samaranch si fosse recato da lui con una lettera di impegno personale del Presidente Reagan, la decisione negativa poteva essere riconsiderata.

Pieno di speranze, mi affrettai a informare Samaranch, che ottenne subito l'impegno autografo del Presidente degli Stati Uniti; ma mentre attendeva l'appuntamento al Cremlino, dovette leggere — come tutti — un comunicato ufficiale in cui si affermava la irreversibilità definitiva della non partecipazione sovietica a Los Angeles.

Ebbi la sensazione che non fosse stato Černenko a decidere. Del resto, l'Urss fece un cattivo affare. A Los Angeles ricevettero applausi frenetici non solo i cinesi, ma i romeni, che vollero affermare — partecipando — il loro margine di autonomia, più ampia degli altri. Almeno nelle relazioni con l'esterno.

4

SHAMIR NON MOLLA

Il proposito, enunciatomi da Gromyko, di intensificare le informazioni all'Italia sull'andamento dei grandi negoziati, venne puntualmente mantenuto. Così, all'immediata vigilia della mia andata a New York per l'assemblea di settembre 1984 delle Nazioni Unite e anche per incontrare nuovamente il ministro sovietico, ebbi dall'ambasciatore Lunkov — taccuino alla mano — un ragguaglio dettagliato. I sovietici giudicavano molto negativo il discorso di Reagan in previsione della ripresa di Ginevra («La conférence a été torpillée par les Usa»). Nel discorso all'Onu, Gromyko avrebbe insistito egualmente sugli scopi da raggiungere: prevenire o arrestare la corsa al riarmo; limitare e ridurre gli armamenti, sia nucleari che convenzionali (anche se il principale pericolo era quello nucleare); accordarsi per non militarizzare a scopo di offesa lo spazio cosmico.

Mosca apprezzava i nostri sforzi a Stoccolma e si augurava che continuassero. Mi si richiamava anche l'attenzione su una «buona» intervista di Lord Carrington (Nato) sui contatti con i paesi dell'Est, comprese le *due* Germanie.

Unendo il sacro (politica generale) al profano (contatti economico-commerciali), Lunkov mi disse che una trentina di industriali italiani, con alla testa il presidente confederale Lucchini, erano in partenza per l'Urss dove avrebbero avuto contatti assai utili e di buon livello. Intanto vi si erano già recati Agnelli e Romiti, ricevendo personalmente dal Presidente del Consiglio Tichonov offerte di affari per due miliardi di rubli. Valletta era morto, pensai, ma il ruolo precorritore la Fiat non lo aveva perduto.

Vidi Gromyko a New York nel pomeriggio del 26 settembre. Parlammo di quattro argomenti:

a) *Relazioni bilaterali*: Gromyko mi disse di considerarne con soddisfazione il buon sviluppo («risultati non spettacolari ma solidi e in ascesa»), dando un riguardo importante alla mia visita in aprile a Mosca. Per parte mia gli confermai che anche noi eravamo lieti dei buoni sviluppi che si stavano verificando: dovevamo naturalmente ricordare sempre che l'obiettivo stabilito in comune era quello di pervenire a un maggior equilibrio della bilancia commerciale. Sperava di venire a Roma, se non in dicembre, ai primi dell'anno 1985.

Lo pregai per allora di esaminare il problema «umano» di avere la salma di un soldato italiano ignoto caduto in guerra sul loro territorio, per poterne fare un punto di meditazione, di onore ai morti, di rispetto per le famiglie, anche di quelle dei dispersi.

b) *Incontro di San José e iniziativa del Gruppo Contadora*: Al riguardo il ministro si espresse favorevolmente sia per le intenzioni che per l'insieme dei piani del Gruppo di Contadora, ma in America Centrale c'era un piccolo progresso verso una migliore comprensione reciproca. A questo punto alluse alle difficoltà del Nicaragua e alla necessità di ulteriori contatti con tale Paese. Ma sui piani di Contadora planava «l'ombra di Washington». Tuttavia, «se questa ombra non ne impedirà gli sviluppi», si poteva essere ragionevolmente ottimisti.

Risposi che l'andata a San José dei dieci ministri comunitari più Spagna e Portogallo significava innanzi tutto un appoggio «visivo» al Gruppo di Contadora. Gromyko mi dette atto della importanza di questo gesto.

c) *Medio Oriente*: Poiché nel chiedere di discutere con lui questo punto avevo domandato in particolare a Gromyko le sue impressioni dopo la conversazione avuta qui a New York con il ministro degli Esteri israeliano Shamir, mi rispose di avergli esposto con chiarezza le proprie concezioni. Queste comprendevano la necessità che Israele sgomberasse tutti i territori occupati senza eccezione. Gromyko aveva poi esposto al suo interlocutore israeliano il favore con cui l'Unione Sovietica guardava all'idea di una conferenza internazionale sul Medio Oriente, senza troppi partecipanti, ma con una apertura estesa anche ad alcuni paesi non direttamente implicati nella crisi («Non abbiamo fissato una lista per la quale ci vogliono degli scambi di vedute supplementari»).

Aveva fatto osservare a Shamir di non comprendere perché Israele fosse così contrario a una conferenza nella quale nessun Paese avrebbe dovuto avere la possibilità di imporre delle soluzioni che non convenissero ad altri partecipanti. Shamir a questo punto gli aveva ripetuto la preferenza di Israele per contatti bilaterali con i paesi arabi, ma lasciava intendere che un ristabilimento delle relazioni diplomatiche con l'Urss avrebbe potuto facilitare il processo di regolamento del problema mediorientale.

Anche rispetto all'idea di una conferenza internazionale, Gromyko riteneva che vi fosse una influenza negativa di Washington e ne aveva trovato conferma nell'incontro con Shultz. Per parte mia osservai che, nella situazione di allora del Medio Oriente, una conferenza internazionale andava innanzi tutto ben preparata, per evitare contraccolpi peggiori di un suo ritardo nell'inizio. Inoltre, l'assenza di un orientamento politico unitario nell'Olp, a causa della crisi che attraversava quella organizzazione, faceva sì che uno dei protagonisti dell'eventuale conferenza non fosse in realtà momentaneamente disponibile.

Gromyko mi ripeté chiaramente che l'Urss era favorevole all'esistenza di Israele come Stato indipendente e che non condivideva per nulla le posizioni degli estremisti circa la sua liquidazione: i dirigenti israeliani lo sapevano benissimo. La conversazione con Shamir, secondo Gromyko, aveva avuto un andamento sereno: «Non ho battuto il martello sul tavolo perché non lo avevo, ma non lo avrei battuto nemmeno se lo avessi avuto».

Circa il problema delle relazioni diplomatiche con Israele, Mosca non riteneva di poterlo risolvere per il momento, dato il comportamento e la politica di quel Paese: il popolo sovietico non avrebbe compreso un ristabilimento di rapporti in tali condizioni.

A mo' di conclusione, mi disse che il segretario di Stato Shultz si era felicitato con lui per l'incontro con il ministro Shamir.

A New York vidi anche Shamir, che mi dette una versione leggermente diversa su quella parte del colloquio da lui avuto con Gromyko riguardante l'idea di una conferenza internazionale regolatrice. Disse che, secondo il ministro degli Esteri sovietico, avrebbe dovuto farne parte la Francia, ma questa ipotesi non eccitò davvero in me gelosie italiche poiché la Francia è uno dei cinque paesi permanenti del Consiglio di sicurezza ed è ovvio (giusto o no che sia in assoluto) che abbia una priorità in un disegno negoziale per il Medio Oriente. Comunque Shamir riteneva che la conferenza — pur essendone condizionate le conclusioni al consenso delle parti interessate — non sarebbe stato che un inutile strumento dell'altrui propaganda.

Favorevole era al ritiro dal Libano occupato, purché la Siria ne creasse i presupposti di possibilità. Disco rosso invece per ogni contatto con l'Olp. Arafat era, nel suo giudizio, un terrorista, e Shamir — checché ne pensassero i dieci paesi della Cee — non avrebbe mai trattato con l'organizzazione. Citai invano la Bibbia («Non voglio la morte del peccatore, ma che si converta e viva»), e altrettanto inutilmente ricordai che anche Begin e Shamir avevano ricorso alle bombe per affermare a suo tempo la causa di Israele. Non era meglio assecondare una soluzione politica del problema palestinese, tanto più che egli stesso riconosceva il segno positivo di un riavvicinamento della Giordania e del sia pur lento processo di pace con l'Egitto?

Devo dire che il durissimo Shamir ha un pregio: quello di dire con chiarezza quel che pensa, senza attenuazioni diplomatiche verbali. Ebbi allora una sensazione, che in seguito mi si è rafforzata: che le obiezioni fondate sul fatto che l'Olp non riconosce unilateralmente la decisione 242 dell'Onu a causa dell'irrimediabile marchio terroristico di Yasser Arafat, non erano determinanti. Anche se l'Olp abbandonasse la richiesta di reciprocità nel riconoscimento con lo Stato israeliano e se al posto di Arafat fosse eletto l'arcivescovo di Canterbury, Shamir non aderirebbe al rilascio della Cisgiordania e di Gaza occupate. Non dissimula obiezioni radicali, sia di origine storica sia ispirate alla tutela della sicurezza di Israele.

Comunque il colloquio che mi aveva chiesto non fu inutile, almeno per instaurare un rapporto franco e leale.

5

«SE IL MINISTRO VIAGGIA...»

Gromyko mantenne il proposito di restituirmi la visita e venne a Roma — dove mancava da sei anni — il 26 febbraio 1985. Quattro giorni prima si era svolta all'ambasciata sovietica una piccola cerimonia per l'uscita della selezione di scritti e discorsi di Černenko pubblicata da Mondadori. Per l'occasione, il leader dell'Urss aveva indirizzato un messaggio di simpatia, di cui io stesso rilevai il significato, collegandolo anche a una importante intervista che aveva rilasciato qualche mese prima al «Washington Post», nella quale mi sembrava accentuasse, fatta salva la liturgia della polemica e del «Non abbiamo paura», il proposito di rimettersi al tavolo con gli americani.

Il messaggio, letto il 22 febbraio, era datato 24 gennaio e non era pertanto probante per dissipare le ricorrenti voci su una grave malattia di Černenko. Di fatto, dal Natale, esattamente dal 27 dicembre, nessuno lo aveva più visto in pubblico; non aveva fatto comizi elettorali e non era neppure comparso alla televisione per chiudere la campagna stessa.

A una domanda su questa assenza, rivoltagli dai giornalisti, Lunkov se la cavò confermando l'arrivo di Gromyko e dicendo: «Se il ministro degli Esteri viaggia, vuol dire che Černenko è al lavoro».

E Gromyko puntualmente viaggiò, arrivò a Roma, accolto sia dai politici che dal mondo economico con un interesse più vivo che nel passato. Un riscontro in proposito si ha attraverso le adesioni al pranzo ufficiale, per le quali talvolta occorre raccomandarsi affinché gli invitati partecipino e altre volte — come questa — bisognò rifiutare cortesemente gran numero di richiedenti. Lo ricevette in udienza anche il Presidente Pertini, trattenendolo a colazione.

I colloqui alla Farnesina, specie dopo le quattro occasioni dell'anno precedente, poterono svolgersi senza quello studio reciproco preliminare con il quale di norma prudentemente ci si cautela. Trascrivo ancora i miei appunti.

Andreotti: Rivolgo il benvenuto e la soddisfazione del governo e mia personale per l'effettuazione di questa visita, di cui ci si augura un andamento costruttivo. Invito l'ospite a proporre una impostazione dei colloqui.

Gromyko: Procederei, tenendo conto delle esperienze passate, dalle questioni internazionali, per poi passare ai temi bilaterali.

Non nascondo che considero la situazione internazionale come molto complessa e sotto alcuni aspetti anche pericolosa. Persiste una tendenza a una illimitata corsa agli armamenti, in ispecie delle armi di distruzione di massa.

In questa situazione si contrappongono due linee opposte. Una che si sforza di fermare la corsa agli armamenti attraverso misure di limitazione: questa linea è sostenuta dall'Unione Sovietica e dai nostri alleati, ed è anche caldeggiata da molti altri paesi. Una seconda linea spinge verso la continuazione della corsa agli armamenti nucleari e l'accumulo di ogni altro tipo di armamenti: dietro questa linea si collocano gli Stati Uniti e gli alleati della Nato; anche se tra questi ultimi si avvertono a volte atteggiamenti più sobri, in realtà essi possono apportare pochi cambiamenti all'interno della Nato stessa.

Di fronte a tale situazione sorge una questione, alla quale noi abbiamo già risposto, ma che vale la pena di ripetere: come si spiega che si sia giunti a una situazione in cui il mondo deve poggiare su una montagna di armi che cresce? Si spiega in quanto determinati circoli, in primo luogo appartenenti agli Stati Uniti, si sono posti l'obiettivo di dominare il mondo e di imporre la propria volontà sia in politica estera che in questioni di natura interna. Ciò non deriva da nostre impressioni, ma risulta evidente dalle stesse dichiarazioni pubbliche del Presidente e di altri rappresentanti dell'amministrazione americana. Se le cose andassero nel senso giusto, tutti gli stati del mondo dovrebbero affrontare con gli Stati

Uniti i pericoli della loro politica e la necessità di porvi fine. Purtroppo la propaganda militare americana fa il suo lavoro e negli Stati Uniti l'opinione pubblica è vittima di una influenza primitiva secondo cui l'Unione Sovietica costituirebbe un pericolo. Tutto questo è legato al finanziamento di miliardi nelle armi di distruzione di massa. Gli interessi di affari di alcuni ambienti e gruppi intenzionati a incassare queste cifre sta rischiando l'avvenire dell'umanità. Chi è consapevole di ciò rimane muto, anche se talvolta gli scienziati fanno sentire la loro protesta e hanno ragione.

È naturale che in una situazione così pericolosa vada sottolineato particolarmente il pericolo delle armi spaziali, poiché esso dimostra come i circoli di cui parlavo abbiano ormai perso completamente il senso della realtà. Il programma spaziale viene descritto come difesa antimissilistica: è una completa assurdità perché si tratta del progetto più militarista e più aggressivo che sia mai stato concepito. È quindi un argomento sbandierato per sfruttare l'ignoranza della gente comune. L'amministrazione americana deve però aver avvertito che la gente non è poi tanto sprovveduta e ha allora introdotto la tesi che si tratterebbe solamente di ricerca. Da parte americana si sostiene che solo dopo che la ricerca avrà avuto sbocchi positivi se ne potrà parlare con gli alleati e con la stessa Unione Sovietica, come se servisse a qualcosa discutere una volta che i programmi sono completati e realizzati. Quando quelle armi saranno pronte, la chiave della discussione rimarrebbe in esclusivo controllo degli americani.

Nella dichiarazione di Ginevra si era detto a chiare lettere che bisognava liquidare tutte le armi nucleari e che ci doveva essere un accordo sul divieto di produzione delle nuove armi spaziali. La versione secondo cui da tali impegni esulerebbero i programmi di ricerca statunitensi costituisce una sfida non solo per l'Unione Sovietica, ma per il mondo intero.

Impostazioni del genere si allontanano da ogni razionalità e costituiscono un gioco di azzardo. Noi non dobbiamo lasciare che i destini del mondo siano coinvolti in questo gioco. A nome del governo sovietico l'ho detto al governo americano: il 12 marzo si inizieranno trattative su tutti e tre i settori del negoziato e un accordo sarà possibile soltanto se essi saranno esaminati assieme, al fine di raggiungere una soluzione su tutti e tre i settori. Se mancherà l'accordo su di una delle componenti, non vi sarà nessun accordo e dovremmo trarne le conseguenze. Ciò che ci importa è che la nostra sicurezza non venga diminuita.

Noi proponiamo una politica di pace e intendiamo mantenere buoni rapporti con tutti gli stati che lo desiderano. Non minacciamo, né abbiamo intenzione di minacciare nessuno. Ci atteniamo al principio fondamentale della non ingerenza negli affari interni indipendentemente dagli orientamenti dei governi e dalle dimensioni e collocazione geografica dei vari paesi. Noi anzi condanniamo ogni politica di dominazione dei paesi piccoli e deboli. Il governo italiano deve apprezzare la nostra politica di pace ed esortiamo a non credere alle affermazioni americane sulla minaccia sovietica. È una falsità. Noi tendiamo una mano di amicizia a tutti i popoli in qualunque continente e siamo disposti a scambiare con essi i beni materiali.

Abbiamo ascoltato con attenzione le voci che si sono levate in seno alla Nato per chiedere maggiore cautela alla parte americana. Abbiamo sentito che anche in Italia ci si è espressi in questo senso, seguendo anche una corretta valutazione delle realtà dell'Europa postbellica. I fatti però rimangono fatti e l'autorizzazione data dall'Italia all'installazione delle nuove armi della Nato controbilancia il senso positivo di quelle prese di posizione. Noi non pensiamo che i paesi che hanno dato il loro assenso a queste installazioni saranno più tranquilli e sicuri. Rispettiamo le vostre decisioni nella misura in cui esse riguardano l'Italia, ma vi sono decisioni di politica estera che interessano tutti. Abbiamo provato a suggerire un congelamento reciproco delle armi nucleari a medio raggio, ma gli americani non lo vogliono. Per Washington bisogna assolutamente completare i programmi come se si trattasse di un impegno sacro. Lasciamo ai paesi europei della Nato decidere se questo corso politico vada o no a loro vantaggio.

Per quanto riguarda i problemi regionali, e riferendomi al Medio Oriente, noi propugniamo una soluzione che comporti, assieme al riconoscimento di Israele, la liberazione di tutti i territori arabi occupati e la formazione di uno Stato palestinese. Gli Stati Uniti agiscono contro questi due obiettivi utilizzando gli israeliani come marionette per danneggiare sia gli arabi che i palestinesi. Decine di volte gli israeliani sono venuti a sondarci per la ripresa dei rapporti diplomatici. Ci siamo categoricamente rifiutati in quanto un simile passo non verrebbe compreso dai nostri concittadini e da nessun Paese nostro amico.

La forza e la potenza degli Stati Uniti non sono motivo sufficiente per dar loro il diritto di modificare la situazione in America Centrale e in Nicaragua. Qualsiasi Stato che rispetti la pace e il principio della non ingerenza deve condannare politicamente e moralmente la politica di banditismo, terrorismo e aggressione condotta dagli Stati Uniti in quell'area.

Andreotti: Vorrei esporre alcune valutazioni generali sui vari punti da lei evocati. Mi pare che la ricorrenza del quarantennale della fine della seconda guerra mondiale possa suscitare due ordini di considerazioni. Anzitutto che non esiste impossibilità di collaborazione, anche molto approfondita, tra l'Urss e le potenze occidentali. Anzi questa collaborazione assume significato perché fu il fatto decisivo della sconfitta del nazifascismo.

In secondo luogo, il ricordo dei venti milioni di morti sovietici ci porta ad argomentare che la politica sovietica non possa razionalmente mirare a rimettere in discussione la pace. Credo d'altra parte che la dimostrazione eloquente che la vera posizione del governo americano è a favore della pace sia offerta proprio dall'invito al ministro degli Esteri sovietico alla Casa Bianca poco prima delle elezioni presidenziali. Reagan sapeva che essa rispondeva a un genuino desiderio della sua gente. Questi sono *fatti*.

La politica che noi seguiamo e alla quale apportiamo il nostro contributo mira proprio all'obiettivo della ripresa del negoziato Usa-Urss. È per questo che abbiamo salutato con fiducia la dichiarazione di Ginevra dell'8 gennaio e l'annuncio dell'inizio delle trattative il 12 marzo prossimo. Vorrei aggiungere che non ci poniamo in contraddizione con questo spirito e con questi obiettivi, quando ci manteniamo fedeli ai nostri impegni di alleati. Noi identifichiamo le esigenze di riduzione degli arsenali militari con le esigenze di equilibrio. Se non fossimo fedeli alle comuni esigenze di sicurezza e di difesa non avremmo più alcun ruolo da esercitare nella nostra alleanza e da valorizzare anche nei rapporti con voi. Tutta la nostra politica è diretta a uno sforzo globale di riduzione, in condizioni di equilibrio; soprattutto in una situazione che, nella fase precedente al 1983, aveva visto questi equilibri pericolosamente alterati. Si tratta di un dovere al quale non possiamo sottrarci. Il giorno in cui si pretendesse non la parità ma la supremazia nei confronti dell'Urss, non vi sarebbe nessuna collaborazione da parte nostra, anzi contrasteremmo questo obiettivo.

Un tema che si presenta oggi in primo piano alla nostra attenzione è quello concernente la difesa spaziale. Vorrei impostare nel modo seguente i nostri orientamenti in proposito. Da una parte, se si venisse a creare un terzo tipo di armamenti, che si aggiungesse agli arsenali convenzionali e nucleari, ci troveremmo collocati in una prospettiva sempre più costosa che contrasterebbe con la tendenza generale a non aumentare quanto, piuttosto, a ridurre le spese militari.

In secondo luogo assumiamo come un punto di riferimento per impostare una discussione congiunta dei tre tipi di armamento il trattato Abm (Anti-Ballistic Missiles) del 1972 e il rispetto degli impegni in esso contenuti.

Occorre inoltre considerare l'aspetto delle *ricerche* in questo settore. Già durante il Consiglio atlantico del dicembre 1983 si parlò da parte americana dell'esigenza di aprire queste ricerche anche all'Unione Sovietica. Questo impegno è stato ribadito anche durante la campagna elettorale americana. Dovrebbe trattarsi non solo di portare a conoscenza i risultati a ricerca conclusa, ma anche della creazione di un meccanismo di consultazione e partecipazione man mano che queste ricerche si sviluppano.

È invece più difficile impedire che queste ricerche vengano fatte. Una tale impostazione sconvolgerebbe le concezioni generali dello sviluppo tecnologico. Occorre perciò concepire un quadro di intensa cooperazione non solo tra paesi alleati, ma in un ambito molto più vasto. Si tratterebbe di dar vita a un concetto della *ricerca senza frontiere*, indirizzata anzitutto a fini pacifici e a tale scopo condotta, nella misura del possibile, insieme; ciò eliminerebbe elementi di antagonismo militare. Un simile progetto avrebbe un duplice aspetto positivo: 1. nessun Paese, compresi quelli del Terzo Mondo, sarebbe tagliato fuori dalle tecnologie moderne. La partecipazione a un avanzamento tecnologico a porte aperte ci pare una impostazione generale più utile e positiva che non quella che si basi sul divieto a proseguire le ricerche; 2. diminuirebbe la diffidenza, quel male sottile che tante volte ha pesato e ha avuto effetti limitativi nei rapporti sovietico-americani. Occorrerebbe naturalmente che simili programmi di collaborazione venissero inquadrati da validi accordi e da adeguate garanzie.

Vorrei a questo punto, e per connessione di argomento, tornare ad accennare a un altro indirizzo di carattere generale concernente la problematica e il dialogo Nord-Sud. Non mi pare positivo che l'Occidente e l'Est li affrontino separatamente. Se da Est e da Ovest venissero compiuti sforzi congiunti o convergenti, sarebbe possibile fare molto per contribuire a un mondo migliore.

Passando al Medio Oriente, noi vorremmo conciliare il diritto all'esistenza di Israele (che è riconosciuto anche dall'Urss) nelle condizioni stabilite dalle Nazioni Unite, con l'esistenza di uno Stato palestinese. Si potrebbe eventualmente trattare di uno Stato confederato con la Giordania, se ciò corrispondesse alla volontà delle parti interessate. La divisione all'interno dell'Olp e tra i paesi arabi della regione rende ancor più complesso il problema e fa sì che non si possano prevedere soluzioni a breve scadenza. Bisogna pertanto lavorare anzitutto per una attenuazione delle tensioni e seguire una linea suscettibile di contribuire a un avvicinamento tra i punti di vista. In questo contesto sarebbe assai difficile prescindere da intese che coinvolgano anche la Siria. Giudichiamo positive le consultazioni sovietico-americane di Vienna, dato che riconosciamo che le due maggiori potenze debbano venir coinvolte per assicurare stabilità alle future soluzioni del problema del Medio Oriente, anche se queste soluzioni debbano essere anzitutto negoziate dalle parti direttamente interessate.

Per quanto riguarda l'America Centrale e i Caraibi, noi sosteniamo il diritto di ogni Paese a darsi il proprio orientamento al di fuori di interferenze esterne. Sosteniamo pertanto gli sforzi dei paesi del Gruppo di Contadora tesi a trovare soluzioni alle tensioni e ai problemi all'interno della propria area geografica. Abbiamo già concretamente manifestato il nostro sostegno politico e vorremmo rinnovarlo in una nuova riunione del tipo di quella di San José, che potrebbe, forse, essere convocata a Roma [si tenne poi a Lussemburgo, *N.d.A.*]. Molte difficoltà dovrebbero essere superate. A tale proposito bisognerebbe cercare anche di consigliare al governo di Managua di avere il massimo di apertura interna, dato che è nocivo alla sua stabilità che alcune delle forze che avevano contribuito al rovesciamento della dittatura di Somoza siano ora attestate in posizione ostile all'esterno insieme a democratici sinceri.

Per ritornare ai problemi di carattere generale, vorrei ricordare che, a parte la particolare attenzione con cui seguiamo i negoziati sovietico-americani, attribuiamo molta importanza a tutti gli altri negoziati in corso tra Est e Ovest, tra cui la conferenza di Stoccolma e il negoziato di Vienna. Riteniamo che debbano essere compiuti notevoli sforzi per imprimere a ognuno di questi negoziati spinte positive. Anche quando si tratti di temi delicati, occorre sforzarsi di trattarli non con spirito polemico, ma con tempi e metodi costruttivi. Questo dovrebbe avvenire alla riunione di Ottawa che tratterà dei diritti dell'uomo, una delle tematiche per noi molto importanti e per la quale vorremmo un impegno comune per uno sviluppo più positivo. Ho notato che anche nel libro di Černenko vi sono espressioni impegnative a questo proposito.

Gromyko: Vorrei soffermarmi su alcuni altri problemi specifici. Anzitutto sulle posizioni del Giappone, e vorrei qui sottolineare che i recenti sviluppi ci fanno pensare a cambiamenti fondamentali nell'impostazione politica del Giappone. Una politica ispirata al buon senso che aveva prevalso fin dalla fine della guerra sembra venuta meno per dar luogo sia sul piano della politica militare che su quello della politica estera a un corso aggressivo e di preparazione di guerra. Riteniamo che anche l'Italia debba essere sensibilizzata su questo sviluppo negativo.

Per quanto riguarda la situazione in Africa australe, essa si riassume tutta nella politica aggressiva del Sudafrica, sia che si tratti del rifiuto di dar seguito alle decisioni dell'Onu per l'indipendenza della Namibia che della guerra che continua a condurre contro l'Angola. Noi aiutiamo questo giovane Stato a salvare la propria indipendenza. Auspichiamo che anche l'Italia possa dire una parola decisiva su entrambi gli argomenti.

Passando alla conferenza di Stoccolma e alle positive conseguenze cui essa potrebbe portare in Europa, purtroppo finora (ma aspettiamo di vedere che cosa si produrrà in futuro) abbiamo dovuto constatare che da parte dei paesi Nato non vi sono state reazioni positive all'ultima proposta sovietica.

Per quanto riguarda le trattative in sede di disarmo a Ginevra, e in particolare sulle armi chimiche, noi non abbiamo dubbi sulla necessità di eliminarle in modo categorico. Da parte degli Stati Uniti e dei loro alleati non vi è invece la stessa intenzione, il che ci fa pensare ancora che determinati circoli non escludano l'impiego di queste armi (come hanno fatto in passato in Vietnam). Questo atteggiamento rende assolutamente ridicola la preoccupazione ostentata dagli Stati Uniti in materia di difesa dei diritti dell'uomo.

Andreotti: Per quanto riguarda il Giappone, quando si parla di sue ambizioni eccessive, non credo che dobbiamo pensare alla politica militare o agli obiettivi di politica estera, ma piuttosto alla sfida tecnologica che deriva dall'enorme capacità di innovazione di quel Paese. Essa ci può anche preoccupare come europei perché temiamo di cadere a distanza nel sottosviluppo. Ritorna anche in questo caso il discorso della creazione di condizione di collaborazione tecnologica molto più ampia e aperta fra tutti i paesi. Sul piano politico, per vedere quello che sarà il peso del Giappone nel futuro, occorrerà guardare al suo rapporto verso la Cina. Mi sembra che si potrebbe tracciare una analogia tra la politica della mano tesa degli Stati Uniti verso la Cina ai tempi di Nixon, che era una politica positiva nella misura in cui erano buoni anche i rapporti tra Washington e Mosca. Se le politiche verso Pechino assumessero funzioni antisovietiche, esse rappresenterebbero sviluppi molto negativi.

I problemi africani e delle aree extraeuropee mi danno lo spunto per una considerazione di carattere generale, in quanto vedo un punto di riferimento politico importante nella possibilità di una forte affermazione del non allineamento. Il rispetto del ruolo dei non allineati dovrebbe essere di orientamento in tutte le situazioni di crisi regionali: esso dovrebbe accelerare anche una soluzione nella crisi dell'Afghanistan.

Per quanto riguarda più specificamente l'Africa australe, fermo restando il giudizio totalmente negativo sull'*apartheid* e il razzismo, possiamo tuttavia notare nel Sudafrica un certo desiderio di cambiare metodi nei rapporti con i paesi vicini. I seguiti concreti di questa possibile tendenza politica dovranno essere controllati in funzione dell'obiettivo finalizzato alla creazione della Namibia indipendente. Se questa si realizzerà, ne discenderà un giudizio positivo sulla politica di buon vicinato; altrimenti esso rimarrà negativo. Intanto dobbiamo pensare che cosa si può fare a sostegno dell'Angola e del Mozambico. È comunque mia impressione che chi soffia sul fuoco in questo momento non è tanto il Sudafrica, quanto ex coloniali nostalgici che nutrono folli sogni di restaurazione.

Un problema africano che ci interessa in modo particolare è quello dell'Etiopia e la Somalia. L'Italia sta erogando cifre molto considerevoli in aiuti di emergenza all'Etiopia. Ci sforziamo, nel contempo, di dare qualche contributo alla diminuzione della tensione tra i due paesi. Riteniamo che il contribuire all'obiettivo di una loro pacificazione nel segno del non allineamento sia un dovere di tutti, anche perché l'attuale situazione comporta uno sperpero in spese militari e impedisce ogni progresso interno di una regione che ha enorme bisogno di fare strada sulla via dello sviluppo.

Per quanto riguarda la conferenza di Stoccolma, è vero che fino a qualche mese fa si è segnato il passo, anche per l'influenza di fattori esterni, tra cui le elezioni americane e i rapporti tra Mosca e Washington. L'espressione «per ora» è giusta e credo anch'io che la situazione possa migliorare in direzione di intese su misure di fiducia e su una riaffermazione molto netta del principio del non uso della forza.

Infine, per quanto riguarda le armi chimiche, condivido la necessità di un trattato molto preciso per la loro messa al bando. Vi è da domandarsi se uno dei motivi che ne ha impedito finora il progresso possa essere stata la preoccupazione che l'Iraq non avesse altro mezzo per difendersi. Se questa interpretazione fosse esatta, ora, che la posizione militare di Baghdad è più equilibrata, forse sarà possibile rimuovere anche questo ostacolo.

Passando brevemente ai temi bilaterali, per ciò che concerne la necessità di riequilibrare l'interscambio, abbiamo già messo da tempo l'accento su questo indirizzo con un piano generale e politico. Gli strumenti vanno poi ricercati nelle sedi competenti e vi sono già diverse iniziative in corso.

A proposito dei rapporti culturali, possiamo riconoscere il loro soddisfacente andamento. Constatiamo anche buoni sviluppi nel settore scientifico. I colloqui organizzati a Erice fra tutti gli scienziati del mondo vanno nel senso di quella *ricerca senza frontiere* dalla quale possono derivare sviluppi importanti anche sul piano politico. Circa i rapporti sportivi, siamo ancora in tempo utile per poter contribuire al successo delle prossime Olimpiadi. Noi abbiamo suggerito di associarvi anche la Corea del Nord. Si tratta di paesi terzi, ma sarebbe certamente negativo e triste se ancora una volta le Olimpiadi dovessero subire conseguenze politiche. Siamo qualificati a esprimerci in questo senso dato che l'Italia non si associò al boicottaggio delle Olimpiadi di Mosca e tentò invano di convincervi l'anno scorso a non disertare i giochi di Los Angeles.

Vorrei infine tornare a evocare un tema di grande portata umana: quello dei nostri soldati dispersi nell'Urss e della ricerca di almeno una salma di un nostro caduto. Si tratta di un problema di rilievo morale e non politico che preme molto ai familiari superstiti dei nostri soldati e a cui tutta la nazione è molto sensibile.

Gromyko: Prendo nota dei vari punti. E per concludere vorrei sottolineare che l'Urss considera l'Italia un partner importante; ed è nostra volontà continuare ad attribuirle l'attenzione che essa merita. Siamo intenzionati ad attuare le misure adeguate perché il livello raggiunto nella nostra cooperazione si mantenga, anzi aumenti e migliori soprattutto nel settore commerciale. Naturalmente nella realtà del commercio estero è difficile realizzare equilibri perfetti. Vediamo comunque buone possibilità di ridurre l'attuale squilibrio di un terzo nel corso di quest'anno. Se poi prendiamo in esame gli accordi già stipulati o in corso di conclusione, possiamo addirittura constatare che sono state create le condizioni per un dimezzamento del deficit entro il 1987. Riteniamo che da parte italiana si dovrebbe agire più attivamente senza indulgere in «pause di riflessione» troppo lunghe. Non abbiamo infatti ancora raggiunto tutte le potenzialità dell'interscambio, ma riteniamo che la quantità non debba andare a scapito della qualità.

Desidero infine dirle che Černenko, che avevo informato delle sue espressioni di apprezzamento per l'edizione italiana del suo libro, mi ha pregato di esprimerle la sua riconoscenza per quelle parole.

Non avendo Gromyko fatto cenno alla salute di Černenko, non mi ritenni legittimato a porre l'argomento. Mi limitai a non ricordare il ventilato viaggio in Italia di cui aveva parlato con Pertini. Constatai, nel congedarmi da lui all'aeroporto, che davvero le visite a Roma erano di suo gradimento. Me ne fece l'elenco, sottolineando che si era particolarmente divertito la volta che, ospite di Fanfani, gli era stata offerta da una famiglia aristocratica una splendida «merenda rustica» in un castello sul lago di Bracciano. Si riferiva a Livio e Anna Maria Odescalchi. Gli dissi ridendo che, se avessimo seguito la Russia nel 1917, il principe sarebbe stato a Parigi a far l'autista o al massimo il *maître d'hôtel* e non avrebbe potuto ricevere il ministro degli Esteri dell'Unione Sovietica. Però, ciò che questa volta mi sembrava lo avesse allietato di più, era l'udienza di due ore concessa dal Papa.

6

FREDDO COMMIATO DA ČERNENKO

Credo che fossero largamente sinceri gli auguri di lunga vita rivolti a Konstantin Ustinovič Černenko quando l'anno precendente aveva assunto il massimo potere nell'Urss; ma certamente unanime era l'auspicio che, se doveva morire presto, almeno avesse scelto una stagione intermedia e non il freddo tremendo che aveva congelato i partecipanti alle esequie di Andropov.

E invece, due settimane dopo le smentite ufficiose alla «presunta» malattia, l'11 marzo 1985 un comunicato ufficiale annunciava ai sovietici e al mondo che Černenko, tre volte eroe dell'Unione ecc., era morto alle ore 14 del giorno precedente.

La notizia ci giunse a Buenos Aires, mentre eravamo a metà di una visita ufficiale laggiù del Presidente Pertini. Egli decise subito di interrompere il viaggio e partire per Mosca. Condivisi questo gesto di riguardo internazionale, anche per l'opportunità di avere subito un contatto con il nuovo leader sovietico. Le agenzie davano come probabile la scelta di Gromyko, ma, chiunque fosse, era bene non fare di meno di quanto si era fatto per i decessi di Brežnev e di Andropov.

D'altra parte, gli atti solenni e i colloqui politici con gli argentini erano già esauriti; il resto del viaggio prevedeva una colazione privata con il Presidente della nazione e un incontro con la collettività italiana a Córdoba. Per quest'ultimo, Pertini assicurò che sarebbe tornato appositamente (e lo fece), mentre ebbi l'impressione che Alfonsín fosse contento della partenza di Pertini, perché il protocollo, impegnandolo in programmi ufficiali, aveva dimenticato che in quel giorno il padre di famiglia Alfonsín aveva il ricevimento di nozze di suo figlio.

Preoccupazioni per la lunghezza del volo Buenos Aires-Mosca? Neanche parlarne. Pertini, rifiutando ogni soluzione alternativa, volle anzi che si allungasse il viaggio pianificando una sosta a Roma per andare personalmente a cambiare gli abiti, da estivi a invernali. Possono esser delegate molte mansioni, sembra; ma non quella di preparar le valigie.

Preso così anticipato congedo, andammo all'aeroporto e qui iniziò il giallo della manipolazione dell'aereo presidenziale. Mani ignote avevano infranto i sigilli di sicurezza e introdotto, pareva, corpi estranei nei reattori. Il pilota non si sentiva di partire; né si spiegava come l'effrazione avesse potuto avvenire, dato che l'hangar era vigilato da picchetti militari a tempo pieno. Telefonate convulse a Roma (Alitalia, Quirinale, ministeri vari) non poterono aiutare nella bisogna; fino a che gli argentini si offrirono ad approntare entro qualche ora (il personale andava ricercato in città) un velivolo delle Aereolineas per condurci a Roma.

L'intervallo fu faticoso perché occorreva impedire che i giornalisti stimolassero oltre misura il Presidente carpendogli appetitose dichiarazioni. Chi avanzava l'idea di una vendetta dei *montoneros* perché Pertini nel discorso al Parlamento era stato particolarmente duro verso le punte peroniste. Chi cercava di eccitarlo, sostenendo che *altri* a Roma avrebbero voluto andare a Mosca per rappresentar l'Italia e aveva quindi cercato di bloccare Pertini in Sudamerica. Fu provvida l'iniziativa di una addetta al protocollo argentino per condurci a pranzo fuori dell'aeroporto in attesa della mezzanotte.

E a mezzanotte partimmo. Pertini fu ospitato nella cuccetta del comandante e quando sostò a Roma era fresco come una rosa allora sbocciata. Fece un salto a casa a rifarsi la valigia (io, sostanzialmente meno giovane di lui, me la feci portare a Ciampino), tornò rapidamente e, come Dio volle, alle 3 del mattino atterrammo in una Mosca addormentata e freddissima, raggiungendo la residenza d'onore. Meno di tre ore dopo mi bussò alla porta perché aveva dimenticato non ricordo più se il sapone o il pennello da barba. Era già quasi pronto per recarsi a rendere l'estremo saluto al compagno Černenko (classe 1911) e poi a partecipare alle esequie nella ormai familiare Piazza Rossa.

Il rituale fu identico, e se il freddo era meno intenso di tre gradi, avevamo la novità di un vento umido che rendeva ancora più ardua la permanenza in piedi per l'intera mattina o quasi.

Si era appreso, intanto, che a succedere a Černenko non era stato eletto Gromyko bensì, su proposta di questi, non più un uomo attempato ma il compagno Michail Gorbaciov, vigoroso e non legato a remoti ingombranti passati.

Pertini sorprendeva tutti (e non sapevano del lungo viaggio) per la sua vivacità. Era festeggiatissimo — come si può fare decentemente durante un funerale — da George Bush, da François Mitterrand, da Helmut Kohl, da Felipe González e da Rajiv Gandhi.

Dopo la parata gratulatoria per il nuovo capo, le uniche varianti al «modello» furono l'assenza di discorsi sia degli intellettuali che dei militari; anzi mi si fece notare che il gruppo dei generalissimi era in un ripiano inferiore, quasi a voler marcare una superiorità civile. Notai anche che durante alcuni dei discorsi (ma non durante quello di Gorbaciov) chiacchieravano tra di loro, il che, se fatto da un soldato, gli provoca sanzioni disciplinari. L'altra volta aveva preso la parola il maresciallo Ustinov, ora defunto, ma forse perché membro del Politburo non era stato rimpiazzato. Mi fecero invece tenerezza i familiari del morto, gente semplicissima. Non so perché mi vennero in mente i congiunti al funerale di Papa Luciani.

Stessa sfilata condolenziale delle delegazioni e stessa udienza privata al Cremlino alle 8 della sera. Unica novità, l'annuncio che era stata riattata la cappella degli ospiti degli zar, in modo da poter riprendere a celebrare riti religiosi per gli ospiti di Stato dell'Urss che lo desiderassero. Pertini disse che questo poteva riguardare me e non lui; e ci recammo nella fatidica sala centrale.

Gorbaciov non aveva la solennità di Andropov né l'affaticamento di Černenko. Era ancor più giovanilmente elastico di quanto era apparso nei telegiornali in occasione della visita *ante litteram* a Margaret Thatcher a Londra.

Era stato previsto che il nostro colloquio durasse quindici minuti e invece si protrasse per quaranta. Gorbaciov ostentava deferenza per il vecchio antifascista Pertini e gli venne incontro con enfasi. Prese poi a parlare, senza alcuna traccia scritta e mostrando una sicura padronanza di sé. Il ministro degli Esteri lo affiancava, ma questa volta in silenzio.

Il Politburo — ci disse — ha ascoltato con compiacimento un ampio rapporto di Gromyko sulla recente e fruttuosa visita a Roma. Il buon andamento dei rapporti con l'Italia è stato confermato; ma vi sono molti spazi per renderlo ancora migliore.

Accennando alla tematica internazionale, definì la congiuntura presente molto difficile, auspicando che si ravvivasse presto il processo distensivo e che tutti gli statisti vi si impegnassero con sincerità e lungimiranza. Conosceva bene (e ci era grato) il nostro «importante e costruttivo contributo dato al miglioramento del clima internazionale, alle iniziative di disarmo, alla ricerca di validi controlli degli armamenti e alla ripresa del dialogo Est-Ovest». Tuttavia riteneva illusorio pensare a un ritorno effettivo della distensione in Europa se il continente non si fosse liberato dalle armi nucleari. Occorreva lavorare per normalizzare la situazione tra gli stati europei. Nel suo discorso del mattino, e già prima al Comitato Centrale, si era espresso con molta chiarezza. Nella piattaforma di un arresto al riarmo nucleare sarebbe stato possibile trovare nuove vie di comprensione e di veritiera intesa. Questa sarebbe stata la linea dell'Urss sotto la sua guida, in una continuità — del resto — con il costante servizio della pace al quale il popolo sovietico è dedicato.

Pertini riaffermò l'attaccamento non meno appassionato alla pace del governo e del popolo italiano. Venuto il mio turno (Gorbaciov lodò la mia anzianità politica) dissi: «Noi appoggiamo il negoziato di Ginevra sulla piattaforma fissata agli inizi di gennaio da Gromyko e Shultz (riduzione complessiva armamenti, evitare la corsa agli armamenti spaziali ecc.). Aggiungo due punti: 1. è vero che il problema più grave da affrontare è la riduzione degli armamenti nucleari, ma se questo volesse dire *aumento* delle risorse convenzionali sarebbe un controsenso; 2. è vero che sarebbe logico non *continuare* nella collocazione di missili "europei". Ma se si vuole — atteso lo squilibrio — agire sul concreto, si doveva riprendere l'idea espressa una sola volta da Andropov, e poi abbandonata, di smantellare gli SS 20 e simili. Non chiedo risposta, ma pongo semplicemente un tema concreto da approfondire e da verificare».

Mi sembrò che Gorbaciov, il quale aveva ascoltato con attenzione il mio brevissimo intervento, apprezzasse questo modo essenziale e concreto di porre i problemi. E me lo disse con parole non convenzionali.

Una certa stanchezza per il mezzo giro del mondo cui ci eravamo sobbarcati, io, almeno, la sentivo. Ma il contatto con la nuova gestione del Cremlino lo avevamo instaurato nel modo migliore. Si aveva la sensazione di un benefico mutamento in vista nel faticoso cammino della pace. Presto avremmo potuto verificarne gli sviluppi.

Un sovietologo (ma quanti sono i millantatori di esperienza al riguardo) mi disse che Gorbaciov aveva una grande *chance*. Iniziava con tre posti vacanti nel Politburo e si poteva assicurare agevolmente e subito una maggioranza fedele. Si sarebbe messo al riparo così da ogni possibile trattamento alla Kruscev.

L'èra di Gorbaciov

1

INTERMEZZO VIENNESE

Nel maggio successivo all'insediamento di Gorbaciov, si celebrò a Vienna il trentesimo anniversario del trattato di Stato austriaco e quel governo manifestò il desiderio di aver presenti alla manifestazione i ministri degli Esteri dei paesi europei. Vi andai volentieri, e fu l'occasione anche per un incontro bilaterale con Gromyko, che egli volle, nonostante fosse in programma pochi giorni più tardi la visita a Mosca di Bettino Craxi, accompagnato da me.

Ci trovammo il 16 maggio di buon mattino. Dopo un cordiale scambio di saluti, mi ricollegai a quanto avevo detto a lui e a Gorbaciov il giorno del funerale di Černenko, ribadendo che il comunicato congiunto sovietico-americano del mese di gennaio sulla ripresa dei negoziati ginevrini era la base della politica internazionale in questa fase, con il fondamentale obiettivo di pervenire a una riduzione delle spese militari. Proprio per questo vi era, ad avviso italiano, la necessità e l'urgenza di chiarire i punti sui quali si stava manifestando o poteva approfondirsi una certa divergenza di interpretazione.

Mi riferii quindi a una recente intervista del generale Sokolov sui piani spaziali sovietici, di cui si sosteneva lo stretto carattere difensivo; anche al riguardo appariva urgente un'intesa fra Unione Sovietica e Stati Uniti circa la possibilità di definire i rispettivi piani spaziali, smettendo di considerar difensivo il proprio e offensivo l'altrui.

Potei anche parlargli di una comunicazione che il segretario di Stato Shultz aveva fatto a noi colleghi occidentali presenti a Vienna circa l'offerta rivolta ai sovietici affinché esperti e scienziati controllassero i rispettivi esperimenti nucleari. Ritenevo che una maggiore utilizzazione degli uomini di scienza nel campo degli armamenti fosse in ogni caso molto opportuna, e ricordai ancora una volta i seminari di Erice, a cui partecipano proficuamente sia sovietici che americani.

Posi infine sul tappeto l'ultima proposta di moratoria avanzata da Gorbaciov. Se ne poteva apprezzare la linea, ma presentava evidenti carenze. Vi era però un'idea che andava esplorata: non era ripetibile l'offerta di Andropov che contemplava la distruzione di alcuni missili da parte sovietica? Se lo fosse stata, avrebbe costituito un passo importante verso la ripresa di un discorso costruttivo.

Gromyko mi rispose analiticamente.

Il governo sovietico aveva seguito negli ultimi tempi con grande attenzione le prese di posizioni ufficiali italiane sui temi del disarmo e si era fatto quindi un'idea chiara della nostra posizione al riguardo. Secondo la valutazione sovietica, che era positiva, nella solidarietà di fondo che l'Italia esprimeva per la posizione americana, emergeva anche una apprezzabile sensibilità circa l'importanza delle dichiarazioni e della linea dell'Unione Sovietica per quanto concerneva la materia spaziale, di cui si richiedeva un attento esame. Tuttavia l'esito di questa richiesta era nelle mani degli Stati Uniti. Quindi la comprensione italiana, della quale era stata informata anche l'opinione pubblica dell'Unione Sovietica, non era in realtà in grado di spingere da sola verso la pace. «Se anche» aveva aggiunto «gli Stati Uniti accettassero — e per ora son lontani da ciò —, dovrebbero assicurarci che lo fanno seriamente e non per farci perdere del tempo, magari tre o dieci anni: questo ci incoraggerebbe.» In sostanza, secondo i sovietici, i paesi Nato avrebbero dovuto dire un no chiaro alla linea americana, almeno fino a quando non si trovasse una soluzione accettabile tanto per Washington quanto per Mosca ai problemi spaziali.

Passando alla sostanza di questi programmi il ministro Gromyko ripeté la netta contrarietà rispetto alla decisione americana di mettere a punto dei sistemi spaziali, che, ad avviso sovietico, erano solo offensivi e violavano pertanto il trattato Abm. Ad esempio, sistemi di difesa missilistica collocati su territorio nazionale che si fondavano sui nuovi princìpi della fisica non erano contemplati dal trattato. L'America poi li avrebbe estesi agli alleati Nato e all'Europa occidentale.

Le accuse di violazione rivolte invece dagli Stati Uniti all'Unione Sovietica erano affermazioni a buon mercato. Gli Stati Uniti portavano avanti questa campagna per confondere le opinioni pubbliche; non era assolutamente vero che l'Unione Sovietica avesse programmi analoghi a quelli americani: «Noi non vogliamo fare armi spaziali offensive e gli Stati Uniti sbagliano se giudicano offensivi dei sistemi antiaerei che hanno invece tipico carattere difensivo».

Washington cercava di calmare l'opinione pubblica affermando che i programmi di ricerca non significano di per sé la creazione di nuove armi. Invece, secondo i sovietici, la ricerca comprendeva il 90-95 per cento dello sforzo: per i successivi esperimenti sarebbero bastati, ipotizzava il ministro Gromyko, giorni se non ore; mentre per la capacità industriale Usa la produzione non avrebbe presentato problemi.

Circa la proposta di distruzione missilistica a suo tempo enunciata da Andropov, Gromyko accennò che essa era collegata alla presa in considerazione dell'arsenale nucleare britannico e francese, che non era stata accettata dall'Occidente.

Replicai che occorreva fare sforzi per avvicinare le posizioni e per progredire: questo era il senso del dialogo. Se ognuno ripeteva le sue tesi, con stucchevole monotonia, non si sarebbe fatto un passo avanti.

Sulla questione degli armamenti spaziali, la posizione italiana mirava a mettere in evidenza i due punti fondamentali che andavano sottolineati: 1. la necessità di rispettare il trattato di Vienna del 1972; 2. la concezione *obiettivamente* difensiva che doveva essere data alle ricerche relative.

I sovietici affermavano il carattere difensivo dei propri programmi spaziali: ci si poteva credere. Ma anche la concezione americana (ombrello) era una concezione difensiva.

Perché non dare un ruolo primario di consulenza ai fisici, facendo disegnare da loro un quadro accettabile da tutti su uno spartiacque credibile tra le concezioni degli uni e le altre? Non a caso avevo accennato a Erice. In parallelo, i rispettivi funzionari esperti in materia sarebbero potuti restare a contatto, dare forma giuridico-diplomatica ai suggerimenti della scienza ed essere di utile collegamento con le cancellerie.

L'estate precedente — per questo insistevo su Erice — si era cominciato a elaborare un sistema che affidasse a una commissione internazionale di scienziati il controllo del disarmo e, per quanto sapevo, i fisici sovietici avevano partecipato allo studio con convinzione. Andava ora raccolto il messaggio di quanti, per dirla con il professor Zichichi, lavoravano affinché la guerra nucleare Usa-Urss rimanesse solo ed esclusivamente guerra simulata nei potentissimi calcolatori e non divenisse mai realtà.

Potevo comprendere le diffidenze dei governi e forse anche la gelosia delle burocrazie; potevo anche capire il disagio creato dal carattere difficile degli scienziati. Sapevo, ad esempio, che Sacharov era entrato in linea di collisione con il governo non per dissensi ideologici ma per protesta contro l'utilizzazione pubblicitaria delle sue ricerche e dei suoi esperimenti. Mi constava anche che qualche caso di diserzione di campo (anche noi italiani ne avevamo avute e i sovietici lo sapevano bene) induceva alcuni a diffidenti prudenze. Ma il nostro è tempo di innovazioni: e se si aprono i laboratori e si dà fiducia agli scienziati, forse si è trovata la chiave del successo per sconfiggere ogni bellicismo.

Gromyko condivise della mia convinta esposizione soltanto la parte meno significativa.

Si disse d'accordo sugli incontri dei funzionari e propose, anzi, che il prossimo incontro bilaterale dei diplomatici italiani e sovietici, fissato per il 24 giugno, avesse all'ordine del giorno il carattere difensivo dei programmi di ricerca spaziale; ma, per quanto riguardava una maggiore utilizzazione degli scienziati, l'idea era inizialmente attraente, ma in realtà ci si accorgeva che le decisioni non potevano spettare agli scienziati stessi. L'idea di utilizzare gli scienziati richiamava quella di Reagan di promuovere contatti fra militari di vario livello o addirittura fra i massimi comandi militari. Erano tutte idee che non servivano a trovare un accordo. (Tre anni dopo questo sarebbe avvenuto con comune soddisfazione, *N.d.A.*) «Per trovare un accordo ci vuole la volontà politica di non creare nuove armi spaziali e di evitare di aspirare alla superiorità sugli altri. Proposte che non mirino a questi punti sostanziali finiscono per essere uno schermo delle proprie intenzioni.»

Ripresi con pazienza l'argomento dicendo che gli incontri fra scienziati non potevano rimpiazzare le decisioni politiche. Tuttavia gli scambi di idee fra gli uomini di scienza erano utili, per esempio, per informare le pubbliche opinioni. Questi scambi di idee avevano contribuito del resto a creare un'allergia antinucleare molto diffusa in ogni Paese. «In ogni caso, noi ci auguriamo che gli scienziati sovietici saranno presenti a Erice in agosto: occorre arrivare davvero a una scienza senza frontiere.»

Il ministro Gromyko assicurò la presenza degli scienziati sovietici, «tanto più che vi saranno anche degli scienziati americani. Vi è una quota degli uomini di scienza americani che ha saputo prendere le distanze dal proprio governo; altri hanno invece venduto l'anima a chi li paga e ha il potere».

Toccammo rapidamente alcuni altri punti.

Evocai la grave situazione del Libano. «Perciò abbiamo l'idea di sollecitare una ripresa della conferenza di riconciliazione nazionale nella quale il Vicepresidente siriano Khaddam si era impegnato con successo.» Da parte italiana chiedevamo all'Unione Sovietica di appoggiare nella misura del possibile questa iniziativa.

Gromyko asserì che Mosca si augurava vivamente che la tensione si abbassasse in Libano. «A tal fine Israele deve finirla con gli atteggiamenti aggressivi. Il ritiro israeliano è troppo lento: Shultz dice che sarà completato entro la fine di maggio. Staremo a vedere. Oltretutto è importante che, una volta usciti, gli israeliani non trovino un qualche pretesto per tornare. Sono bravissimi a trovare pretesti.» Peraltro — continuò Gromyko — la posizione sovietica era molto vicina a quella italiana.

Il ministro Gromyko giudicava positiva la nostra intenzione di prendere contatto con i dirigenti siriani. Prometteva di appoggiare questi contatti, dato che riteneva che effettivamente la Siria potesse svolgere un ruolo positivo in Libano.

2

CON CRAXI A MOSCA

Il viaggio a Mosca del Presidente Craxi e mio (28-30 maggio 1985) ci consentì non solo di dibattere con ampiezza e profondità i problemi bilaterali e generali del momento, ma anche di conoscere meglio la persona di Gorbaciov, alla cui linea sarebbe stata presumibilmente legata per un lungo tempo metà del corso della politica mondiale, l'altra metà essendo influenzata da Washington. Il bipolarismo, se non fosse accompagnato da una continua consultazione all'interno dei rispettivi raggruppamenti e da un crescente intreccio di contatti dei singoli paesi tra di loro, sarebbe negativo. Ma il duopolio di guida è una realtà che non va valutata negativamente; e comunque è necessaria fino a che non sarà annullato il rischio del confronto nucleare tra gli arsenali che appartengono appunto al binomio Usa-Urss.

A Washington non tutti erano entusiasti del disgelo; permaneva in molti la diffidenza sui negoziati con Mosca, e una palese freddezza per i fori internazionali che si tramutava addirittura in *fastidio* nei confronti dell'Onu. Sapevo però che Reagan voleva il contatto ed era personalmente orientato verso una svolta distensiva. Nell'incontro dell'anno precedente a Los Angeles, meno formale degli altri e fuori della rigidità della Casa Bianca, ne avevo avuto la certezza. Restava solo il nodo del sistema di difesa spaziale: un programma cui il Presidente aveva dato tutta la sua benedizione (nonostante le riserve tecniche da parte dello stesso Pentagono che non ne portava la paternità) e che aveva suscitato l'entusiasmo di tanti settori industriali, interessati a porre a carico pubblico le enormi spese della ricerca. Per Reagan, che lo considerava irrinunciabile, era quindi di profonda inquietudine vedere che i sovietici, a loro volta, ponevano come condizione per negoziare la rinuncia al programma statunitense dell'Ids (Iniziativa di difesa strategica).

Un autorevole *congressman* mi aveva detto che per un decennio le sorti del mondo avrebbero ruotato attorno all'Ids e all'Aids (il terribile morbo in agguato sull'umanità).

Vi era tuttavia un punto su cui si poteva lavorare. Reagan era sincero quando diceva che al termine delle ricerche per lo Scudo, gli Stati Uniti avrebbero posto un fermo all'ulteriore corso (messa in produzione e dispiegamento) per dar modo all'Urss — offrendo loro le tecnologie — di munirsi dello stesso apparato di sicurezza, salvo addivenire a un accordo di smantellamento degli arsenali che avrebbe reso inutile il nuovo congegno militare. Conoscevo già le obiezioni dei sovietici, tra l'altro imperniate sulla rapidità (quattro o al massimo otto anni) del succedersi di presidenti e sull'esperienza, fatta con il Salt 2, che lo stesso Presidente non aveva la parola internazionale definitiva dato che poteva essere sconfessato dal Senato. Ma più che altro sembrava loro ingenuo il credere che, avendo un apparato difensivo superiore, vi si rinunciasse spontaneamente.

Su questa tematica ruotava in quella fine di maggio il dibattito che tutte le cancellerie del mondo seguivano con ansiosa attenzione.

Le riunioni al Cremlino furono a delegazioni ristrette. Gorbaciov era affiancato da Tichonov (dall'aspetto un po' affaticato) e da un Gromyko, questa volta, non silenzioso e in una evidente posizione di affiatamento con il nuovo Capo.

Cominciò Craxi dicendo che i risultati modesti del primo round di Ginevra, del resto previsti, non dovevano scoraggiare. L'Italia appoggiava questa linea con grande convinzione e suggeriva ai sovietici di esplorare in uno spirito di moderazione e di ricerca di saggio compromesso la disponibilità americana a negoziare su tutti i tre cesti negoziabili.

Gorbaciov dichiarò subito che la piattaforma Shultz-Gromyko del gennaio restava la base di un proficuo processo. «Ma se gli americani non rinunceranno all'Ids, il Pontefice romano potrà celebrare il funerale del negoziato.»

E svolto il funerale — di cui notai il rito... religioso — la parte sovietica avrebbe adottato contromisure, sia *perfezionando* i propri sistemi offensivi per penetrare lo scudo cosmico, sia *portando avanti* la propria ricerca per la creazione di armi spaziali.

Circa il secondo punto delle trattative, aveva ricevuto in quel momento un telegramma dell'ambasciatore a Washington (Dobrynin) che gli riferiva di un colloquio con McFarlane. Questi si era espresso con *nonchalance* sui prossimi negoziati e aveva insistito per un vertice Usa-Urss. Si trattava — ma non lo dissi — di una proiezione del doppio binario esistente tra il Dipartimento di Stato e il Consiglio per la sicurezza nazionale (purtroppo spesso esistente sotto molte amministrazioni in Usa). McFarlane puntava a una conduzione gestita in prima persona dalla Casa Bianca, negligendo la professionalità del Dipartimento di Stato e l'autorevolezza di George Shultz. Si vide poi, quando Shultz rimase tagliato fuori, quali grossi guai venivano prodotti dall'altra... sezione.

Gorbaciov riteneva invece che i negoziati dovessero produrre risultati nel più breve tempo possibile, dato che lo sviluppo tecnologico poteva essere talmente veloce e di grande portata che la sua utilizzazione rischiava di provocare conseguenze gravissime. L'Urss non poteva aspettare con le mani in mano, mentre Washington lavorava per creare armi di primo colpo. Gli americani — continuò — appaiono intenzionati a trasformare il negoziato sul disarmo in uno sul riarmo. L'Unione Sovietica era andata a Ginevra con un atteggiamento costruttivo e aveva dimostrato piena disponibilità a ridurre radicalmente gli arsenali nucleari. L'Urss aveva avanzato varie proposte per fermare la corsa al riarmo; proposte che nella attuale situazione di approssimativo equilibrio strategico — riconosciuto anche in molti ambienti americani — offrivano pari sicurezza e fiducia ai popoli e costituivano un passo iniziale dal quale muoversi verso la riduzione degli armamenti nucleari. «Le nostre proposte» disse Gorbaciov «sono state lasciate cadere nel vuoto dagli americani. Noi non permetteremo che a Ginevra si perpetui un nuovo inganno, non permetteremo agli americani di giocare un secondo round. Se ci accorgeremo che la trattativa viene condotta per camuffare un tentativo di portare avanti la corsa al riarmo nello spazio, smaschereremo il bluff davanti al mondo.»

Ci si avvicinava al delicato argomento dei missili *europei*: era la cartina di tornasole per vedere se veramente Gorbaciov avesse compreso la linearità della politica italiana. Se ci avesse chiesto di bloccare unilateralmente Comiso voleva dire che i suoi complimenti iniziali erano solo di forma e, in più, che non si allontanava dagli schemi polemico-propagandistici del passato...

Non lo fece.

Esaltò invece la proposta sovietica di moratoria unilaterale, che, se accettata a Ginevra, avrebbe annullato la contrapposizione con gli Usa sul teatro europeo. Confermava, per quanto atteneva ai missili *eccedenti*, che sarebbero stati distrutti e non trasferiti altrove. «Noi non vogliamo neppure una testata in più di quelle delle forze nucleari francese e britannica. In caso di accordo sui missili a raggio intermedio, ci impegniamo a non collocare altri SS 20 in direzione dell'Oriente, purché non muti laggiù la situazione attuale.» Specificò che egli intendeva si arrivasse sull'intero territorio europeo alla liberazione tanto dai missili intermedi quanto da quelli tattici.

Perché l'Italia non poteva appoggiare la proposta sovietica di moratoria unilaterale?

Craxi rispose che si era in presenza di una nuova situazione e di un nuovo quadro negoziale nel quale la questione dello spazio si rifletteva su tutti i cesti della trattativa e li ostacolava. Forse, adottando un criterio di diverse velocità, non sarebbe stato difficile giungere a un accordo per gli euromissili. Bastava far bene il conteggio per arrivare a punti decrescenti di approssimativo equilibrio, avendo in mente — precisò — che i missili britannici e francesi «*non si trovano sulla luna*».

Superato questo terreno sottilmente minato, Gorbaciov respinse l'accusa americana che l'Urss inceppasse i lavori di Ginevra con alcune pregiudiziali («È una sciocchezza» lo completò Gromyko). I delegati sovietici erano andati per bloccare la corsa agli armamenti e per accordarsi poi sul modo di ridurli. Ma la pretesa americana di avere mano libera nella ricerca spaziale e di essere disposti a discuterne solo a ricerca compiuta per stabilire quali armi potessero essere utilizzate e quali no, era assurda. «Qualsiasi leader sovietico che si dimostrasse così irresponsabile da accoglierla non resterebbe al potere più di una settimana.»

Secondo il calcolo fatto a Mosca (a mio avviso non esatto), nel progetto di nuovi armamenti le spese di ricerca rappresentavano il 90 per cento. E chi poteva credere davvero che, compiuto un tale sforzo, gli americani si fermassero e non procedessero nello sviluppo e nella produzione?

In realtà — proseguì Gorbaciov —, gli americani non considerano tanto importante la realizzazione o meno dello Scudo, anche perché sanno che esso può essere perforato, quanto la possibilità che la ricerca possa portare ad armi d'attacco di primo colpo. Perciò, soltanto se venivano bloccate la ricerca e la sperimentazione di armi spaziali potevano essere pattuite riduzioni di armi strategiche e a raggio intermedio.

A questo punto Craxi sottolineò nuovamente l'esigenza che da parte sovietica — da cui era scaturita l'interrelazione dei tre cesti — venisse esplorata la disponibilità americana a negoziare l'intera materia oggetto degli accordi Shultz-Gromyko del gennaio. A suo avviso, solo dopo tale ampia verifica l'Urss avrebbe potuto giudicare se le proprie preoccupazioni trovavano meno accoglimento da parte americana, in un quadro di garanzie che Washington si era detta disponibile a fornire onde assicurare che, durante tutto il tempo della trattativa e come risultato generale di essa, l'equilibrio strategico non venisse turbato.

Credetti, da parte mia, di aggiungere un quesito importante: perché a Ginevra il 9 aprile quando il negoziatore Kampelman aveva offerto al suo interlocutore sovietico di prendere visione, fare esaminare e discutere un dossier tecnico sull'Ids (che aveva portato proprio a conferma della serietà delle proposte collaborative del Presidente Reagan) si era visto opporre un *fin de non-recevoir*? Era esatta o no la versione dataci dagli americani?

Gorbaciov sorvolò, ma non smentì. Rimproverò a tutti noi occidentali di accontentarci che un negoziato esistesse e di essere allineati in modo piatto sulle tesi americane per lo Scudo spaziale.

Replicai allora che non era impossibile chiarire bene le demarcazioni tra ricerca, sviluppo, produzione e spiegamento; né si poteva lasciare dinanzi al mondo l'ombra dell'equivoco su ciò che ognuna delle due parti considerava avente carattere difensivo. Ed era un chiarimento da fare subito e non alla fine del negoziato. In seno alla Nato lo stavano già facendo. Nel frattempo occorreva adoperarsi perché non si verificassero altri salti qualitativi, del genere della «mirvizzazione» (ossia a testate multiple) nelle armi strategiche.

A una domanda di Gorbaciov sul nostro atteggiamento verso il programma europeo Eureka, risposi che questa formula di collaborazione tra paesi Cee e paesi europei non allineati — ideata da Mitterrand — non era nata in contrapposizione all'Ids, ma piuttosto dalla lentezza con cui la Cee stava esaminando il piano triennale di ricerca proposto dal commissario Narjes e sostenuto da Jacques Delors. Eureka era sorto per la convinzione che i paesi della Comunità — i quali globalmente spendono per la ricerca più del Giappone — non sono in grado di condurre singolarmente ricerche scientifiche e tecnologiche tali da poter gareggiare con gli americani e con i giapponesi. Eureka (che aveva un precedente nella ricerca per la fusione nucleare condotta in Inghilterra dalla Cee più Svezia e Svizzera) aveva il pieno appoggio dell'Italia. Personalmente non escludevo che per qualche progetto si potesse allargare l'ambito a paesi dell'Est, iniziando quella più vasta cooperazione scientifica della quale noi valutavamo l'enorme significato anche politico.

Gorbaciov apprezzò il chiarimento e disse che per programmi a scopo pacifico l'Urss era disponibile a partecipare in tutte le possibili combinazioni internazionali.

Craxi (l'Italia aveva la presidenza di turno nella Cee) gli chiese quale fosse il loro atteggiamento sulla Comunità europea, superata la lunga stagione della diffidenza.

«Consideriamo la Cee» rispose Gorbaciov «una realtà e già nel giugno dello scorso anno il vertice Cmea [noi lo chiamiamo Comecon, *N.d.A.*] ha affermato l'utilità di contatti per individuare la possibilità di collaborazione tra i due organismi in vari settori. Il documento relativo è in circolazione tra i nostri paesi e stiamo elaborando un *messaggio alla Cee* per creare collettivamente la base giuridica su cui impostare rapporti nuovi con la Comunità. Contiamo di trasmettervelo prima della fine del vostro semestre di presidenza.»

Si sapeva già qualcosa al riguardo, ma l'annuncio datoci rappresentava un primo successo importante del viaggio.

Ma c'era di più. Gorbaciov aveva detto che se la Cee arrivava davvero a una «unità politica» (conosceva le limitazioni della formula «cooperazione politica»), l'Urss avrebbe volentieri tenuto i contatti per ricercare un linguaggio comune sui concreti problemi internazionali.

Questa offerta — che sarebbe stata da alcuni di noi ripresa l'anno successivo nella conferenza del Lussemburgo — venne da Gorbaciov ripetuta anche nel discorso al banchetto d'onore.

Continuando nei punti in agenda, si parlò del quarantesimo anniversario della fine della seconda guerra mondiale. Gorbaciov ebbe espressioni severe all'indirizzo di quegli europei che volevano considerare superate le realtà espresse da Jalta, da Potsdam e da Helsinki. «La loro logica è quella di un ritorno all'età della pietra.» E si dolse che un ministro della Germania Federale avesse partecipato all'ultimo raduno nostalgico dei Sudeti. Non gli dicemmo che qualcosa del genere capitava anche per gli irredentisti sudtirolesi e che noi non ne facevamo un caso politico.

Secondo Gorbaciov bisognava altresì riaffermare il principio del non intervento negli affari interni degli altri paesi. Altrimenti i focolai di tensione si sarebbero moltiplicati, come a Grenada, nel Nicaragua e altrove. Ogni Paese doveva esser libero di scegliersi il proprio regime. Citava però criticamente quanti non traevano coerenti conseguenze dalla condanna di regimi tipo Sudafrica (*apartheid*) e Pinochet, la cui permanenza urta contro la volontà dei rispettivi popoli. Gorbaciov e Gromyko ritenevano che gli americani stessero preparando l'invasione del Nicaragua; e ne traevano illazioni negative generali sulla politica di Washington. Per quanto riguardava loro — disse testualmente Gorbaciov — «l'Urss è come l'Inghilterra di Palmerston; non ha amici eterni e nemici eterni, ma soltanto interessi eterni».

Forti del fatto che l'Italia si fosse associata alla condanna dell'Onu per Grenada (in quanto pochi giorni prima gli americani ci avevano detto che nulla era cambiato per l'assassinio di Bishop, essendo già lui comunista come il successore), sostenemmo che le uniche soluzioni valide per sbrogliare l'intreccio pericoloso dell'America Centrale erano quelle politiche e negoziali. Craxi disse che in quest'ottica andavano visti anche gli aiuti che noi non negavamo alla nazione nicaraguense; e io illustrai il lavoro della Cee per preparare un nuovo incontro tipo quello di San José, a sostegno del disegno del Gruppo di Contadora.

Si parlò anche del debito estero dei paesi sudamericani e Gorbaciov rimproverò all'America un eccesso di pragmatismo, prima per avere concesso e ora per riavere il denaro a condizioni non sopportabili da quei paesi. Era esatto, si chiedeva, che gli europei, invece di assumere un proprio piano, avessero delegato gli Usa? Ed era in ogni caso logico confidare, come faceva Craxi, negli strumenti internazionali che si erano dimostrati finora così poco validi?

Ancora una volta Gorbaciov puntava su un ruolo mondiale europeo. Era solo per rafforzare la sua polemica con gli americani?

Il discorso proseguiva serrato, con un vero dialogo, senza troppo uso degli appunti prefabbricati. Craxi introdusse il sempre scottante argomento del Medio Oriente, chiedendosi il perché della freddezza sovietica nei confronti dell'intesa giordano-palestinese, che l'Italia invece aveva incoraggiato per le prospettive che essa poteva aprire.

Sul problema parlò soprattutto Gromyko, per ribadire la solita argomentazione secondo cui Camp David è stato un grave errore che non aveva portato alla liberazione dei territori arabi e che aveva invece consentito a Israele di continuare ad agire con prepotenza. Tel Aviv si era detta non disposta ad accogliere la delegazione congiunta giordano-palestinese poiché si rendeva conto che percorrere tale strada avrebbe significato anche aumentare divergenze con la Siria. L'iniziativa Arafat-Hussein sembrava quindi destinata al fallimento.

Gorbaciov dal canto suo precisò che l'Urss era a favore di una discussione collettiva della problematica mediorientale. Ogni altra via non sarebbe stato altro che un palliativo. Gli americani ostacolavano un processo su tali basi allo scopo di estraniare l'Urss dalla soluzione del problema, ma avrebbero dovuto convincersi che così non si risolve nulla.

Replicammo sottolineando come rispetto a Camp David, la cui attuazione peraltro fu interrotta al primo stadio, fosse attualmente ben più importante la piattaforma di Fez, anche come punto di recupero dell'unità del mondo arabo, e che se l'accordo giordano-palestinese apriva effettivamente la via al negoziato, esso non avrebbe potuto non essere accompagnato da un processo di consultazione internazionale coinvolgente l'Urss. Gromyko, con il solito piglio polemico, ribadì in modo colorito che l'accordo fra il re di Giordania e il capo dell'Olp rappresentava il funerale per lo Stato palestinese mai esistito. L'Urss appoggiava la costituzione di una entità statale palestinese indipendente, mentre si parlava solo di autonomia. Sostenere l'accordo Hussein-Arafat — affermò il ministro degli Esteri — significava in pratica ridurre il tutto al concetto di autonomia palestinese, mentre la confederazione, in base alla terminologia giuridica internazionale, presupporrebbe l'esistenza di due stati con politica estera ed esercito in comune. In realtà i palestinesi avrebbero finito per trasferirsi tutti in Giordania, mentre Israele sarebbe rimasto nella West Bank. Gorbaciov, nell'escludere la possibilità di ripresa diplomatica con Israele — Gromyko aveva ancora una volta ripetuto che tale passo non sarebbe stato compreso dall'opinione pubblica sovietica —, affermò che gli israeliani avevano inviato un altro messaggio in tal senso. Concluse affermando che gli israeliani dovevano avere ormai capito che il processo di stabilizzazione in Medio Oriente non sarebbe stato possibile escludendo l'Urss e, prima o poi, lo avrebbero capito anche gli americani.

Circa gli incontri di Vienna fra Murphy e Poljakov, rispondendo a un mio quesito, Gromyko indicò che era stato raggiunto un accordo con la parte americana per un'altra consultazione dello stesso tipo tra due mesi. Non era molto, ma almeno vi era qualcosa di comunicabile.

Craxi chiese allora se l'Urss riteneva di poter trovare una soluzione politica per il problema afghano, di fronte al quale si trovava in una posizione tanto difficile. Su questo punto in altri momenti si irritavano. Ora non più.

Gorbaciov rispose di essere a favore di una soluzione politica a tale problema e che l'unico interesse sovietico era quello di avere una frontiera amichevole così come esisteva con la Finlandia e con la Turchia e così come Mosca cercava di avere con l'Iran.

Kabul aveva iniziato una fase di creazione di un nuovo sistema politico e sociale al fine di superare l'arretratezza economica e culturale. Era un processo lungo che non si sapeva quando sarebbe terminato. La lotta contro movimenti dei Basmači nell'Asia centrale sovietica — ricordò il Segretario generale — era durata dal 1917 al 1931. Ma interferenze esterne, soprattutto degli americani che utilizzavano come spada il Pakistan, e anche cinesi e tedesco-occidentali, avevano bloccato il processo di stabilizzazione politica del Paese.

L'Urss tuttavia era pronta a ritirare il suo «limitato contingente» — che sarebbe rimasto comunque limitato — e a trovare una regolamentazione politica, in particolare sotto l'egida Onu, qualora fossero cessate le predette interferenze. L'Unione Sovietica non aveva piani espansionistici, ma non poteva permettere che non fosse consentito agli afghani di sviluppare la nuova società e scegliere il proprio sistema politico.

La parola venne data infine a Tichonov, che era rimasto per tutto il tempo silenzioso. Rinnovò l'impegno al riequilibrio dei conti commerciali con l'Italia, criticando la frammentarietà della presenza italiana sul loro mercato, ma accettando l'impostazione di Craxi perché il riassestamento avvenisse «in tempi ragionevoli». Si spinse a prevedere che nel 1986 il deficit si sarebbe ridotto alla metà.

Si era anche inoltrato in un discorso tecnico sui tassi interbancari, ma Gorbaciov lo frenò gentilmente per elogiare *quasi tutti* i prodotti italiani, peraltro a prezzi troppo alti dato il costo del denaro, e per riaffermare il principio della necessaria concorrenzialità delle nostre ditte; inoltre, per dire che il programma a medio e lungo termine dell'Urss consentiva ai nostri operatori una utilissima pianificazione delle loro iniziative sia di investimenti sia di *joint-ventures*.

Craxi invitò Gorbaciov a venire in Italia e avemmo un caloroso riscontro di massima. Per intanto — a parte i colloqui tra ministri degli Esteri — sarebbe venuto il viceministro del Commercio estero Komarov, designato a presiedere la commissione mista.

Nel congedarsi Gorbaciov trovò modo di definire essenziale la linea di accelerazione dello sviluppo tecnologico dell'Urss enunciata dal partito e che — in attesa del sicuro *placet* del XXVII Congresso — riscuoteva già un'eco positiva nel Paese. Era destinata a produrre effetti non solo nell'Unione Sovietica, ma nell'intero mondo socialista e anche all'Ovest: «Sbagliano sia quanti traggono illazioni circa pericoli che questi programmi comporterebbero, sia i soliti circoli che tentano di logorarci sotto il profilo economico».

Con questo messaggio lasciammo Mosca.

Nella relazione che facemmo ai partner comunitari riscontrammo un interesse nuovo. Non era tanto per i punti riguardanti i contatti con il Comecon, quanto per avere disponibili sensazioni ed elementi di prima mano per valutare il fenomeno Gorbaciov.

3

ARRIVA ŠEVARDNADZE

Pensare a una Unione Sovietica con un ministro degli Esteri diverso da Gromyko non rientrava fra le ipotesi, neppure più fantasiose, che da tempo i sovietologi prendevano in esame.

Quando ci eravamo salutati a Mosca, lo avevamo fatto con un arrivederci a Helsinki, in luglio, pieno di significato. L'Italia, infatti, aveva avuto una posizione di punta nel convincere diversamente i non pochi governi che volevano dare un tono più basso al decennale dell'atto firmato nel 1975 nella capitale finlandese dai rappresentanti dell'Europa *allargata*. Per noi era non solo la puntigliosa occasione per ribadire visivamente che Stati Uniti d'America e Canada sono Europa, ma anche un omaggio alla memoria di Aldo Moro, che aveva apposto all'atto la firma di adesione italiana. Gromyko lo sapeva, lo apprezzava e ci era grato.

Ignorava a fine maggio l'imminente rimpasto? Non saprei dirlo.

A Helsinki venne il nuovo capo della diplomazia sovietica, perché Gromyko, ai primi di luglio, era stato nel frattempo «promosso» a Capo dello Stato. Gli esperti (ma esistono davvero?) spiegarono che si trattava di un vero giro di pagina, con la più diretta assunzione di responsabilità da parte di Gorbaciov anche nella politica estera, attraverso un uomo nuovo a lui particolarmente fedele. Si accennò anche a una durezza eccessiva di Gromyko nel rapporto con gli americani, in un momento in cui occorreva invece smussare angoli e ricucire strappi tradizionali. La tesi fu avvalorata dalla nomina a viceministro degli Esteri del signor Dobrynin che da tempo immemorabile dirigeva l'ambasciata a Washington ed era considerato laggiù il solo elemento di stabilità storica, mentre il Dipartimento di Stato (dove aveva accesso agli ascensori riservati al personale) aveva mutato più volte titolare e sottotitolari.

D'altra parte Gromyko non veniva sacrificato, ma, formalmente almeno, esaltato. Poteva anche essere — ma dovevamo attendere la verifica — che fossero date alla presidenza specifiche attribuzioni internazionali, liberando Gromyko — non più giovanissimo (quando era già «qualcuno» gli attuali ambasciatori dei vari paesi frequentavano ancora il liceo) — dalla pesantezza della gestione ordinaria dei rapporti con l'estero.

La sua storia personale era unica. Si era salvato dalle alterne vicende della *nomenklatura* per essere stato a lungo un ministro tecnico, non immischiato nelle responsabilità strettamente politiche. Quando fu indispensabile impegnarsi anche in politica, lo fece, stando sempre attentissimo a non bruciarsi le ali. Le sue indubbie doti professionali e le conoscenze via via intrecciate nel mondo gli avevano dato una aureola di indispensabilità. Questo fino all'avvento di Gorbaciov, quando tutti i canoni di avvicendamento erano saltati e si era dato inizio a una effettiva e generale riforma. È vero: la proposta di nominare Gorbaciov era stata fatta da Gromyko, ma un amico ricordava in proposito — e per quel che vale il paragone — che da noi non era stato Giacomo Mancini a caldeggiare la nomina del «giovane» Craxi alla segreteria del Psi?

Le notizie biografiche di Ševardnadze, telegrafate dalle ambasciate a Mosca, erano scarne: per questa ragione l'interesse e il desiderio di incontrarlo di persona erano vivi, ma anche per vedere il taglio che avrebbe dato al discorso di Helsinki.

Ci incontrammo il 31 luglio e rimasi subito colpito dalla sua gentilezza nel trasmettermi gli *amichevoli saluti e ricordi* di Gromyko. Era «consapevole del ruolo che i rapporti personali tra me e il suo predecessore avevano avuto per lo sviluppo delle relazioni italo-sovietiche» e si riprometteva da parte sua di «restare nel solco di questa favorevole tradizione e anzi — se mutamenti dovessero intervenire — proporsi che fossero nel senso di un ulteriore miglioramento».

Avendo aggiunto espressioni di consenso per il discorso da me fatto poco prima nella riunione plenaria, lo commentai dicendo di aver voluto sottolineare in particolare il ruolo che potevano avere, per una fruttuosa evoluzione delle relazioni tra le nazioni europee, la scienza e la cultura. Per questo l'Italia avrebbe posto molta cura nella preparazione dell'imminente forum di Budapest.

Convenne su tale proposito, e lo allargò con l'auspicio per una collaborazione intensa e generale in tutti i campi della conferenza per la Sicurezza e la cooperazione, di cui sottolineava il valore essenziale per la distensione. L'Urss — disse — non si era limitata a coltivare gli impegni di Helsinki, ma, attraverso l'annuncio della moratoria su ogni esperimento nucleare fino al prossimo gennaio, aveva dato l'esempio di come si serve la causa della distensione. L'Europa, a suo giudizio, doveva apportare un proprio attivo contributo alla esigenza di una maggior sicurezza, adoperandosi per invertire il processo di un aumento progressivo degli arsenali nucleari che minacciava di condurre il mondo alla catastrofe.

L'Urss si ispirava, per questi problemi, innanzi tutto a un senso di realismo: riteneva, ad esempio, che l'Italia non avrebbe dovuto accogliere i missili Cruise sul proprio territorio: « I fatti tuttavia sono quelli che sono e Mosca non desidera che le decisioni prese a suo tempo dal governo italiano costituiscano una remora per l'intensificazione nell'avvenire dei nostri rapporti ».

Con grande interesse ascoltai un apprezzamento positivo sull'incontro avuto in mattinata con George Shultz. Era stato *utile* e ne era *soddisfatto*. Avevano concordato l'agenda per il vertice Usa-Urss di novembre e la discussione « era stata improntata a un senso di responsabilità nei confronti dei nostri governi e dei nostri popoli ».

Le due precise esposizioni di Ševardnadze sull'importanza della conferenza per la Sicurezza e cooperazione e sulla ricerca di buoni rapporti con gli americani mi parvero indicativi proprio della linea che da tempo l'Italia auspicava. Ne fui sinceramente contento e misi in evidenza che anche l'intervento del segretario di Stato americano andava interpretato in questa direzione, comparandolo anche con i discorsi precedenti, nei quali prevalevano gli aspetti polemici, anche oggi presenti, ma in proporzione molto minore. Chi conosceva l'oratoria pubblica di Shultz avvertiva bene l'importanza del suo esplicito riconoscimento al contributo sovietico nella lotta contro il nazismo. Non era un ovvio ricordo storico, bensì l'accentuazione su una possibile collaborazione anche piena tra Usa e Urss.

La menzione esplicita e sottolineata dei *diritti umani* era in contrasto con questa linea di concordia? Io non lo credevo e mi permettevo di suggerire a Ševardnadze — nel rispetto delle esigenze interne di ciascun Paese, ma nello spirito esatto dell'Atto finale di Helsinki — che nella gestione di alcuni problemi l'Urss dovesse avere anche una maggiore immaginazione. Precisai meglio il mio pensiero, chiedendo, ad esempio, se la soluzione, da tutti anelata, della questione dei cittadini sovietici di origine ebraica che aspirano a emigrare in Israele non poteva essere ricercata a Mosca, mettendola in relazione all'adempimento israeliano di precise condizioni in materia di diritti dei palestinesi. E, in tema di Medio Oriente, ripetei la tesi che la Siria non poteva essere lasciata fuori da qualsiasi schema di composizione («La Siria da sola non può certo risolvere i problemi dell'area, ma senza la Siria è impossibile risolverli»).

Ševardnadze non sfuggì all'argomento degli ebrei sovietici che, nel passato, era inaccettabile nelle conversazioni di dirigenti dell'Urss con ministri stranieri, reputandolo una incursione nelle *interna corporis* dell'Unione Sovietica. Ricordò che molte migliaia di ebrei sovietici vivevano in Israele, in America, in Austria e altrove e che in larga percentuale essi erano «delusi di ciò che vi avevano trovato». Il flusso emigrativo era «attualmente in diminuzione non perché le autorità sovietiche mettano freni, ma perché le domande stesse appaiono in via di diminuzione».

Qui mi astenni dal ribattere, sperando sinceramente che il nuovo ministro non fosse informato bene del problema, dato che non aveva avuto occasione di occuparsene personalmente prima. Dissi solo che qualche caso da me sollecitato umanitariamente e nelle vie brevi con Gromyko era rimasto inevaso; mi ripromettevo di fargli avere una nota.

Quanto ai rapporti con Israele, disse che l'Urss non era *in linea di principio* contraria a riprenderli, «purché tuttavia ciò non comporti sacrificio delle posizioni dei paesi arabi ai quali l'Unione Sovietica non ha mai fatto mancare il proprio appoggio e sostegno. La positiva evoluzione del problema mediorientale non può infatti prescindere dalla unità del fronte arabo e, probabilmente, se tale unità non si fosse rotta a Camp David, saremmo oggi di fronte a progressi maggiori di quelli fin qui registrati».

Per quanto atteneva alle relazioni bilaterali Italia-Unione Sovietica, Ševardnadze stimava che si stessero sviluppando bene. La bilancia commerciale presentava un andamento alterno, ma eventuali saldi negativi non rivestivano carattere strutturale ed erano pertanto suscettibili di essere corretti. La collaborazione culturale e scientifica poteva, con vantaggio reciproco, essere ampliata. Alle consultazioni tra i responsabili della politica estera dei due paesi doveva essere conservato un carattere sistematico: «Il clima di fiducia esistente fra Italia e Urss costituisce infatti un elemento molto positivo che può essere» lo ripeté «ulteriormente rafforzato».

Gli ricordai che le procedure di consultazione periodica erano state avviate nel 1972 da me come Presidente del Consiglio e dal Presidente Kosygin, e costituivano un punto ormai tradizionale nella nostra politica estera.

Circa l'interscambio, andava curato meglio l'equilibrio, e nella recente visita di Komarov a Roma si erano individuati mezzi concreti, associando di più la presenza delle nostre medie e piccole imprese nel commercio italo-sovietico. Sul più ampio piano comunitario gli dissi che l'iniziativa in merito ai rapporti Cee-Comecon era stata recepita con grande interesse dalla presidenza italiana.

Ci salutammo, dandoci appuntamento in settembre a New York.

L'impressione che riportai dal colloquio fu molto positiva, e analogo fu il giudizio degli altri colleghi europei che avevano incontrato Ševardnadze. Ero convinto che in autunno Reagan e Gorbaciov avrebbero potuto lavorare in un clima molto più costruttivo. Ed era compito di tutti il vigilare perché gli avversari della distensione non riprendessero il sopravvento.

4

IL DISGELO AVANZA

Dopo l'esordio a Helsinki, Ševardnadze fece la grande «entrata internazionale» a New York, dove, a settembre, convengono quasi tutti i ministri degli Esteri del mondo per l'Assemblea generale.

Quanti lo avevano già incontrato in Finlandia si confermarono nella impressione positiva; gli altri la condivisero. Genscher, il nostro decano, mi disse che quasi mai un incontro con i sovietici era stato preparato e si era svolto così intelligentemente. Il nodo dello Scudo spaziale restava, ma era stato oggetto di pacata discussione, mentre Ševardnadze non aveva fatto nessun accenno alle preoccupazioni di revanscismo tedesco agitate dalla stampa dell'Est; e si era detto compiaciuto dei buoni rapporti esistenti con la Germania Federale.

Un tema comune in tutte le conversazioni bilaterali era stato l'impulso sovietico per eliminare totalmente sul nostro continente i missili intermedi da ambo le parti. «Liberare l'Europa dai missili» aveva auspicato con van den Broke (Olanda), e con lui e con altri aveva parlato di «pace stellare e non guerra stellare».

In breve, nella tradizionale colazione dei Sette offerta dalla presidenza tedesca di turno, accanto e più di molti problemi di fondo (droga, Medio Oriente, terrorismo, carestia e desertificazione in Africa, valutazione della Cina, rischi del protezionismo commerciale), si parlò del successore di Gromyko.

Roland Dumas aveva concordato con lui i particolari della visita di Gorbaciov a Parigi, trovandolo molto aperto, amabile, desideroso che le cose andassero bene, non contrario a mettere in agenda anche i diritti umani.

Il collega Isao Abe andava anche più oltre, avendo avuto la sensazione di novità nelle relazioni Giappone-Urss, fino allora piuttosto fredde e con incontri tra ministri molto rari nell'ultimo decennio. « Gromyko non mi avrebbe offerto nemmeno il tè, » disse esagerando « mentre ieri ho avuto un ottimo pranzo. Ševardnadze verrà a Tokyo entro i primi dell'anno venturo. E sui problemi territoriali da me rivendicati, so che Gromyko batteva i pugni sul tavolo; lui ha taciuto. »

Lo stesso Shultz, pur dicendo di dover aspettare concreti segnali di cambiamento in Afghanistan e altrove, si esprimeva in termini di attesa fiduciosa, dopo aver passato con Ševardnadze quasi cinque ore e in gran parte a quattr'occhi. In tutto questo tempo non gli aveva presentato nuove proposte sul controllo degli armamenti, ma le aveva preannunciate. Il tono dell'approccio era dunque positivo. Lo aveva colpito la disponibilità a intrattenersi sui diritti umani, cosa che Gromyko, come sapevamo tutti, rifiutava. Per Ginevra non emergeva ancora una linea d'accordo, però il modo di discutere, così come era profilato, faceva bene pensare sul loro effettivo *animus*. Kornenko era intervenuto, nella parte collettiva dell'incontro, per dire che se l'obiettivo era l'azzeramento nucleare, bisognava ricominciare senza indugio con tagli radicali.

Sullo spazio, aveva definito buono e valido il trattato Abm, per il quale gli Usa li accusavano di violazione.

Il dialogo con Shultz sarebbe proseguito a fine settimana a Washington con il contorno di una colazione al Dipartimento di Stato e di un pranzo all'ambasciata dell'Urss. Genscher si compiacque per tutti noi della preparazione così promettente di Ginevra.

Geoffrey Howe mi sembrò più cauto, distinguendo la forma gentile di Ševardnadze dalla sostanza degli incontri con Gromyko. Del resto, Gorbaciov aveva mostrato a Londra di condurre in prima persona il dibattito estero, a differenza di quando i leader sovietici erano accompagnati da Gromyko. Ma, avendo come interlocutore la Thatcher, era certo che vi fosse stata in proposito una discreta reciprocità.

Io avevo potuto sinteticamente riassumere ai sei colleghi il buon esito del colloquio avuto a mia volta.

Ševardnadze aveva esordito osservando che, a poche settimane di distanza dall'incontro di Helsinki, l'Assemblea generale delle Nazioni Unite offriva una seconda, gradita occasione per un aggiornato scambio di vedute. L'assiduità dei contatti è principio da mantenere anche per il futuro, non essendo il fattore umano trascurabile neppure nel rapporto fra gli stati. La valutazione sovietica sull'andamento delle relazioni bilaterali era altamente positiva e la visita del Presidente del Consiglio Craxi dell'aprile scorso, oltre che confermare la tradizionale amicizia tra i due paesi, aveva posto nuove basi per l'ulteriore rafforzamento dei rapporti politici, economici e culturali. Era valsa inoltre a instaurare un clima di crescente reciproca fiducia, come testimoniato dal nutrito scambio di messaggi tra il Capo del governo italiano e il Segretario generale del Pcus.

Procedevano bene i rapporti economici e commerciali che facevano registrare la tendenza alla correzione dello squilibrio che per anni aveva costituito la caratteristica dell'interscambio Italia-Urss e di cui giustamente noi ci lamentavamo.

Da parte mia, avevo convenuto con le valutazioni espresse da Ševardnadze, limitandomi a osservare che, grazie anche ai tradizionali buoni rapporti con l'Urss, il governo italiano cercava di apportare un proprio specifico contributo alla comprensione e al dialogo politico internazionale.

Ševardnadze valutava positivamente l'andamento dei lavori a Stoccolma (disarmo). Si stava affermando una buona tendenza che faceva bene sperare circa la possibilità di raggiungere l'accordo, se non su tutto, almeno su larga parte di componenti del negoziato.

Le favorevoli prospettive di Stoccolma dovevano spingere tutti i partecipanti a compiere ogni possibile sforzo per fare del prossimo forum culturale di Budapest un successo. Ciò sarebbe stato possibile — a parere dei sovietici — se i partecipanti non imboccavano la strada della politicizzazione di un convegno che doveva rimanere entro confini strettamente culturali. I sovietici non avrebbero accettato strumentalizzazioni di parte, mentre fin d'ora garantivano il massimo impegno per la realizzazione degli obiettivi posti dall'Atto di Helsinki.

Anche l'Italia, gli avevo detto, annetteva particolare importanza al forum culturale, tanto più che, dopo l'insuccesso di Ottawa (diritti umani), sarebbe stata grave una nuova battuta di arresto. Anche per questo motivo gli italiani si sarebbero impegnati a svolgere a Budapest un'azione responsabile che, nel rispetto dello spirito di Helsinki e in linea con gli obiettivi fissati dall'Atto finale, potesse portare a risultati che aprissero la strada a una sempre più approfondita cooperazione in campo culturale.

Sui problemi del disarmo, Ševardnadze aveva affermato che l'Urss partecipava al negoziato di Ginevra fin dall'inizio con spirito costruttivo, avendo in mente l'approccio globale ai problemi di sicurezza (su cui gli stessi americani avrebbero mostrato di convenire), e con la convinzione di interdipendenza tra problemi relativi a militarizzazione dello spazio e alla riduzione degli armamenti nucleari. I sovietici ritenevano che la militarizzazione dello spazio rivestisse aspetto prioritario e di principio. Quali che potessero essere i nomi (Scudo spaziale, ecc.), era essenziale che tali programmi comportassero la smilitarizzazione dello spazio extratmosferico che la militarizzazione avrebbe reso ingovernabile. Da qui la proposta sovietica all'Assemblea generale di cooperazione per l'uso dello spazio in condizioni di non militarizzazione.

Il ministro sovietico aveva affermato che l'Urss si preparava molto seriamente al prossimo *summit*. Purtroppo non ritenevano di poter dire lo stesso degli americani, malgrado Reagan si fosse detto pronto a esaminare con serietà le loro proposte di moratoria su esperimenti nucleari e del non ricorso per primi alle armi nucleari. Anche se gli americani non ne davano dunque troppo motivo, i sovietici restavano tuttavia ottimisti: sarebbe stato comunque utile — a parere di Ševardnadze — che anche i paesi europei si pronunziassero più apertamente sulle proposte di Mosca; perché «più tardi sarebbe troppo tardi».

Risposi a Ševardnadze osservando che i prossimi incontri in programma a New York e a Washington gli avrebbero forse permesso di dare una giusta interpretazione al comunicato sovietico-americano dell'8 gennaio che menzionava legami tra i differenti aspetti di armamento e disarmo. Volli nello stesso tempo sottolineare due punti e cioè: 1. è difficile una distinzione precisa tra ricerca e sviluppo, e altrettanto difficile è sostenere che non possa effettuarsi la ricerca. Una interpretazione Abm deve indicare quello che può essere permesso e ciò che invece deve essere vietato per non creare squilibrio; 2. i modi attraverso i quali i paesi finanziano le ricerche sono diversi. In Usa la ricerca industriale è finanziata dalla Nasa o da bilanci militari, ma non per questo tutte le ricerche sono finalizzate a scopi militari o di nuove strategie. Ne consegue che deve essere tenuto distinto ciò che riguarda la ricerca in generale e ciò che invece mira a scopi esclusivamente militari.

Ševardnadze ribadì a questo punto che Mosca non aveva mai posto il problema della ricerca di base; quando la ricerca esce dal laboratorio, invece, è soggetta a limitazioni convenzionali. Era materia che offriva comunque spazio per approfondimento e precisazione.

L'accenno mi dette lo spunto per esprimere a Ševardnadze il rammarico per la diserzione dei loro scienziati da Erice, in contrasto con le assicurazioni ricevute. Ševardnadze, senza entrare nel merito, «perché non era informato», mi disse che la cooperazione scientifica era uno dei terreni su cui i nostri paesi si erano trovati in particolare accordo. E anche per il futuro l'obiettivo delle convergenze tra scienziati (e quindi della ampiezza dei loro contatti) restava fra i prioritari. Offriva tutta la sua disponibilità.

Qualche ora dopo ricevevo all'Onu copia, con traduzione, di una corrispondenza pubblicata sulla «Pravda» del 25 agosto nella quale si dava largo spazio e venivano esposte valutazioni molto positive sui risultati del convegno di Erice.

L'incidente — tuttora un po' misterioso — era chiuso.

5

UN COMPAGNO DOTTISSIMO

Tra i miei *divertissements* vi è la presidenza del Centro di studi ciceroniani, che cura le edizioni critiche dell'Arpinate e organizza ogni due o tre anni un seminario internazionale di studi. L'ultimo «Colloquium» l'abbiamo tenuto a Merano e avevo vivo desiderio che vi partecipassero anche latinisti sovietici. Nei nostri schedari sono registrate alcune eminenti figure di accademici e per il tramite dell'ambasciata in Roma rivolsi loro un invito collettivo.

Il momento era tuttavia il meno adatto, perché vi erano state diserzioni di intellettuali in occasione di recenti congressi e riunioni all'estero; e poteva quindi albergare il sospetto che, magari all'insaputa dell'invitante, si creassero le premesse per nuove fughe. Interpretai così la risposta che con sollecita cortesia mi pervenne. La cultura sovietica sarebbe stata adeguatamente rappresentata, ma non dalle personalità da noi indicate, sebbene dal ministro della Scuola della Repubblica lituana.

Devo confessare che pensai ci inviassero un funzionario di partito, forse di quelli che dalla tribuna ciceroniana avrebbero profittato per far propaganda contro la Nato. Ero completamente in errore.

Il ministro Ghenrikas Zabulis è autorevole docente universitario; ha tradotto in lituano classici latini (Orazio e Catullo); è uno studioso approfondito di Virgilio; parla un perfetto francese e lo usa liberamente senza remore politiche; tenne al «Colloquium» una conversazione apprezzatissima da tutti. Dopo Merano, rimase in Italia qualche giorno per visitare i luoghi cari alla sua formazione (fu entusiasta a Mantova e dintorni delle vestigia virgiliane) e ha lasciato una splendida impressione. Mi auguro di averlo ancora al prossimo «Colloquium» che terremo a Varsavia sul tema «Cicerone e lo Stato», in compagnia di altri cultori della latinità ai quali il nuovo corso sovietico consente ora ampia libertà... scritta, orale e di movimento.

Giancarlo Vigorelli, che ha passato questa estate tre settimane in Unione Sovietica per preparare la ripresa di una Comunità degli scrittori veramente europea, è rimasto impressionato per la vivacità del mondo letterario e artistico, l'ansia di contatti, la diffusione enorme della stampa di livello, la libertà di espressione. Se penso all'avvilente discorso del rappresentante degli scrittori sovietici al funerale di Andropov («Ti ringraziamo perché ci hai indicato quel che dovevamo scrivere e quel che non dovevamo scrivere») mi accorgo che siamo distanti parecchi anni luce.

Devo spiegare perché sottolineo che Zabulis, conoscendo la lingua francese, la usava senza difficoltà. Anni prima, infatti, avevo vissuto un episodio singolare. Con l'allora ambasciatore dell'Urss in Roma, avevo spesso occasione di trovarmi ospite di Giorgio De Chirico. Specie nella stagione estiva, il pittore e sua moglie (cittadina sovietica) aprivano la loro bella casa presso via Cortina d'Ampezzo e invitavano molti russi «bianchi» che punzecchiavano di continuo l'ambasciatore, il quale stava al gioco e mi sembrava, anzi, molto divertito.

Ritengo che, a evitare guai, informasse Mosca di questi incontri presentandoli come utile acquisizione di informazioni e stati d'animo. La lingua di quegli incontri era il francese, per un riguardo ai non russi presenti.

Rimasi pertanto molto sorpreso, assistendo una volta a una partita di calcio Italia-Urss, seduto tra un loro ministro dello Sport (o qualcosa di simile) e l'ambasciatore di non ricevere risposta diretta quando gli rivolgevo la parola; attendeva che l'interprete traducesse e a sua volta mi replicava in russo con traduzione consecutiva.

Qualche giorno dopo mi spiegò che, in presenza di un «superiore» che non conosceva la lingua straniera, era per lui d'obbligo esprimersi soltanto in russo.

Insieme allo stesso ambasciatore fui partecipe di una serata socialmente difficile. Il Presidente Fanfani aveva incluso Giorgio De Chirico nel piccolo numero di nuovi cavalieri di Gran Croce dell'Ordine al merito della Repubblica, ma, per un errore — credo — della dattilografa, il suo nome era stato omesso.

De Chirico si impermalì, sospettando che si fosse voluto dare a lui la massima onorificenza, ma si volesse mantenere riservata la notizia per evitare critiche dai non pochi suoi nemici. Fanfani allora si offrì di far la consegna in una forma particolarmente deferente, recandosi a piazza di Spagna nell'abitazione principale del Maestro, che ne fu contentissimo e predispose un pranzo per l'occasione.

La sfortuna volle che si fosse costretti per due volte a rinviare l'evento conviviale, cosicché venne fissata una data non più differibile. Ma il Fato era avverso, perché proprio quel giorno il governo si era dimesso e fu per la grande amicizia con il Maestro che Fanfani, alla sera, mantenne l'impegno.

A tavola, con le rispettive mogli, eravamo il Presidente, l'ambasciatore sovietico, Franco Evangelisti, io e qualche altro che ora non rammento. Il clima non era dei più gioiosi, ma fu reso quasi imbarazzante dalla ripetuta richiesta della signora De Chirico del perché di tanta «mosceria». Non riuscii a comprendere se fosse all'oscuro della crisi ministeriale o se volesse prendersi una piccola vendetta per il comunicato ufficiale monco e per i due rinvii della consegna.

Comunque l'ambasciatore fu il solo diplomatico a Roma che poté spedire quella sera un dispaccio con informazioni di prima mano attinte personalmente dal Presidente dimissionario.

6

IL COMPAGNO HITCHCOCK

Credo che neppure la fantastica mente di Hitchcock sarebbe capace di dare una soluzione sicura al caso Urtčenko, che per qualche momento ha rischiato, nel 1985, di creare difficoltà nei nostri rapporti con l'Urss.

Il 2 agosto veniva denunciata alla polizia dalla rappresentanza sovietica romana la scomparsa del diplomatico Vitalij Urtčenko, consigliere del ministero degli Esteri, in missione a Roma da una settimana. Il mattino precedente il consigliere era uscito da solo da Villa Abamelek, dove alloggiava, dicendo di recarsi a visitare i Musei Vaticani. La descrizione data, ai fini delle ricerche, era la seguente: cinquanta anni, alto un metro e ottanta circa, di corporatura snella, capelli e baffi biondi, stempiato, occhi azzurri, amputazione nelle estremità delle dita della mano destra. Si aggiungeva che era uscito in pantaloni grigi, camicia bianca a righe blu, giacca blu scura.

Furono immediatamente attivate tutte le piste possibili, non escludendo in partenza neppure l'ipotesi di un sequestro di persona messo in atto da criminali comuni. Dalle prime notizie raccolte — a parte la curiosità del luogo di nascita, una volta collocato a Mosca, altra volta a Smolensk —, si apprese che il funzionario in questione era stato in servizio a Washington, Il Cairo e Parigi-Unesco, ultima sede esterna dalla quale sarebbe stato espulso per ordine del governo francese. Era logico quindi richiedere l'aiuto anche dei «servizi» stranieri.

Gli inquirenti cercarono di aver notizie dai Musei Vaticani, ma il numero quotidiano dei visitatori è enorme ed era poco meno che cercar di ritrovare il proverbiale ago nel pagliaio.

I denuncianti escludevano in modo assoluto che potesse trattarsi di una fuga volontaria. La persona era della massima fiducia governativa e ricopriva incarichi «molto delicati». Il sospettare di lui sarebbe stato davvero irriguardoso. Per coadiuvare i nostri servizi vennero da Mosca ben otto specialisti.

Ma passavano i giorni e si camminava ancora nel buio più assoluto. Nulla negli alberghi, nulla negli ospedali, nulla alle frontiere, nulla attraverso le... orecchie d'ascolto che sembra esistano anche tra i doppi giocatori della malavita.

Il 23 agosto ricevemmo dall'incaricato d'affari Efimov una dura nota verbale sovietica contro la «grave provocazione» di cui, almeno per condiscendenza, il governo italiano era ritenuto responsabile. E sorprendentemente si parlava di «voluta lentezza nello svolgimento della vicenda *per ingraziarsi* uno dei servizi stranieri che hanno realizzato questa azione di ostilità contro l'Unione Sovietica su territorio italiano». Efimov chiedeva anche di poter andare a esporre questa inquietudine al ministro dell'Interno Scalfaro.

Fu facile (ma come l'ambasciatore anche l'incaricato d'affari non porta pena) replicare a questo documento di insolito nervosismo che, riletto più tardi, poteva aver voluto semplicemente indicare la pista americana. D'altra parte, se il signor Urtčenko era così importante ed «esposto», perché l'ambasciata non ne aveva segnalato, come d'abitudine, l'arrivo, per le cortesie d'uso all'aeroporto e per una discreta assistenza protettiva durante il soggiorno?

Per parecchie settimane comunque gli americani esclusero ogni loro coinvolgimento; fino a quando (25 settembre) il «Washington Post» pubblicò l'indiscrezione che Urtčenko era volontariamente espatriato in Usa tramite l'ambasciata americana presso il Vaticano.

Anche i sovietici leggono i giornali americani. E il 3 ottobre l'ambasciatore Lunkov in persona fece un nuovo passo diplomatico per chiedere cosa ci risultasse in proposito. Annotai la relazione degli uffici con queste istruzioni: «Possiamo, alla stregua delle notizie stampa, fare un passo a Washington dicendo che nulla risulta ai nostri organi di questo espatrio e chiedendo elementi».

Finalmente il 12 ottobre il Dipartimento di Stato annunciò con un comunicato ufficiale che Vitalij Urtčenko, *alto funzionario del Kgb* scomparso misteriosamente «lo scorso luglio» a Roma, si trovava dall'agosto negli Stati Uniti. Si aggiungeva che non sarebbe stato dato seguito a richieste volte a conoscere se l'ospite avesse chiesto o meno asilo politico.

Che dire? C'era da spiegare perché gli americani avessero tardato tanto nel dircelo (non credo che attendessero il Columbus Day!). Gli analisti, pur non giustificandoli, sostenevano che Mosca doveva ignorarlo fino al completamento delle rivelazioni del soggetto, i cui effetti sarebbero stati altrimenti neutralizzati. Né noi — pendenti le battute dei giudici e della polizia — avremmo potuto tenerci un segreto.

Ma la data del luglio non quadrava con la denuncia sovietica, già curiosamente presentata con ventiquattro ore di ritardo sul non ritorno in ambasciata. I Musei Vaticani sono splendidi, ma un giorno e una notte di visita sono troppi, anche per il più appassionato cultore d'arte sacra. Altro mistero.

Ci trovammo pertanto dinanzi a due versioni, l'una o l'altra forse vere, ma ambedue non verosimili. Gli americani dicevano che il compagno Vitalij era andato a bussare alla porta della loro ambasciata a Roma (quale?) chiedendo di passare il Rubicone Est-Ovest, immediatamente accontentato e trasferito (certo non con aereo di linea).

I sovietici denunciarono invece che il loro concittadino, sequestrato dagli uomini della Cia in piazza San Pietro, era stato probabilmente narcotizzato e trasferito coattivamente negli Stati Uniti.

Se avessero parlato di un rapimento nella via semideserta che da Villa Abamelek porta a largo Cavalleggeri, ancora era opinabile. Ma che proprio nel piazzale della basilica, che in quelle ore pullula di gente, i bravi della Cia avessero compiuto l'operazione senza che alcuno se ne accorgesse, suonava davvero come eccentricamente fantasioso e totalmente impossibile. Quando i giornali hanno diffusamente parlato dell'argomento, non c'è stato un solo «testimone» che si sia fatto avanti per dire di aver visto quella mattina almeno qualcosa di anormale sulla piazza.

Ma il giallo era tutt'altro che finito. A novembre l'ambasciata sovietica di Washington convoca i giornalisti e presenta un... compagno recuperato. È Vitalij Urtčenko che dichiara: «Sono stato rapito da sconosciuti all'inizio di agosto mentre mi trovavo in Italia per affari. Mi hanno trasportato in America in stato di incoscienza; qui mi hanno tenuto prigioniero e drogato per tre mesi, senza permettermi alcun contatto con le autorità del mio Paese. Soltanto il 2 novembre, grazie a un momentaneo attimo di distrazione dei miei carcerieri, sono riuscito a scappare e a rifugiarmi in questa ambasciata».

Salvo che i *carcerieri* dell'ospite russo fossero stati ferventi cattolici e il giorno dei morti (2 novembre) avessero per questo — lo scrivo per celia — allentato la guardia, si tratta ancora una volta di una versione inverosimile.

La Cia aveva detto che le informazioni raccolte, anche dal numero uno, William Casey in persona, erano preziose e che Vitalij aveva una specie di cervello elettronico e conosceva a memoria tutta la rete dello spionaggio sovietico. È mai concepibile che un uomo così prezioso, la cui «conversione», se sincera, gli avrebbe tirato addosso tutta la virulenza dei traditi, fosse lasciato così incustodito e libero di andare alla sua ambasciata (che dette questa tesi), bussare alla porta e tornare così nella casa paterna?

Il rappresentante diplomatico a Washington dichiarò di aver presentato una energica protesta al Dipartimento di Stato, dove peraltro non c'era George Shultz che, guarda caso, si trovava a Mosca a preparare l'incontro di Reagan con Gorbaciov fissato a Ginevra quindici giorni dopo.

Questa connessione temporale può accreditare una serie di soluzioni multiple, come in certi romanzi polizieschi a finale intercambiabile.

1. Urtčenko avrebbe finto il passaggio all'Ovest d'accordo con la direzione del Kgb per creare un *casus* tra Usa e Urss tale da compromettere il risultato e forse la stessa effettuazione dell'incontro di Ginevra. Proprio per evitare questo, gli

americani lo avrebbero riconsegnato ai sovietici cercando di dissimulare lo scacco subito con la beffa.
2. Urtčenko sarebbe caduto in una trappola della Cia (o di altro servizio Usa) a opera di sabotatori interni della distensione. Attesa la reazione di Mosca e per non danneggiare Ginevra, il governo americano avrebbe obbligato i servizi a lasciarlo libero.
3. Vitalij sarebbe espatriato per ricongiungersi in America con una «fiamma» che avrebbe dovuto raggiungerlo da altro Paese occidentale. Difficoltà o ripensamenti avevano bloccato la seconda parte del piano e il povero Urtčenko, senza la seconda famiglia, nostalgico della sua lasciata a Mosca e poco entusiasta di dover essere un clandestino a vita, si sarebbe deciso al grande ritorno.

Questa ipotesi romantica, affacciata dalla stampa americana e accreditata anche da qualche fonte ufficiosa come «crisi psicologica», è però claudicante. Se, infatti, nel primo tempo fosse stato veramente un transfuga (o un convertito, se si preferisce) e avesse dato informazioni segrete agli Usa, poteva mai pensare che, rientrato in casa, avrebbe avuto banchetti, anelli e vesti sericee, come il Figliuol prodigo della parabola? Se la perestrojka comporta questa indulgenza plenaria, saremmo davvero al Paradiso terrestre prima dell'incidente della mela.

Reimbarcatosi Urtčenko tutto sorridente per Mosca, il Dipartimento di Stato emanò un nuovo comunicato per smentire quanto egli aveva dichiarato circa il rapimento. Gli americani insistevano con il dire che egli chiese per telefono asilo all'ambasciata di Roma e venne accontentato e accompagnato a Washington, via Germania. E insistono anche nel dire che, altrettanto volontariamente, si ripresentò alla sua ambasciata, pentito e nostalgico. Pare che sospirasse particolarmente per un suo figlio sedicenne lasciato alla deriva. Altri particolari il governo non fornisce perché è materia propria dei servizi *segreti* (!).

A loro volta i sovietici confermano la loro tesi del sequestro in piazza San Pietro e si raccomandano che non accada più.

In questo piccolo caos si inserisce la procura della Repubblica di Roma che ha aperto un procedimento contro ignoti e aveva bisogno di lumi diretti per poter agire. Ma ciò può verificarsi solo se Vitalij Urtčenko verrà a Roma a collaborare con i giudici; anche perché fino a questo momento non risulta che sia mai pervenuta una *sua* denuncia o testimonianza.

La sua venuta in Italia suonerebbe anche di smentita a tante «voci», compresa quella — fantasiosa e cattiva — data dalla National Public Radio di Washington il 4 marzo 1986: Vitalij Urtčenko sarebbe stato fucilato e la sua famiglia avrebbe dovuto rimborsare allo Stato la spesa del plotone di esecuzione.

Se sono bene informato, Urtčenko ha ripreso a lavorare al suo vecchio *job* nel Kgb (sicurezza delle missioni sovietiche) e ha rilasciato nel 1987 due interviste alle «Izvestija» e a «Tempi nuovi». Mi si dice anche che sta scrivendo un libro. Lo leggerò con vera curiosità.

7

REAGAN A CUORE APERTO

L'autunno del 1985 fu per noi denso di avvenimenti e ci volle tutta la calma possibile per non essere travolti in una spirale di assurdi comportamenti altrui. Il piroscafo *Achille Lauro*, in crociera nel Mediterraneo con a bordo alcune centinaia di americani, fu vittima di un'azione di pirateria all'uscita del porto di Alessandria. Un gruppo di palestinesi (se avessimo saputo subito che erano in quattro saremmo stati molto meno preoccupati) si impadronì del comando e cominciò a tenere sotto scacco passeggeri ed equipaggio. Dove si dirigevano? Facemmo quel giorno l'amara constatazione della relatività di tutte le apparecchiature di rilevazione perché ci vollero parecchie ore prima di conoscere che la nave stava dirigendosi verso la Siria.

Nonostante il parere dei tecnici militari americani pronti — dicevano — a un abbordaggio in navigazione, Craxi e noi ministri che con lui gestivamo la crisi ritenevamo che in un porto sarebbe stata molto più agevole l'operazione di recupero. Ed ebbi l'immediata disponibilità del Presidente Assad (che era in visita in Cecoslovacchia e venne subito al telefono), purché lo chiedessimo sia noi che gli americani. I pirati emettevano messaggi di sapore antisraeliano, minacciando violenze e chiedevano di poter attraccare.

Tutto sembrava indirizzato su questa strada, quando l'ambasciatore Rabb andò da Craxi e comunicò che gli americani non aderivano alla «soluzione siriana». Fu un errore, che costò forse la vita al povero ebreo statunitense, ucciso (lo sapemmo più tardi) dopo la comunicazione che l'attracco era impedito.

La nave si diresse di nuovo verso l'Egitto e, credo su suggerimento americano, fu chiesto a Yasser Arafat di prestare i suoi buoni uffici per sbloccare la situazione. Arafat dichiarò di essere estraneo e ignaro, ma inviò al Cairo uno dei suoi collaboratori (Abu Abbas) per parlamentare con i ribelli e convincerli a desistere. L'Olp si impegnava a giudicarli con la dovuta severità.

In quel momento nessuno sapeva dell'assassinio, che sulla stessa nave era rimasto circoscritto solo al gruppo degli astanti. Dovendo quindi difendere la sicurezza e la vita di tante persone, era più che ragionevole cercare di chiudere al più presto la pericolosa avventura facendo sbarcare i pirati.

È rimasto sempre un dubbio sul perché il comandante, subito dopo il ripristino della normalità, abbia comunicato all'unità di crisi del ministero — messaggio raccolto con gli altoparlanti e quindi al di fuori di ogni equivoco — che tutto era andato bene e che non vi erano vittime. Non sapeva? Non voleva allarmare la gente a bordo, ancora eccitata e sotto shok per la prova? Lo ignoro, né spettava a me fare indagini.

Alla sera, però, l'aereo egiziano che trasportava i quattro criminali verso il quartiere dell'Olp a Tunisi fu intercettato dagli americani e obbligato a far scalo a Sigonella.

Passammo una notte d'inferno. Gli egiziani erano furenti (tra l'altro Mubarak è ufficiale aviatore e si sentiva doppiamente offeso) e nella base italiana, che ospita militari Nato, per poco non si arrivò a un conflitto a fuoco tra i carabinieri che difendevano la legalità nazionale e internazionale e alcuni energumeni statunitensi che pretendevano la consegna di Abbas e dei pirati. Finalmente l'aereo ripartì per Roma e uno degli energumeni si permise di seguirlo in volo senza alcuna autorizzazione e svillaneggiando i controllori che lo invitavano a dichiararsi.

A Ciampino vi furono concitate consultazioni che si protrassero fino al mattino. Gli egiziani non sarebbero ripartiti senza i palestinesi e accusavano noi di sequestro di velivolo. Gli americani volevano i quattro più uno, checché dicessero le leggi e le convenzioni internazionali. I nostri militari erano giustamente indignati per l'atteggiamento degli alleati.

Prendemmo la saggia decisione di rimettere la questione al ministero della Giustizia e quando i magistrati, con responsabile solerzia, ci dissero che non avevamo il diritto di trattenere l'aereo lo lasciammo partire. *Inde irae*. Negli Stati Uniti, invece di ringraziarci per aver risolto una vicenda che sarebbe potuta precipitare in una strage, insorse una violenta campagna contro l'Italia — enfatizzata dalle televisioni — accusandola di correità con i criminali, di paura, di scarsa collaborazione con gli alleati, di insensibilità per la vittima ebrea.

Craxi reagì in Parlamento con la dovuta fierezza, facendo giustamente rilevare la differenza tra un episodio e una ininterrotta linea politica e poi tra gli americani e i protagonisti della squallida vicenda (uno dei quali del resto risultò al centro del brutto pasticcio dell'Irangate).

La fortuna però ci assistette. Eravamo alla vigilia di una riunione straordinaria dei Sette paesi industrializzati, invitati a New York dal Presidente Reagan che voleva esporre le sue idee e ricevere consigli prima di recarsi a Ginevra per incontrare Gorbaciov. In quel clima sarebbe stato impossibile per Craxi e per me andare negli Stati Uniti; e l'assenza sarebbe stata gravissima, tanto più che per altri motivi la Francia aveva già negato l'adesione. Mitterrand e il suo governo avevano però parlato molto responsabilmente a Gorbaciov in visita a Parigi.

Telefonai allora al mio vecchio amico Vernon Walters, rappresentante Usa all'Onu e come tale membro del gabinetto. Se non vi fosse stato un chiaro gesto di loro dissociazione dalla canea, noi non saremmo andati. Ma con quale ridotta autorità Reagan avrebbe incontrato Gorbaciov, avendo ottenuto due rifiuti al suo invito? Comunque tutto (o quasi) noi potevamo accettare, ma non di essere considerati deboli verso il terrorismo. E a Washington lo sapevano bene.

Tre ore dopo Walters mi richiamò per chiedermi se Craxi era disponibile a ricevere il signor Whitehead (il numero due del Dipartimento di Stato) latore di un messaggio di Reagan. Venne, e tutto fu agevolmente chiarito, come è logico tra amici e tra persone che si rispettano.

Mi è sempre rimasto il dubbio che a soffiare sul fuoco siano stati in quei giorni i soliti ignoti che cercano ogni mezzo per contrastare la distensione internazionale.

A New York in una grande riunione di italo-americani riscontrammo il loro sollievo per la dignità e la fermezza dimostrate dal governo italiano.

Il 24 ottobre ci fu la riunione da Reagan dei sei primi ministri, con la partecipazione di Shultz, Genscher e mia.

Kohl (Germania Federale) a nome di tutti ringraziò il Presidente dell'iniziativa di consultazione e del proposito di venir lui stesso (o di inviare Shultz) a riferirci subito dopo ogni incontro con i sovietici. Reagan aveva un appoggio dei governi europei che i suoi predecessori non sempre avevano avuto; questo conferiva una *chance* importante al dialogo con l'Urss, cui giovava anche la necessità di Gorbaciov di riportare un successo. «Sono molto più giovane di lei,» disse Kohl a Reagan «ma mi permetto di dirle di sentire che va laggiù come rappresentante di tutti coloro che hanno *speranza*, sia all'Ovest che all'Est.»

Mulroney (Canada) elogiò Reagan «uomo di pace», qualità che non contrastava con quella di poter parlare come capo della alleanza militare Nato. Il Presidente aveva inoltre un carisma e una forza rappresentativa all'interno davvero incontestabili.

Craxi confermò la fiducia in Reagan, assicurandogli per Ginevra la solidarietà e il sostegno di tutti gli italiani. Gorbaciov rappresentava una nuova generazione. Aveva bisogno di consolidarsi al centro di questa immensa macchina burocratica che cominciava a comprendere e da cui appariva come l'Urss fosse arretrata. Gorbaciov voleva davvero le riforme e aveva bisogno di un lungo periodo di pace. Il negoziato sarebbe stato serio, difficile, ma senza quegli atteggiamenti rigidi dell'Urss che lo bloccavano nel passato.

Sarebbe già stato un grande risultato se a Ginevra si fosse visto l'inizio di un periodo di rapporti diversi tra Est e Ovest e si fosse concordata una ragionevole procedura per proseguire in tale direzione, anche con l'esame delle aree di crisi. Le tappe intermedie verso un secondo vertice sarebbero state importanti. Finora non una sola delle crisi si era risolta proprio per lo stato dei rapporti tra Usa e Urss.

Nakasone (Giappone) si rallegrò per la consultazione previa, così visiva. Appoggiava Reagan, ma gli consigliava di esporre chiaramente i punti su cui non vi era concordanza prevedibile. «Gli impossibili sono impossibili, sia per noi che per i sovietici.» Non dovevano essere dimenticati gli aspetti economici in gioco (i giapponesi sono interessati al mercato russo, osservò Craxi) e le esigenze sovietiche di scienza e di tecnologia.

Il primo ministro giapponese sottolineò una necessità, avanzata anche da altri. Occorreva dare adeguata pubblicità all'approccio con i sovietici: «Il mondo deve conoscere come usiamo il nostro cervello quando si difende la pace». Il timore che i sovietici siano più bravi nelle campagne pubblicitarie *ad hoc* è molto diffuso negli occidentali.

La signora Thatcher (Regno Unito) chiamò Ronald Reagan «il nostro campione». Era necessario dare impulso a tutti i negoziati sugli armamenti. I sovietici militarmente erano più o meno forti quanto noi, ma non nella economia e nella scienza. Sullo Scudo spaziale — che doveva entrare nei nuovi negoziati — nessun compromesso; né credeva che veramente i sovietici lo considerassero destabilizzante.

Reagan, che di tanto in tanto aveva commentato con brevi interruzioni gli interventi dei primi ministri, cominciò col dire che, dopo periodi di discorsi retorici e generici sulla pace, ora si mettevano sul tavolo le cifre e si vedeva che erano abbastanza collimanti. Occorreva mobilitare tutti i governi, popoli, ambienti culturali a sostegno di Ginevra e dei suoi seguiti. Di recente aveva detto a un sovietico: «Da voi non usate la voce del popolo perché vi condiziona». Orbene dovevano convincersi che c'è un limite nel *tenere sotto* il popolo stesso. Altrimenti scoppia tutto. E dovevano convincersi che la riduzione degli armamenti sarebbe stato un beneficio *anche* loro.

L'efficacia del negoziato sarebbe dipesa dalla sua relativa riservatezza. Certe cose non sarebbero state immediatamente lette nei giornali. Il problema dei diritti umani non era più una *interna corporis*, ma per arrivare a conclusioni occorreva grande delicatezza nell'impostarlo. I russi volevano un accordo a lungo termine ed era giusto. Ma dovevano fare gesti concreti che dessero credibilità al tutto.

L'Afghanistan era una tigre che andava presa per la coda. I sovietici avrebbero voluto liberarsene, ma dovevano essere aiutati con proposte valide e insieme accettabili senza che nessuno perdesse la faccia: ad esempio, con una idea di forze Onu garanti di libere elezioni.

Gorbaciov era proteso verso obiettivi sovietici di sviluppo civile e non voleva maggiori spese militari. Doveva mutare molte cose. La loro pianificazione tattica e strategica era «offensiva». Non volevano la guerra, ma erano contro lo Scudo spaziale appunto per gli oneri di spesa. Volevano mantenere quel che avevano e tentavano di dividere gli europei dipingendo gli americani come contrari alla pace. Non ci saremmo lasciati dividere e non avremmo firmato accordi se non a lungo termine, validi sia per noi che per i nostri alleati, disse Reagan; non perdendo di vista anche i problemi commerciali.

Nixon era stato sul punto di concludere una intesa nel 1972, ma gli ebrei avevano cercato un accordo separato per la loro emigrazione e avevano fatto fallire tutto. Allora (1972) potevano partire dall'Urss circa settantacinquemila israeliti, ora il ritmo era pressoché cessato.

Gorbaciov doveva accreditarsi anche all'interno del difficile mondo del Cremlino, mostrandosi forte e dimostrando che la sua politica rendeva.

Vi era un filone centrale nel negoziato; poi vi erano filoni secondari e aspetti cosmetici. Questi ultimi erano utili (i commerci, la pesca, la cultura), ma non sufficienti.

Mirare all'accordo, dunque, ma non alla cieca e a ogni costo. Noi abbiamo tre volte il loro prodotto nazionale e siamo forti. Non vogliamo enfatizzare la superiorità, ma neppure siamo disposti a concederla a loro.

Ripeté la opportunità della discrezione. Finora sui diritti umani si era fatta disputa pubblica; con il risultato che una cittadina americana sposata a un sovietico che era a Mosca stava invano attendendo da quattro anni che la raggiungesse. Andava quindi ricercato un approccio diverso: parlandone con loro, ma tacendone all'esterno.

Questo primo giro di tavola si era concluso con l'intervento di Reagan che, contrariamente al suo solito, non era stato una lettura di schede prefabbricate dai suoi collaboratori (che mi sembravano anzi un po' nervosi e che divennero addirittura angosciati quando il Presidente, alla fine, annunciò di aver meditato da solo durante il weekend e di averne fissato in un foglietto il risultato).

Riprese intanto il giro, nel quale tutti confortarono Reagan con consensi e appoggi. Mulroney si ripromise di spiegare al mondo, come aveva già fatto in seno al Commonwealth, che il confine Usa-Canada era libero e aperto e mai i canadesi avevano sentito il peso di un presunto, dalla polemica avversaria, imperialismo americano. D'altra parte il Canada, pur essendo convinto che il sistema occidentale sia il migliore, non guardava con ostilità al sistema sovietico (questo accenno parve una critica garbata — perché non si ricadesse nella tentazione — al Reagan della prima maniera che predicava contro *l'impero del male*). «C'è al tavolo un nuovo giocatore; dobbiamo dargli le *chances* necessarie.» Vi erano gli addendi per un pacchetto concreto, oltre gli armamenti.

Reagan intervenne per sostenere che lo Scudo spaziale «non è una carta da giocare in relazione alle armi offensive di cui si negozi l'abbattimento» e disse che la ricerca stava facendo interessanti passi avanti, contraddicendo i pessimisti (Pentagono? Mit di Boston?) che la credevano impossibile. Sarebbe quindi venuto il momento per dare una risposta ai missili balistici. «TUTTO IL MONDO» disse con forza «DOVRÀ AVERE LE ARMI DIFENSIVE.»

Era la ripetizione della tesi reaganiana, non creduta dai russi, sulla tempestiva comunicazione, alla fine, delle formule trovate dai ricercatori.

Kohl suggerì al Presidente di parlare faccia a faccia a Gorbaciov, senza collaboratori. Lo doveva convincere di avere un interesse per la pace identico al nostro. Negli altri membri del Patto di Varsavia vi era attesa. Le nuove generazioni erano nate per il 60 per cento dopo la guerra e non avevano risentimenti inceppanti. Diverso era il quadro al momento degli incontri tra Nixon e Brežnev.

Le dittature non muoiono per le difficoltà economiche. Gorbaciov doveva perciò essere incoraggiato al negoziato, pagando naturalmente anche qualche prezzo. I compromessi giusti sono la chiave di ogni soluzione. E l'impegno a farli partecipare allo Scudo spaziale a ricerca compiuta andava ripetuto, affinché si convincessero che noi si pensava davvero così.

Kohl proseguì plaudendo al proposto metodo riservato nel discutere sui diritti umani. Questo riguardava non solo gli ebrei, ma anche il milione e mezzo di tedeschi che vivevano all'Est. Un saggio approccio a Ginevra avrebbe dato indirettamente anche a Honecker mano più libera per i permessi di ricongiungimento delle famiglie separate o, almeno, per le visite. Si sarebbero potute anche evocare le clausole di Helsinki.

Qui Reagan fece un cenno alle persecuzioni dei cristiani.

Craxi riprese il progetto di Reagan sulle tecniche dello Scudo spaziale offerte anche ai sovietici, prospettando lo scenario finale del mondo in cui queste nuove armi difensive sarebbero state a disposizione di tutti. «Dalle stelle scenderebbe la pace.» I mass media americani avevano reso un cattivo servizio parlando di *guerre stellari* (Reagan pensò che fosse stato un senatore democratico). Naturalmente per rendere garantita l'offerta occorreva un accordo minuzioso anche sui tempi intermedi tra *comunicazioni* e *proprio dispiegamento*: sei mesi o cinque anni non sono la stessa cosa.

Per i diritti umani: pressione da farsi, anche senza risultati massicci e notori. Per il Medio Oriente, Craxi prevedeva un aggravamento e raccomandava di parlarne con Gorbaciov: «La polveriera può scoppiare».

Reagan accennò al panarabismo islamico, che era molto attivo e in relazione al quale l'Urss si trovava in una posizione di sostanziale convergenza. Riprendendo ancora il tema dello Scudo spaziale (come ho detto non seguiva uno schema rigido), disse che la garanzia della serietà delle sue proposte di «universalizzazione» veniva dal fatto che se un solo Paese fosse arrivato allo Scudo spaziale, gli altri, prima che ne avesse completato la produzione e lo spiegamento, lo avrebbero attaccato. Di qui un accordo *necessario* e credibile.

Prima di chiudere la riunione Reagan ci comunicò l'elaborato della sua meditazione personale, più o meno (ricostruisco a memoria, ma la sostanza è intatta) così concepito:

« Non so se Gorbaciov faccia sul serio, ma nessuno di noi dinanzi alla storia e alla propria coscienza deve avere la responsabilità non solo di averlo ostacolato ma di non averlo favorito ». In questo spirito andava a Ginevra, confortato dalla concordia riscontrata e invocando la benedizione di Dio.

Con Craxi fu particolarmente caldo e gentile. Gli speculatori dell'*Achille Lauro* non l'avevano spuntata.

Del resto l'episodio fu talmente passeggero e circoscritto che, avendo incontrato mesi fa il signor Whitehead, mi ha detto sorridendo: « I tempi dell'*Andrea Doria* sono lontani ». Anche il nome è da tempo cancellato.

8

«REAGAN VUOLE, MA PUÒ?»

La nona legislatura repubblicana aveva visto la novità di un Presidente del Consiglio socialista. Il fatto non era stato sconvolgente perché già da tempo un socialista era a capo dello Stato, perché i socialisti facevano parte della maggioranza governativa e, infine, perché già con il Governo Spadolini si era interrotta la tradizionale guida ministeriale di un democristiano, mantenuta dal 1945 nel segno prioritario del partito di maggioranza relativa.

Sembra però che lo stesso onorevole Craxi pensasse di lasciare a metà del guado Palazzo Chigi e che il proposito non fosse stato formalizzato per mancato accordo tra la segreteria del Psi e quella della Dc; non so se, una volta giunti a tale scadenza tecnica, quest'ultima fosse mossa a far rispettare l'accordo da contrarietà generica a intese del genere o dalla volontà di non «regalare» a Craxi cinque semestri di presidenza, periodo che nei ritmi italiani è cospicuo. Il dubbio in proposito fu all'origine di una irrisolta disputa tra i due partiti al momento cruciale di mezza legislatura. Il governo andò in crisi, ma dopo complicate liturgie fu stabilito che Craxi restasse fino alla primavera successiva, per fare poi posto a un democristiano che avrebbe dovuto concludere la legislatura, rispettando possibilmente il termine costituzionale dei cinque anni più volte disatteso. Pesava però l'ombra dei referendum (specie quelli sulla responsabilità civile dei giudici e sulle procedure per le centrali elettronucleari).

Poiché la voce corrente — non certo da me ricercata né accreditata — era che fossi io il successore di Craxi, attribuisco a questa voce alcune attenzioni internazionali che ebbi a cavallo tra il 1986 e il 1987. E interpretai così un invito ufficiale a Mosca per il 26 e 27 febbraio dell'87, motivato peraltro anche dalla inaugurazione della sezione sovietica del World Lab. per la quale mi ero intensamente adoperato.

Senza togliere importanza alla riunione presso l'Accademia delle scienze, il punto centrale del viaggio fu costituito da due ore di colloquio con un Gorbaciov che trovai in piena forma e con una accresciuta padronanza della tematica internazionale.

Trascrivo, ancora una volta, i miei appunti.

Gorbaciov: Come a primavera i piccoli ruscelli confluiscono, così, anche per la pace, sono necessari piccoli passi. Oggi mancano passi definitivi, eppure qualcosa si muove. Il dialogo Est-Ovest è ripreso. Proprio negli ultimi anni l'Europa ha voluto dare un proprio contributo. Sarebbe un errore grossissimo ridurre il peso dell'Europa alla sola economia, noi lo avevamo quasi commesso. Gli europei hanno fatto qualcosa, come alla conferenza di Stoccolma. Per quanto riguarda la situazione nell'Urss, facciamo piccoli passi, come nel continente europeo.

Un problema sempre presente è il sospetto dell'Europa occidentale che le nostre sollecitazioni vogliano farle rompere i legami con gli Stati Uniti. Noi siamo realisti e vi invitiamo a collaborare sapendo che nessuno può sostituire l'Europa. Faremo quindi tutto il possibile e apprezziamo molto i legami con l'Italia e il suo ruolo attivo. Stimo anche molto lei personalmente, signor Andreotti, e non lo dico per farle piacere.

Andreotti: Ringrazio. Abbiamo accolto con grande soddisfazione la sua politica e auspichiamo un successo nell'interesse di tutti. Porto i saluti di Cossiga. Attendiamo una sua visita, ad esempio in luglio. Abbiamo problemi interni, ma li risolveremo. So che deve andare in Grecia. Se verrà prima in Italia, ne saremo lieti.

Gorbaciov: Le parlerò poi di questo.

Andreotti: L'Italia ha inviato al recente forum di Mosca una delegazione molto qualificata, incluso il governatore della

Banca d'Italia e l'autorevole ex ministro Rinaldo Ossola. Sono segni dei tempi che sottolineo con gioia.

Gorbaciov: La delegazione italiana è stata anche molto attiva.

Andreotti: Sono di ritorno dagli Stati Uniti. Ho portato con me alcuni deputati italiani, incluso Rubbi, del Pci, che lei conosce, uomo molto attivo. Ho parlato con molti membri del Congresso a favore della piattaforma di Reykjavik. In Italia pensiamo tutti che il dialogo deve continuare, senza interruzioni a causa di problemi interni come l'Irangate. Tutti i membri del Congresso cui l'ho detto erano d'accordo, democratici e repubblicani, e in particolare i 28 «italo-americani» che sono nel Campidoglio di Washington.

Gorbaciov: Cosa Nostra [*in italiano*!].

Andreotti: Non è una buona definizione... Stiamo del resto collaborando intensamente con gli Stati Uniti contro la droga e la mafia e questo è molto importante e qualificante.

Sono convinto che Reagan vuole il disarmo nucleare. Prima di Ginevra Reagan organizzò una riunione dei sette paesi industrializzati a New York. Tirò fuori dalla tasca alcuni foglietti frutto dei suoi pensieri e ci disse: «Spero che Gorbaciov faccia sul serio; noi dobbiamo fare tutto per aiutarlo nella sua politica». Questa è l'opinione personale di Reagan e di molti altri. Ma vi sono sicuramente altre forze che diffidano, che sono interessate a progetti militari e paramilitari.

Abbiamo plaudito a Reykjavik, è stato un grande disegno politico. Il giorno dopo, Shultz si espresse con noi in modo molto favorevole. Certo la Francia e la Gran Bretagna temono per il loro deterrente, ma quando, come spero, si raggiungerà un accordo sul modello di Reykjavik, le tesi analoghe finiranno presto o tardi con il prevalere anche in questi due paesi. Lo annunciarono un giorno all'Onu sia Mitterrand che Geoffrey Howe.

Shultz ci ha detto anche dei progressi nei diritti umani. Le difficoltà sopravvenute possono essere superate.

Tra le difficoltà del disarmo nucleare, ricordo che esso lascia intatte le sperequazioni in campo convenzionale. Poiché si deve realizzare il disarmo nucleare, bisogna anche impostare l'eliminazione delle sproporzioni convenzionali, il che costituisce un problema complesso. Jaruzelski ci ha detto che se uno ha una mazza di dieci chilogrammi e l'altro di venti, vince forse chi ha i muscoli più forti: non si tratta quindi di una comparazione semplicistica di dati, ma il censimento va fatto.

Gorbaciov: Prima che l'uno sollevi la mazza di venti chilogrammi, l'altro lo ha già colpito!

Andreotti: Ma voi avete muscoli forti. Sui missili a corto raggio, invece di seguire quegli occidentali che vorrebbero aumentarli, suggerisco un po' di coraggio e di manifestare la vostra disponibilità a ridurne il numero, che è certo prevalente.

Gorbaciov: Parla di missili a corto raggio?

Andreotti: Sì, per quelli a medio raggio la soluzione di 100 dall'una e dall'altra parte è buona, almeno come fase negoziale.

Vi è poi il problema del rispetto dell'Abm. Abbiamo cercato di chiarire i concetti di *ricerca* e di *sviluppo* in una riunione a Roma. Gli Stati Uniti spingono per una interpretazione ampia dell'Abm, ma, come sapete bene, perché la Nato ne discute pubblicamente, l'Italia e molti europei non sono d'accordo. Anche per questo è importante diminuire i vostri missili a corto raggio, questo ci aiuterebbe nei confronti degli Stati Uniti. Poi parlerò del Medio Oriente. Ho molto apprezzato il suo messaggio alla Cee su questo punto e sulla conferenza internazionale [Gorbaciov aveva inviato appunto un messaggio molto fiducioso a noi ministri della Cee che ci apprestavamo a discutere, *N.d.A.*].

Gorbaciov: Grazie per le valutazioni della nostra politica estera. Vogliamo essere prevedibili e costruttivi. Non abbiamo illusioni, ce ne siamo liberati in linea di principio. Compito comune è muoversi su un terreno realistico. Tutti osteggiano le armi nucleari e siamo tutti interdipendenti, anche con i nuovi paesi in via di sviluppo. Occorre definire l'equilibrio Est-Ovest e quello Nord-Sud. Questa è la base per una politica concreta; i problemi economici ed ecologici sono comuni. È difficile comprendere i problemi di questo mondo e passare dalla loro comprensione alla politica reale. Sinceramente conosciamo i vostri interessi nel mondo e dobbiamo tenerne conto. Se per ipotesi interrompessimo le vie di comunicazione del petrolio, sappiamo che ciò porterebbe a passi imprevedibili. Vi è poi il problema di quanti in Occidente non considerano gli interessi dei paesi in via di sviluppo, e anche questo crea una situazione esplosiva.

Per concludere il mio ragionamento: siamo disposti a collaborare con l'Occidente per trovare un nuovo equilibrio nel mondo e questa ricerca è compito di tutti gli stati.

Anche per questo è stato importante il forum di Mosca che ha riunito le persone più diverse per discutere di ciò che preoccupa nel mondo intero. Non è stato un gioco diplomatico, bensì un confronto reale.

Per quanto riguarda i rapporti con gli Stati Uniti, dobbiamo continuare a trattare con questa amministrazione non per la forma, ma nella sostanza. Ho detto nel recente incontro con Kissinger e altri che non intendiamo speculare sulla situazione interna degli Stati Uniti [vedi Irangate, *N.d.A.*]. Non possiamo fare a meno di loro né loro di noi. Anche questa è una realtà, occorre ridurre il confronto e agiremo così anche in futuro.

Cosa si può fare con l'amministrazione attuale? Ci sono molti dubbi. Lei ha menzionato le intenzioni di Reagan e condividiamo la sua impressione. Lui *vuole*, ma *può*? Riuscirà ad avere il consenso di tutti? Ci vogliono volontà e coraggio di andare avanti. Non vogliamo concessioni unilaterali, non saremmo realistici e il Congresso non approverebbe. Ma riscontriamo anche la volontà di taluni di tornare indietro rispetto a Reykjavik.

Ho appena ricevuto un telegramma da Ginevra sulla interpretazione allargata dell'Abm da parte degli Stati Uniti. Ciò nonostante, crediamo possibile un accordo. Persone vicine al Presidente vogliono uno spiegamento dello Scudo spaziale nello spazio sin da ora per legare la futura amministrazione a questa linea. Ma se oltrepassiamo questa soglia, tutto diverrebbe più difficile, anche ridurre le armi strategiche.

Circa la sperequazione convenzionale, ho già detto che questa deve essere negoziata. Non vogliamo essere furbi con gli europei.

Sui missili a breve raggio siamo disponibili a una soluzione e rifletteremo sulla sua proposta molto attentamente. In linea di principio sono d'accordo. Vedo che siete a favore di una opzione zero che tenga conto anche delle forze convenzionali e dei missili a corto raggio.

I problemi militari possono essere risolti, ma non bisogna permettere di distruggere il trattato Abm: questo è problema politico. I negoziati in corso perderebbero valore e il dialogo politico si arresterebbe. Si creerebbe una situazione interamente nuova; si tratterebbe di un grossissimo errore politico. È una questione centrale che influenzerebbe tutti gli altri problemi e indurrebbe a riprendere la corsa agli armamenti. Faremo di tutto per evitare tali sviluppi, ma dobbiamo anche esaminare i passi da compiere alla luce del telegramma ricevuto da Ginevra.

Per quanto riguarda il Medio Oriente, si tratta di un nodo pericoloso ove si intrecciano anche interessi Est-Ovest. Dapprima gli Stati Uniti hanno perso l'interesse a cooperare con noi, poi hanno avuto bisogno di rendersi conto che la via delle intese separate è irrealistica. Ora forse lo hanno capito, hanno imparato, e sono tornati sul problema tenendo presente la necessità di considerare gli interessi di tutti.

Forse è necessario un comitato preparatorio della conferenza internazionale. È questa la sostanza della nostra proposta. E forse da parte italiana non si è molto favorevoli. Non è la nostra una furbizia da corte di Madrid.

Non ho avuto molto tempo per meditare sul documento dei Dodici. Ho apprezzato il favore per la conferenza internazionale, però siamo sorpresi che essa sia condizionata alla ripresa delle relazioni diplomatiche con Israele e al ritiro delle truppe dell'Afghanistan. Cosa c'entra in particolare l'Afghanistan? Siamo disponibili a ogni contatto.

Andreotti: Il testo della Comunità non prevede queste due condizioni e i Dodici sono rimasti molto soddisfatti del suo messaggio. Gli altri due problemi sono trattati separatamente. Sull'Afghanistan ho apprezzato il vostro messaggio alla conferenza islamica. La Comunità vi invita a continuare sulla strada da voi stessi indicata.

Gorbaciov: Da quanto mi risulta, gli Stati Uniti vogliono far saltare la soluzione per l'Afghanistan allo scopo di non perdere argomenti contro l'Urss.

Andreotti: Può darsi *qualcuno* negli Stati Uniti, ma non *gli* Stati Uniti. Vi sono altre tendenze in Usa che contano di più, come quelle che hanno tolto le sanzioni alla Polonia.

Gorbaciov: Che coincidenza! Sì, sappiamo che vi sono altre tendenze nell'amministrazione americana. Siamo seriamente intenzionati a risolvere il problema dell'Afghanistan.

Andreotti: La conferenza per il Medio Oriente occorre prepararla, altrimenti non sarebbe serio. Ci sono divergenze all'interno di Israele. Ma la Cee non ha indicato per iscritto un legame tra conferenza e ripresa diplomatica con il riconoscimento da parte dell'Urss. Io ho suggerito di dirvelo in un orecchio, per evitare che questo problema sia utilizzato nelle dispute in Israele. So che è una questione complessa e potrete usarla per premere su Shamir. Vi è poi il problema dell'opposizione di Arafat, che bisognerebbe cercare di superare.

Non si può comunque eliminare Arafat se non c'è chi può sostituirlo, anche come rappresentatività.

Gorbaciov: Per quanto riguarda i rapporti con Israele, essi possono in una certa fase essere parte del processo, ma non ora. L'Olp dovrebbe partecipare al processo di pace, non è questione che può essere elusa. Cerchiamo di favorire il carattere costruttivo dell'Olp. Però non è facile mettere d'accordo gli arabi!

Andreotti: Ma cosa dovrà decidere la conferenza? Il riconoscimento di Israele da parte dell'Urss deve essere parte del processo, tuttavia non credo a una conferenza entro breve tempo.

Gorbaciov: Ševardnadze si incontra regolarmente con gli israeliani.

Andreotti: Al Consiglio di sicurezza dell'Onu, l'Italia, nel suo primo voto, ha sostenuto un documento dei non allineati che riproduce la posizione del Congresso degli Stati Uniti sul Sudafrica.

Gorbaciov: Sono lieto dell'atmosfera e del contenuto dei colloqui. I nostri interessi in Medio Oriente sono molto vicini ed è interessante collaborare con voi. Ne parli oggi con Ševardnadze.

Quanto alla visita in Italia, sono convinto che essa debba aver luogo quest'anno. La data dipende dalle possibilità reciproche. Recentemente ho ribadito, in un mio discorso, il legame tra la nostra politica interna e quella estera. Siamo interessati a una politica estera conforme ai nostri obiettivi interni di trasformazione. Ricordo la mia dichiarazione fondamentale del 15 gennaio e quelle successive. Se ci credete però più interessati alla normalizzazione che al disarmo, allora non vi sarà nulla.

Andreotti: È questa una occasione storica. E ritengo stupido chi sulla stampa occidentale si chiede se l'evoluzione dell'Urss sia o meno nel nostro interesse.

Il tema del Medio Oriente fu al centro dei colloqui con Ševardnadze. Parlammo del Libano. Come doveva essere valutato l'intervento siriano: un elemento di ulteriore complicazione o un freno all'attività degli Hezbollah prima che diventassero troppo forti e diffusi, immettendo una ennesima componente differenziata di questo povero Paese, come se non ne avesse già abbastanza? Io non mi sentivo di escludere la seconda versione, e se i siriani non compiranno — dissi — atti espressamente rivolti contro Israele, ci si poteva attendere una reazione non grave del governo di Tel Aviv.

Ševardnadze andava oltre. L'invio di forze siriane era un contributo importante per evitare nuovi spargimenti di sangue; il ritiro dell'esercito di Damasco avrebbe rappresentato, al momento attuale, il crollo immediato del Libano.

In queste condizioni, e su un piano più generale, Ševardnadze affermò che il problema mediorientale aveva prospettive di pacifico sviluppo soltanto mediante il ricorso a soluzioni politiche. Sotto questo aspetto la convocazione della conferenza internazionale, preceduta da un comitato preparatorio, appariva all'Unione Sovietica un utile strumento per creare un flusso di contatti e di rapporti a livello bilaterale e multilaterale con tutte le parti in causa.

Sul conflitto Iran-Iraq, dovemmo riconoscere l'assenza di prospettive per la cessazione delle ostilità a tempi vicini e rinnovare il proposito di non lasciar passare alcuna utile opportunità, anche in seno al Consiglio di sicurezza. Dissi di aver riscontrato anche a Washington gravi preoccupazioni per la situazione territoriale che si era venuta determinando sul terreno e che avrebbe potuto costituire, nel caso si fosse arrivati ora a una conclusione del conflitto, l'inizio di uno squilibrio ancor più grave in quella tormentata area geografica. Ševardnadze confermò che di recente vi era stata una intensificazione di contatti Urss-Iran, ma non ne era ancora uscito nulla di particolarmente positivo.

Circa la possibilità di intervento del Consiglio di sicurezza, mi espressi in termini negativi su prospettive di risoluzioni impositive prive di una qualche motivata probabilità di successo; avrei avuto più propensione a cercare soluzioni nel campo delle misure restrittive, anche se queste non erano di facile realizzazione.

Ševardnadze replicò che per ora era difficile parlare di sanzioni, ma aggiunse che Mosca era pronta ad approfondire qualunque altra proposta, compresa la possibilità di iscrivere all'ordine del giorno la convocazione di una sessione del Consiglio di sicurezza a livello ministri degli Esteri.

Riprendemmo anche la problematica del terrorismo, convenendo sulla opportunità di continuare i contatti già avviati. A tal fine una delegazione sovietica si sarebbe recata quanto prima in Italia.

In questo contesto toccammo il problema della responsabilità di Damasco per le attività terroristiche che hanno origine dal territorio siriano. Ševardnadze disse che Assad aveva rilasciato negli ultimi tempi dichiarazioni molto impegnative al riguardo e che comunque quel governo non aveva pieno controllo su tutti i gruppi terroristici e che non si poteva addossargli la responsabilità di tutto.

Prima di lasciarci, discutemmo ancora di alcuni temi bilaterali, tra cui la questione della «divisione Retrovo» di Leopoli, e avanzai la proposta di autorizzarci a effettuare ricerche negli archivi sovietici. Ebbi promessa dell'interessamento di Ševardnadze affinché la richiesta italiana, già trasmessa alle competenti autorità ucraine, potesse essere presa in considerazione nei tempi brevi e nei limiti del possibile.

Prima di rientrare a Roma, visitai ancora il cimitero dove è sepolto Kruscev. Io non ho conosciuto questo singolare personaggio, passato alla storia sia per essersi villanamente levato una scarpa nell'aula dell'Onu sia per avere coraggiosamente preso le distanze da tutte le violenze del passato.

Senza il XX Congresso sarebbe potuto mai spuntare all'orizzonte l'astro di Michail Gorbaciov?

L'atmosfera «aperta e amichevole» tra la nostra nazione e l'Urss stava dando il suo piccolo contributo per fare ulteriormente evolvere quella politica del riavvicinamento Est-Ovest che in Italia alcuni — anche senza avervi interessi contro — avevano tardato a capire.

9

L'OSTACOLO DANILOFF

Il vertice di Ginevra e, subito dopo, una visita di Shultz a Mosca chiusero bene l'anno 1985. Genscher e io, reduci dall'incontro di New York, avevamo riferito ai colleghi della Cee e ottenuto la possibilità a far sapere a Reagan che la Comunità tutta intera lo incoraggiava, anche se i due paesi nucleari, Francia e Inghilterra, con qualche tono in meno per evidenti motivi cautelativi. Roland Dumas aveva peraltro chiarito i due motivi per cui Mitterrand non era venuto a New York. La convocazione era arrivata all'improvviso, quando appena due giorni prima, inviato da Reagan, era giunto a Parigi il signor McFarlane e non ne aveva fatto parola. Inoltre, era uno sviamento nel carattere dei vertici a sette, che doveva essere di contenuto economico, senza agenda rigida e con molta riservatezza; mentre invece era divenuto un consesso in cui si parlava di tutto con duecentocinquanta giornalisti alle porte.

D'altra parte i francesi avevano avuto modo di esporre a Gorbaciov, e senza intermediari, i loro punti di vista, largamente convergenti con quelli emersi nella nota riunione. Dumas ci informò che avevano parlato di diritti umani, invitando i sovietici a «svuotare i lager» e a favorire il ricongiungimento delle famiglie. Il leader dell'Urss aveva accettato la formazione di un apposito gruppo di lavoro. Sul disarmo, Gorbaciov aveva avanzato l'offerta — declinata — di un negoziato separato tra i due nucleari europei e i sovietici. Anche l'approccio alla questione delle crisi regionali si era svolto a Parigi in un clima conciliante.

Raramente l'Europa occidentale era stata così compatta e disponibile ad appoggiare il negoziato degli americani. Questi, ora, non avevano più ragione di lamentarsi per il curioso atteggiamento europeo che li spingeva a parlare con Mosca, ma, quando il colloquio si profilava, dall'Europa si cominciava a insinuare che Washington stesse «mollando al suo destino» il nostro vecchio continente.

Il negoziato ora procedeva con una metodologia intelligente, suddiviso in varie branche di approfondimento e coordinate dai due ministri degli Esteri che riferivano direttamente a Gorbaciov e Reagan.

Non mancavano sussulti di arretramento, occasionali o provocate che fossero le cause. Il punto di raffreddamento più pericoloso si ebbe in seguito all'incidente occorso al giornalista americano Daniloff, arrestato in Unione Sovietica. La stampa, ma anche molte voci del Congresso, intimarono al Presidente di troncare il rapporto negoziale con Gorbaciov fino a che Daniloff non fosse tornato in libertà.

Nicholas Daniloff era stato fermato con l'accusa di spionaggio, ma non occorreva esser maligni più di tanto per attribuire la mossa come ritorsione per l'arresto negli Stati Uniti di un impiegato sovietico presso la rappresentanza dell'Onu, signor Zacharov.

Nel corso del 1986 seguii il negoziato attraverso le tempestive consultazioni in sede Nato e non ebbi mai dubbi sul suo lento, ma effettivo progresso. Anche l'ostacolo della contrarietà di alcuni europei alla opzione zero (rimozione di tutti i missili intermedi) mi sembrò così assurdo da non preoccuparmi. Era stata la Nato a proporla e l'Urss a rifiutarla; ora che essi l'accettavano, che serietà vi era nel rimetterla in discussione?

A eccitare i perplessi e i sottilmente contrari contribuivano anche certi circoli americani contrari alla politica di Reagan, i quali si ritenevano (o fingevano) di essere l'espressione di questi sentimenti di oltreoceano di sfiducia verso l'Urss. Per reagire a simili manovre, molti di noi cominciarono, sia pubblicamente sia nei contatti con rappresentanti e senatori americani, a chiarire direttamente la collegialità euro-americana delle proposte di Reagan.

Altra obiezione smontata fu quella relativa ai tempi del dialogo. Non era vero che i sovietici preferissero segnare il passo fino all'88 non sapendo chi sarebbe subentrato a Reagan. Avevano esattamente la preoccupazione opposta, che se non si fosse concluso tutto presto la trattativa si sarebbe arenata fino al 1989 avanzato. L'ambasciatore venne a dirmelo formalmente perché Washington ne fosse informata anche attraverso altre parti indirette.

A seguito delle pressioni occidentali, in particolare delle nostre come Comunità europea (un passo molto fermo fu fatto dalla presidenza britannica presso il viceministro degli Esteri Kovalëv), Daniloff ebbe la libertà provvisoria e fu affidato in custodia all'ambasciatore americano a Mosca, ma, in attesa del processo, non poteva lasciare l'Unione Sovietica.

In settembre, a New York, prima di incontrare Ševardnadze, presi parte a una riunione indetta dal Presidente Reagan dei ministri degli Esteri dei paesi Nato, cui si erano aggiunti il giapponese, l'australiano e Lord Carrington.

L'interesse dell'opinione pubblica era aumentato perché le ondate di fotoreporter e di cineoperatori all'opera prima che iniziasse la discussione durarono molto più a lungo del solito. Reagan sorrideva professionalmente e scambiava qualche battuta con i giornalisti senza cadere nelle trappole di qualche domanda imbarazzante.

Aperti i lavori, Reagan ci disse che la riunione era la «chiave» per far progredire il rapporto Est-Ovest. L'essersi consultato con tutti noi, immediatamente prima di Ginevra, gli era stato di grande aiuto. La nostra accertata solidarietà era fondamentale. Era reduce da un'ora di udienza a Ševardnadze, ma Shultz ci aveva parlato per due giorni e perciò pregava il segretario di Stato di riferirci.

Shultz aprì l'incontro affermando che uno degli obiettivi più importanti che si era ripromesso era quello di far capire a Ševardnadze quanto gli americani prendessero sul serio il caso Daniloff, anche come simbolo di un cambiamento della tutela dei diritti umani. Quattro delle quattordici ore di colloqui erano state dedicate all'argomento, con la presenza dei soli interpreti. Poi Reagan lo aveva chiamato alla Casa Bianca e, fuori programma, aveva deciso di farsi accompagnare da Ševardnadze perché consegnasse direttamente al Presidente un messaggio di Gorbaciov.

Reagan era stato molto energico e aveva fatto effetto. «Perbacco, se l'è presa proprio a male» aveva commentato, uscendo, il ministro sovietico; e Shultz gli aveva detto che se avesse prestato più attenzione alla stampa americana non sarebbe stato affatto sorpreso.

Il rapporto personale che si era creato tra Shultz e Ševardnadze (nonché tra le rispettive mogli) era buono e i colloqui si erano svolti bene.

La posizione Usa ci fu così riassunta da Shultz:

1. più presto si risolveva il caso Daniloff e meglio era;
2. l'America intendeva proseguire nel negoziato di Ginevra;
3. era utile un minuzioso approfondimento di tutti i punti per verificare, dopo tanta preparazione, dove si era giunti.

Sul problema dei diritti umani, non si erano soffermati solo su Daniloff, ma avevano ripreso l'analisi delle persecuzioni religiose e delle famiglie disunite, constatando che il gruppo di lavoro aveva lavorato proficuamente (Shultz elogiò la signora Ridgway, che in tutti questi anni aveva svolto davvero una tessitura molto utile).

Sullo schema di accordo antibalistico, erano arrivati a un *fino a* 15-20 anni e non più 15-20 anni rigidi. Gorbaciov nella sua lettera non aveva offerto niente di nuovo, ma aveva chiarito che l'accordo doveva essere consistente e preciso. Sulle verifiche, affermazioni di disponibilità, ma ancora generiche.

In diciotto mesi, comunque, si era fatta molta strada sugli Start, e si era giunti a parlare delle ogive.

Ferme invece le posizioni sullo Scudo spaziale: Ševardnadze a dire che gli Usa volevano assicurarsi la possibilità di primo colpo, quindi era un'arma offensiva; e Shultz a ripetere che Reagan voleva seriamente l'accordo previo.

Gli Usa non accettavano la moratoria come obiettivo intermedio per gli esperimenti nucleari, ma erano pronti ad accoglierla in un quadro finale di accordi.

In sintesi, Shultz aveva registrato e ci comunicava «sviluppi promettenti, ma con ancora numerose pietre d'inciampo lungo la strada».

Mi incuriosì, nella relazione, un particolare riguardante la Libia. I sovietici erano dubbiosi sulla fondatezza delle *prove* del coinvolgimento libico nel terrorismo internazionale, però condividevano la preoccupazione per i dirottamenti aerei ed erano pronti a iniziative internazionali di prevenzione. Gli americani — in quel momento — concentravano sulla Libia molte accuse di terrorismo. Noi eravamo più prudenti, anche se avevamo ridotto la presenza italiana in Libia molto più di altri paesi (anche dell'Inghilterra, che ci aveva affidato la protezione dei suoi interessi avendo rotto le relazioni diplomatiche con Tripoli). Del resto vi era nello stesso atteggiamento Usa una pluralità di posizioni, tanto che l'ambasciatore americano presso la Santa Sede, Bob Wilson, si era recato a far visita a Gheddafi in pieno periodo di scomunica di Washington verso Tripoli. E lo fece, per quel che si seppe, all'insaputa del Dipartimento di Stato (ma — io credo — non della Casa Bianca).

Questo della Libia è stato uno dei rari punti di divergenza che ho avuto con George Shultz, ma credo che dipendesse dalle informazioni, spesso errate, che gli passavano i «servizi». Quando, ad esempio, il viceministro Whitehead fece il giro d'Europa per sottoporre le «prove» del coinvolgimento terroristico libico, l'unico dato certo che vi era nella nota che ci consegnò riguardava i passaporti *tunisini* (sottratti dai libici a quei lavoratori) in possesso dei responsabili dell'attentato a Fiumicino. Poiché i documenti erano in mano della magistratura italiana e i passaporti *non* erano tunisini ma *marocchini*, lo dissi all'inviato speciale, che — mi confidò poi l'ambasciatore Rabb — era rimasto colpito perché veniva messa in dubbio la parola del Presidente degli Stati Uniti. Risposi che si poteva aggiustare il caso contestando non il Presidente, ma la sua dattilografa.

In un'altra occasione, l'anno successivo a Tokyo, constatai gli effetti di una imprecisione dei loro servizi. Eravamo con Bettino Craxi dal Presidente Reagan e questi — presenti Shultz e Baker — ci raccomandava di fare attenzione alla Libia, quando l'ammiraglio Poindexter lo interruppe dicendo che stavamo discutendo di un problema superato perché dal mattino si sparava in tutte le vie di Tripoli e chi sa dove era finito in quel momento Gheddafi. Mi spiacque di dovergli dire che la stessa notizia l'avevamo avuta la settimana prima ed era risultata — con una telefonata al nostro ambasciatore — del tutto infondata. Mi dispiaceva che l'imprecisione degli informatori mettesse in condizione l'ammiraglio, certamente ignaro, di trarre in inganno il Presidente degli Stati Uniti. Lo sguardo che ricevetti non fu benevolente, ma in effetti la notizia si dimostrò inventata di sana pianta. Forse certi informatori pagati in dollari quando non hanno notizie le creano, modellandole in modo da far piacere ai destinatari.

Io non penso davvero, per concludere in argomento, che Gheddafi sia un cherubino. Ma non mi piace il sistema di creare una specie di «diavolo di turno» su cui riversare anche le colpe che non ha.

Tornando alla riunione da Reagan (e mi scuso per la lunga parentesi), fu facile, per noi ministri, constatare con soddisfazione i piccoli passi positivi compiuti e incoraggiare il Presidente e Shultz a proseguire.

Secondo Reagan bisognava abbandonare la pretesa di un accordo simultaneo su tutti i punti. Quel che era pronto (e a lui sembrava che si fosse quasi in porto per i missili intermedi) andava concluso, pur non perdendo mai di vista l'insieme.

Era l'esatta posizione maturata da noi italiani, con l'aggiunta che occorreva arrivare alla eliminazione anche dei missili intermedi puntati sull'Asia (si era parlato di cento per parte da poter mantenere) per non creare discriminazioni e suscitare recriminazioni. Il ministro giapponese ci ringraziò.

Prima di concludere, Reagan tornò sul caso Daniloff. Se egli assicurava che non si trattava di una spia, chi continuava a sostenerlo offendeva il Presidente degli Stati Uniti. Ma forse una schiarita si sarebbe presto profilata, perché anche in altri tre casi avevano «preso» un civile per scambiarlo con una spia.

Sciolta la seduta, Reagan — soddisfatto del consenso — ci raccontò una delle tante storielline del suo repertorio. Riguardava il Dipartimento di Stato e non so se fosse «mirata». Un aerostato aveva perso la rotta e finalmente, raggiunto il cielo di una grande città, si abbassò per chiedere ad alcune persone che erano nel terrazzo di un grande edificio: «Dove ci troviamo?». Avuta la risposta («Vi trovate in volo»), capirono che il palazzo era il Dipartimento di Stato e la città Washington.

L'appoggio del mondo economico americano al dialogo con l'Urss intrapreso da Reagan era noto, ma ne ebbi conferma la sera del 25 settembre a un pranzo di James Robinson, presidente dell'American Express Co., al quale fui invitato insieme all'ambasciatore Rinaldo Petrignani. Vi incontrai tante persone che contavano: tra gli altri, James Obsen (Ar. e T.), Rand Araskog (Itt), Richard Furlaud (Squibb), Martha Redifield-Wallace (Redifield Associates), Joseph Vittoria (Avis), Malcolm Forbes (proprietario della omonima rivista), Donald Trump (il giovane costruttore delle stupende Trump Towers). Rividi con piacere anche Jack Valenti, con il quale in anni lontani avevamo stipulato accordi utili per la cinematografia italiana.

Ševardnadze lo vidi il 26. Esordì sottolineando la bontà dei rapporti bilaterali italo-sovietici, soprattutto dopo la visita effettuata a Mosca dal Presidente Craxi; e l'utilità di questi nostri periodici incontri che, pur partendo da posizioni non sempre coincidenti, consentivano un costruttivo scambio di valutazioni.

Affrontando la tematica del disarmo e dei rapporti Est-Ovest, manifestò vivo compiacimento per i positivi risultati della conferenza di Stoccolma e avanzò il suggerimento che si sarebbe dovuto individuare un foro e una formula analoghi per la trattativa concernente la riduzione degli armamenti convenzionali.

Ševardnadze aveva proseguito lamentando che i rapporti Usa-Urss non facevano registrare i progressi che Mosca auspicava. Alle concessioni sovietiche in tema di Inf e di arsenali nucleari francesi e britannici, gli americani non reagivano in modo costruttivo e davano quasi la sensazione di considerarli sviluppi irrilevanti. Mosca rimaneva comunque convinta che era possibile un compromesso sulle Inf. In quanto al trattato Abm, aggiunse, l'insistenza americana perché avesse termini di scadenza ravvicinati, sarebbe rivelatrice di una volontà di pregiudicarne la portata. I sovietici pensavano a una validità di 15 anni (segnando un'ulteriore concessione rispetto ai 15-20 precedentemente indicati) e vedevano la possibilità di un serio negoziato che, data l'importanza della posta in gioco, poteva essere sbloccato solo da un incontro al massimo livello adeguatamente e preventivamente preparato.

La potenzialità risolutiva dei problemi insita in un vertice fa di esso, aveva detto Ševardnadze, l'obiettivo principale di Mosca. Ne derivava che la sproporzionata polemica sollevata dagli americani sul caso Daniloff-Zacharov sarebbe stata la prova della volontà di alcuni ambienti dell'amministrazione di sabotare le prospettive del vertice. In questo contesto, affermò, era necessario che tutti si adoperassero per alleggerire l'atmosfera di tensione e incomprensione creatasi con l'episodio e non peggiorarla come, a suo dire, avrebbe finito col fare il Presidente degli Stati Uniti mettendo il caso Daniloff al centro del suo discorso in Assemblea generale e annunciando, alla vigilia dell'arrivo di Ševardnadze a New York, l'espulsione di venticinque diplomatici accreditati alle Nazioni Unite.

Nonostante queste critiche all'atteggiamento americano, il ministro sovietico qualificò come buono il suo rapporto con Shultz e finì con l'asserire che, forse, nei prossimi giorni avrebbero potuto giungere a una conclusione sul caso Daniloff. Il che — detto così — mi parve sicuro.

A mia volta, rispondendo a una sua specifica domanda circa l'atteggiamento italiano sullo Scudo spaziale, precisai che l'avere consentito all'industria nazionale di partecipare sul piano tecnico ai benefici della ricerca sul sistema non significava avallarne incondizionatamente le implicazioni politico-strategiche. Era anche un interesse italiano da salvaguardare e noi eravamo convinti — e in un certo senso garanti dall'interno come europei — che gli Usa non mirassero al monopolio e offrissero invece fin d'ora all'Urss i risultati tecnici della ricerca.

Passando a parlare della problematica mediorientale, Ševardnadze sottolineò l'impegno di Mosca per la convocazione di una conferenza internazionale e l'interesse alla costituzione di un comitato preparatorio composto dai cinque membri permanenti del Consiglio di sicurezza e dai paesi direttamente interessati. Le consultazioni avviate in argomento dalla diplomazia sovietica avrebbero consentito di appurare che quasi tutti i paesi arabi erano favorevoli, mentre non erano contrari inglesi e francesi. Gli americani si erano mostrati riservati, ma non avevano avuto una reazione di categorico rifiuto. Lo stesso primo ministro israeliano non avrebbe dato a Ševardnadze l'impressione di ritenerla impossibile. Da parte mia osservai che, sebbene non mi risultasse che a quel momento esistessero le premesse per una conferenza internazionale, l'idea di un comitato preparatorio mi sembrava avere aspetti positivi e comunque tali da dover essere presa in considerazione. L'importante, aggiunsi, era di assumere iniziative tali da alleggerire le cause di esasperazione e di violenza, aprendo spiragli di speranza alle aspettative dei palestinesi. Dissi che nella sua saggezza la Curia romana conosceva l'istituto delle riunioni «antipreparatorie».

Spostando la conversazione sul conflitto Iran-Iraq, Ševardnadze richiamò il riferimento, da me fatto nel discorso in Assemblea generale, alla opportunità di investire nuovamente il Consiglio di sicurezza della questione. Dichiarandosi preoccupato per l'andamento del conflitto e per la eventualità che potesse estendersi oltre i limiti attuali, mi disse di avere dato istruzioni al rappresentante permanente sovietico di sollevare il problema in Consiglio di sicurezza al fine di esaminare le eventuali possibilità di intervento.

Successivamente si parlò dei rapporti con la Libia. Evitò di esprimersi sulle sue implicazioni nel terrorismo internazionale e disse solo una frase un po' sibillina sulla distinzione tra popoli e governi: fino a che il popolo vuole e tiene un governo, gli altri paesi devono rispettarlo.

A mia volta ricordai al ministro sovietico le nostre iniziative antiterrorismo in ambito Imo (International Maritime Organization) e Icao (International Civil Aviation Organization) e quelle recenti sul controllo della valigia diplomatica che poneva l'Italia all'avanguardia. Altri deploravano che nelle «valigie» circolassero armi e munizioni, ma non aderivano al modo efficace per evitarlo (sottoporle al metaldetector; quindi nessuna rottura di sigilli o violazione della convenzione di Vienna).

Ševardnadze suggerì un incontro tra esperti italiani e sovietici per studiare forme di collaborazione contro il terrorismo, suggerimento che, per parte mia, recepii positivamente.

Brevemente mi intrattenni poi sull'azione svolta dall'Italia per appianare l'eterno contrasto somalo-etiopico.

A torto o a ragione, Sacharov era diventato nel mondo il simbolo della permanenza nell'Unione Sovietica del vecchio sistema poliziesco. Voti e appelli per la sua persona si erano susseguiti ovunque, per anni. A Erice gli scienziati occidentali mi avevano detto che Sacharov, che avevano incontrato più volte, era in assoluto il «cervello più completo» nel campo delle intuizioni e conoscenze della fisica nucleare; era quindi comprensibile che il governo non lo lasciasse espatriare, anche se — sembrava allora che fosse molto ammalato — sarebbe stato di grave disdoro per l'Urss qualora fosse morto nel suo esilio in patria.

Ševardnadze mi chiese se ero soddisfatto della sollecita ripresa della loro partecipazione ai lavori di Erice. Aveva avuto un appunto sul meeting del marzo, dal quale risultava che il generale Batenin e l'ambasciatore Petrovskij erano rientrati molto soddisfatti. Assicurava uno studio attento e sollecito per l'idea del World Lab. (un laboratorio mondiale aperto a tutti e al servizio tecnologico anche del Terzo Mondo).

Ripartii da New York con rafforzate speranze per il rasserenamento universale. Tra l'altro, da quanto mi aveva detto Ševardnadze, il caso Daniloff stava per essere ormai archiviato. E così fu. Per una... pura combinazione nello stesso giorno gli americani revocarono il non gradimento per il sovietico Zacharov.

Ma ben più importante fu nell'anno che finiva la restituzione della libertà al fisico Sacharov, rimasto relegato in domicilio coatto a Gorkij fino ad allora. Da quando era stato restituito alla sua casa di Mosca e all'Accademia, il mondo aveva diminuito la sua attenzione verso Sacharov. Il professor Zichichi, che è stato suo ospite, mi ha raccontato che hanno brindato con vino francese che Gorbaciov aveva regalato allo scienziato. E venendo da parte del Segretario generale, paladino della crociata antialcolica, era davvero un segno di predilezione.

L'11 e 12 ottobre Reagan e Gorbaciov si incontrarono a Reykjavik. Sotto gli auspici di quella affascinante Presidente della Repubblica, riuscirono in un lungo incontro bilaterale a far progredire il dialogo Usa-Urss oltre ogni più rosea aspettativa.

Il giorno successivo, a Bruxelles, George Shultz lodò per tre volte il «coraggio» di Reagan che aveva affrontato in prima persona anche problemi che conosceva solo marginalmente. Ma il Dipartimento di Stato era ben lieto di essere stato superato.

Particolare curioso. Prima del *tête-à-tête* dei due «grandi», le agenzie avevano diffuso nella notte notizie di fallimento dell'incontro. E quando ero partito da Roma per Bruxelles avevo letto i giornali italiani; tutti in chiave negativa.

Incontrai però Shultz all'arrivo al quartier generale della Nato e lo trovai raggiante.

10

INTERVISTA ALLA «PRAVDA»

Ancora pochi anni prima non avrei certo pensato di rilasciare una intervista alla «Pravda», né me l'avrebbero chiesto.

Uscì il 2 marzo 1987, qualche giorno dopo il ritorno da Mosca, mentre l'atmosfera interna si andava intorbidendo e Bettino Craxi, in una improvvisa folgorazione televisiva, disdisse ogni accordo con la Dc e rese più o meno fatale il dissolvimento delle Camere, che altri non vide male nella ripetuta illusione che giovasse a risolvere i gravi problemi creati dalle richieste di referendum.

— Signor ministro, quale impressione ha tratto dal colloquio con il Segretario generale del Cc del Pcus Michail Gorbaciov?

— Nutro una grande fiducia nell'attuale politica sovietica, specialmente riguardo all'interdipendenza che il Segretario generale Gorbaciov stabilisce tra ciò che egli chiama profonda ristrutturazione interna e la politica nella ricerca di ogni possibilità di rafforzamento della pace e della cooperazione internazionale.

L'umanità sta attraversando un momento particolare. Per la prima volta si discute non solo il problema dell'arresto della corsa agli armamenti, ma anche di una considerevole riduzione degli armamenti esistenti. Per costruire un sistema di buon vicinato e di pace si intraprendono tentativi di coinvolgere vasti strati di opinione pubblica negli sforzi dei governi. Al forum di Mosca l'Italia è stata presente significativamente. Accanto alle «stelle» del teatro e del cinema essa è stata rappresentata in particolare dal governatore della Banca d'Italia, Ciampi, da un grande banchiere ed ex ministro, Ossola; dal presidente della Confindustria, Lucchini... Noi abbiamo considerato questo incontro con molta serietà. Ma del resto esso è stato considerato con molta serietà in tutto il mondo.

Nel corso dell'incontro con il Segretario generale ho avuto la conferma che sussistono notevoli possibilità di pervenire a risultati positivi nel dialogo generale Est-Ovest, come pure nel dialogo che si svolge tra Urss e Usa.

Il Segretario generale ha ascoltato con interesse il mio racconto relativo al fatto che, trovandoci recentemente a Washington, abbiamo trascorso due giorni al Congresso con senatori e deputati di entrambi i partiti per contribuire a convincerli che occorre distinguere i problemi di ordine interno e a sostenere la necessità di non indebolire il Presidente nel momento in cui egli deve proseguire il dialogo con il signor Gorbaciov.

Sarebbe pericoloso perdere due anni, e forse anche di più, poiché il nuovo Presidente avrà bisogno di tempo per il «rodaggio». Mi sono persuaso con soddisfazione che il signor Gorbaciov condivide questo timore ed è pronto a condurre le trattative con il Presidente americano attualmente in carica.

— I partecipanti al forum di Mosca si sono pronunciati a favore di una nuova mentalità politica, rispondente alle esigenze dell'epoca contemporanea. Qual è la sua opinione al riguardo?

— Da un lato non dobbiamo avere eccessivo orgoglio, considerandoci migliori dei nostri padri e dei nostri nonni, i quali non sempre sono riusciti a mantenere la pace. Fatto sta che oggi nel mondo c'è una situazione diversa. Gli odierni mezzi di distruzione impongono di lavorare alla costruzione di una barriera contro la guerra e alla realizzazione dell'edificio della pace. La chiave di volta per giungervi sta nella eliminazione della sfiducia. La pace può essere rafforzata attraverso il superamento della sfiducia, che durante molti anni ha inquinato la situazione internazionale. Non si tratta qui di una cieca fiducia quale che sia, ma di una fiducia fondata sulla ragionevolezza.

— Considera possibile la costruzione di un mondo denuclearizzato?

— Ritengo di sì. Siamo giunti a una soglia per cui la minaccia di distruzione del mondo cessa di essere teorica per divenire concreta. Inoltre, esiste il pericolo di un errore, ove una parte pensasse che l'altra ha iniziato la guerra nucleare, nel qual caso si può determinare una situazione irreversibile, tale da sfuggire al controllo degli statisti.

E poi c'è stato l'incidente di Chernobyl. Chernobyl ha aiutato a comprendere la pericolosità dell'arma nucleare. La gente ha riflettuto: se un incidente, che può accadere ovunque, in qualsiasi impianto nucleare, ha avuto conseguenze così serie ed estese, qual è il pericolo potenziale della radioattività degli arsenali di armi nucleari, anch'essi non al riparo da infortuni, quando persino senza la guerra viene a essere minacciata la vita della popolazione civile?

Probabilmente è una coincidenza, ma proprio adesso il problema del disarmo nucleare ha cessato di essere quello che, forse, era prima: propaganda o questione privata della politica. Il disarmo nucleare è diventato un'aspirazione generale dei popoli. E questo problema dev'essere assolutamente risolto.

Invero, si fa riferimento al fatto che esiste una grande differenza nei livelli di armamenti convenzionali e che, se si eliminasse l'arma nucleare, l'equilibrio verrebbe a essere alterato. Tuttavia, noi non dobbiamo ritenere che, se non è mutato il rapporto nel campo degli armamenti convenzionali, non occorre neppure avviarsi al disarmo nucleare. Bisogna operare in una direzione del tutto opposta: in quanto il disarmo nucleare è una necessità, si deve raggiungere un accordo anche sulla riduzione degli armamenti convenzionali.

— Non ritiene che i paesi dell'Europa occidentale debbano svolgere un ruolo più attivo nella soluzione dei problemi del disarmo?

— La nostra concezione della sicurezza si lega alla concezione della sicurezza degli Usa e del Canada. Di conseguenza, non è possibile separarli da noi.

Possono insorgere difficoltà con l'Inghilterra e la Francia, poiché esse, a differenza degli altri paesi europei occidentali, sono delle potenze nucleari. Ma credo che quando effettivamente si avrà la possibilità di concludere un grosso accordo sull'arma nucleare sarà impossibile opporvisi.

— Lei ritiene in tal modo che l'attuale posizione dell'Inghilterra e della Francia si modificherà?

— Credo di sì. È inevitabile. Ripeto, però, che contestualmente deve essere risolto anche il problema della riduzione degli armamenti convenzionali.

— Certamente conoscerà le relative proposte dei paesi del Trattato di Varsavia.

— Sicuro. Esse esistono e, spero, saranno studiate per andare avanti, istituendo anche il controllo reciproco. Adesso anche su questo problema c'è molta più apertura di prima, quando sembrava che il controllo fosse spionaggio, intromissione negli affari interni di altri paesi. Adesso questi timori li abbiamo alle spalle, anche perché i satelliti e altri mezzi tecnici modernissimi consentono di esercitare il controllo persino se qualcuno non vuole.

— Lei si è più volte espresso per la rigorosa osservanza del trattato Abm...

— Sì, lo considero necessario. L'importante è non andare controcorrente quando la corrente ci porta verso il disarmo. Noi pensiamo che sia indispensabile andare avanti e non indietro, per impedire la proliferazione e la crescita degli armamenti. Noi attribuiamo grande importanza alle trattative sovietico-americane di Ginevra e, sedendo al tavolo delle trattative per discutere il problema della riduzione degli armamenti, non è possibile cercare nella stanza accanto la possibilità di incrementarli. Questo vale per tutti, tanto per l'Urss quanto per gli Usa.

A tale riguardo io spero che l'Unione Sovietica compia un altro gesto coraggioso per quanto concerne i missili a corto raggio che essa ha in numero assai maggiore rispetto agli europei occidentali. Qui occorre un altro passo coraggioso del

Segretario generale, che di coraggio ne ha abbastanza, come ha dimostrato a Reykjavik. Questo passo rafforzerebbe la posizione di coloro i quali sostengono la necessità che il trattato Abm sia rispettato.

— Ma il trattato Abm ha pure un altro importante aspetto, connesso con il problema della militarizzazione dello spazio. Cosa può dire riguardo alla interpretazione «estensiva» di questo trattato da parte dell'amministrazione americana?

— I paesi europei hanno espresso grande preoccupazione per questa interpretazione meno restrittiva. Ma, penso, che se saranno trovati argomenti nuovi, diciamo psicologici, a favore di una affermazione come la seguente: «No, la strada deve essere un'altra», ritengo che anche negli Stati Uniti, al Congresso e in seno alla stessa amministrazione, si troveranno persone contrarie a che si dia al trattato un'interpretazione estensiva.

Quando recentemente siamo stati a Londra insieme al Presidente del Consiglio dei Ministri italiano Craxi, la signora Thatcher si è espressa apertamente in tal senso nel corso della conferenza stampa. Craxi ha fatto altrettanto. Anche alla Nato, quando discutiamo il problema, diciamo sempre che l'interpretazione del trattato deve restare quella di prima, poiché questo non è un problema giuridico, bensì politico.

— Signor ministro, cosa può dirci, per concludere, sullo stato e le prospettive dei rapporti fra i nostri due paesi?

— Innanzi tutto voglio rilevare un fatto importante: nel nostro Parlamento non ci sono forze che si schierino contro le buone relazioni con l'Unione Sovietica. Negli ultimi tempi ci sono state visite di ministri italiani in Urss. Si è appena conclusa la visita a Mosca del Presidente del Senato Fanfani. Anche questa mia visita conferma che i contatti italo-sovietici sono entrati nella prassi. Da parte degli ambienti economici si manifesta anche notevole interesse per l'ampliamento dei legami con il vostro Paese. Si stanno intensificando anche gli scambi nella sfera culturale. Pertanto, sia a livello governativo che a livello sociale, sussiste un forte desiderio di collaborare con l'Unione Sovietica. Naturalmente l'Italia appartiene a un'alleanza e l'Urss a un'altra. Ma in cosa verrebbero a consistere i nostri meriti, se noi procedessimo insieme per il fatto di essere identici?

Quale che fosse il mio lavoro dopo le elezioni, ero soddisfatto di aver creduto, anche nei momenti di retromarcia dell'uno o dell'altro, che Usa e Urss avrebbero finito con l'accordarsi.

Le relazioni di Shultz e dello stesso Reagan alla Nato — puntualmente confermate dall'inviato speciale che veniva da Mosca dopo ogni incontro al vertice — ci assicuravano che si sarebbe arrivati entro l'anno al primo accordo sui missili intermedi. E vi avemmo anche una parte diretta per l'elaborazione e l'accettazione dei controlli che, per noi, interessavano Comiso. Non voglio sopravvalutare il lavoro fatto dal seminario di Villa Madama, ma il sistema concordato per le verifiche si muove su linee identiche a quelle maturate da quell'appassionato confronto di scienziati. E l'accademico Velichov (uno dei pilastri di Erice) è un grande fisico che non prepara relazioni scientifiche per i burocrati perché ha accesso diretto a Gorbaciov. Come Teller e i suoi l'hanno alla Casa Bianca. A Mosca avevo avvertito questa connessione tra scienziati e politici parlando insieme a Ševardnadze e Zichichi all'Accademia delle scienze per il battesimo della sezione del World Lab.

L'8 dicembre l'accordo per la distruzione totale dei missili intermedi (uno «nostro» contro quattro degli «altri», tanto era la squilibrata realtà) era cosa fatta. Per la prima volta l'umanità ragionava, decidendo di distruggere armi non con la guerra o per sostituirle con altre più avanzate, ma attraverso il buon senso e l'accordo negoziale.

L'incantesimo era rotto. E si doveva proseguire su questa strada, salvaguardandola da ogni maleficio e interessi contrari. L'impero del male può annidarsi ovunque e va sconfitto.

11

A ROMA A ROMA...

La ripetuta reiezione da parte del Senato americano di due candidati proposti per la Corte suprema aveva creato preoccupazione, quasi panico, in alcuni circoli sovietici, dove non è ancora rimarginata la ferita della non ratifica del Salt 2. Se per una procedura, che appariva di relativo conto, il Presidente non riusciva a spuntarla, non vi era il rischio che anche per la ratifica dell'accordo accadesse lo stesso? E perché il governo americano prendeva tempo, non prevedendo la fine dell'*iter* che nella tarda primavera? Come avrebbero dovuto comportarsi Gorbaciov e i suoi se Reagan avesse fatto la nuova visita a Mosca senza essere in grado di portare gli strumenti di ratifica?

Questi interrogativi agitavano le acque, rischiando di compromettere l'ottimo clima con cui si era aperto l'anno 1988.

A spingerci per agevolare il corso del dibattito senatoriale (si doveva evitare che sfociasse in emendamenti di sostanza al testo dell'8 dicembre) erano curiosamente sia i governanti sovietici sia quelli stessi americani. Ho già accennato ai tentativi interni in Usa per far credere che l'Europa fosse ostile o comunque impaurita. Per questo Shultz era molto grato per ogni nostra dichiarazione in antitesi con questa sottile disinformazione. E so che raccoglieva una documentazione molto ampia in proposito.

George però non aveva dubbi sull'esito finale. Ho avuto il piacere di averlo ospite per la seconda volta in occasione della Pasqua. Due anni fa, coincidendo un suo viaggio di lavoro a Roma con la solenne celebrazione pasquale, non solo sua moglie (cattolica), ma lui stesso era rimasto commosso dal rito in piazza San Pietro seguito da duecentomila persone di ogni provenienza che smentiva, tra l'altro, quella opinione che circolava nella stampa americana di un'Italia in stato di assedio a causa dei terroristi. Appena gli proposi di tornare, ne è stato affascinato e la sua gioia si è ripetuta, tanto che — segretario di Stato o no (perché vuol lasciare, anche se l'amministrazione resta repubblicana) — il mio invito per la Pasqua lo rinnoverò personalmente a lui e alla gentilissima Obi.

Oltre a far confermare dal nostro Parlamento la totale adesione italiana, ritenni utile andare a Washington per un contatto diretto con il Congresso. Tra l'altro, l'attuale presidente del Comitato esteri della Camera è il *nostro* Dante Fascell, la cui *i* finale (Fascelli) è solo questione di adattamento di pronuncia. Mi disse che il parere dei rappresentanti era favorevole per il 99 per cento. E tornai con la certezza che la ratifica si sarebbe avuta, ma senza la rapidità con cui la si desiderava e che il consenso — quasi unanime — avrebbe potuto lasciar presumere.

Perché questo ritardo? Mi ero appuntato tre impressioni:

1. il Senato e, in genere, il Parlamento americani vogliono far rimarcare che la propria competenza non è secondaria rispetto a quella dell'amministrazione;
2. ratificando subito, avrebbero aperto la strada alla possibile conclusione entro questo anno del secondo accordo (distruzione di metà dei missili strategici). In realtà non si vuole raggiungere questo obiettivo separatamente da intese operanti per ridurre le asimmetrie nel campo convenzionale e, per terminare, la messa al bando delle armi chimiche voluta dai più, ma non da tutti;
3. il partito avverso al Presidente Reagan — che non è maggioranza! — non voleva decretargli un trionfo nell'anno elettorale. Ritengono di aver già dimostrato responsabilità e patriottismo nel non pigiare sul tasto spinoso dell'Irangate. E, non a caso, la ratifica è stata votata, con la prevista schiacciante maggioranza, quando Ronald Reagan era già in volo per il suo — presumibile — ultimo viaggio a Mosca da Presidente degli Stati Uniti.

Fedele alla linea di curare molto i rapporti tra i nostri parlamentari e quelli stranieri, abbiamo avuto in questo anno (13-18 marzo 1988) la visita in Italia di una delegazione sovietica presieduta dal Presidente della Camera onorevole Lev Tolkunov, e composta da Georgij Žukov (notista politico della «Pravda»), dal generale Vladimir Lobov (primo vicecomandante dello Stato Maggiore delle Forze Armate), da Vitalij Masol (Presidente del Consiglio dei Ministri dell'Ucraina) e da Eduard Kuzmin (capo del dipartimento delle Relazioni estere del Presidium del Soviet Supremo).

Erano ospiti della sezione Italia-Urss dell'Unione interparlamentare, che è presieduta da Luciano Barca. Ma io stesso li ho volentieri incontrati — nella doppia veste di presidente del Gruppo italiano e di ministro degli Esteri — potendo verificare le modificazioni intervenute attraverso la comparazione con il viaggio guidato a suo tempo da Boris Ponomarëv.

Tolkunov mi ha portato i saluti personali e l'augurio di Gorbaciov e di Gromyko, e ha espresso apprezzamento per la linea italiana di apertura e di dialogo costruttivo nel contesto Est-Ovest. Ricordava, facendolo proprio, l'auspicio di Gorbaciov di una totale denuclearizzazione entro il 2000; ha auspicato la firma al vertice di Mosca dell'accordo Start (Shultz ci aveva detto che era possibile, ma non probabile, *N.d.A.*); ha deplorato il programma americano delle armi chimiche binarie, ostacolo a un accordo ormai pronto; ha auspicato riduzioni nel settore convenzionale verso livelli più bassi, a cominciare dalle capacità offensive più destabilizzanti; ha ricordato il ruolo della conferenza sulla Sicurezza e cooperazione europea anche nel settore della cooperazione economica e dei diritti umani; ha rilevato che il buon andamento dei rapporti Est-Ovest può facilitare la soluzione delle crisi regionali.

Con loro ho valutato in modo responsabilmente ottimistico le prospettive che si dischiudono al disarmo, perché corrispondenti a un interesse comune di recuperare le risorse disponibili per usi civili e ridare solidità ai bilanci economici interni. I primi interessati al disarmo sono proprio i militari, che «soffrono e muoiono» quando c'è guerra, ho osservato anche per un riguardo al generale Lobov che mi sembrava un poco accigliato.

L'accordo Inf è importante in sé e perché ingloba il principio delle riduzioni asimmetriche e dei controlli intrusivi. Circa il bando delle armi chimiche («di cui tutte le parti dispongono, non una sola»), ho rilevato l'importanza e la complessità delle verifiche, illustrando al riguardo l'iniziativa italiana per un convegno di scienziati del settore.

L'Atto finale di Helsinki e il processo Csce costituiscono una svolta fondamentale nella politica europea e mondiale: per la prima volta gli europei hanno costituito una sede permanente di reciproco incontro, riconoscendo la piena legittimità dell'integrazione degli Stati Uniti e del Canada. Senza l'Atto di Helsinki, non sarebbero stati possibili gli attuali positivi sviluppi nel contesto Est-Ovest.

Circa le crisi regionali, di fronte a segni positivi in Afghanistan e, forse, in Cambogia, perdurano difficoltà gravi in Medio Oriente e Iran-Iraq. Sul Medio Oriente, in particolare, cozziamo contro la difficoltà di una soluzione senza uno «sforzo importante delle due grandi potenze».

Riferendomi all'incontro avuto con l'autorevole ambasciatore americano Murphy reduce da Mosca, ed esprimendomi a titolo personale, ho giudicato scarse le possibilità di successo del piano Shultz senza profonde modifiche collegate alla disponibilità di Israele ad abbandonare i territori occupati; e ho ribadito il ruolo sostanziale e con caratteristiche di globalità della conferenza internazionale e l'importanza della rappresentanza dei palestinesi, le cui modalità essi stessi hanno il diritto di decidere. I palestinesi devono senza reticenze riconoscere lo Stato di Israele e la sua sicurezza, rompendo il perfido cerchio della reciproca incomunicabilità. Occorrerà comunque continuare a «coltivare» delle iniziative negoziali per evitare gravi spiralizzazioni nei territori occupati. L'Unione Sovietica, dal canto suo, dovrebbe eliminare ogni pregiudiziale negativa attinente al riconoscimento di Israele e al ristabilimento delle relazioni diplomatiche, pur in stretta connessione con la prospettiva di avviare un negoziato complessivo di pace.

L'onorevole Žukov ha espresso timore e perplessità circa

presunte compensazioni alla eliminazione delle Inf, con particolare riferimento al ventilato trasferimento degli F 16 della Spagna all'Italia. Gli ho risposto subito che il principio dell'asimmetria deve ispirare tutti i settori del disarmo, e quando esistono delle superiorità a vantaggio di una parte, è questa che deve ridurre per prima e non l'altra. Il problema andrà comunque approfondito nelle sedi tecnico-militari competenti. È intervenuto allora il generale Lobov per contestare che vi sia una superiorità convenzionale complessiva del Patto di Varsavia: se ciò è vero nel Centro-Europa, non altrettanto si può dire nel fianco sud, dove, secondo lui, la Nato disporrebbe di una supremazia aerea, elicotteristica e nell'artiglieria, per non parlare delle forze navali. In questo quadro, gli F 16 «accentuerebbero lo squilibrio, spostandosi 1000 chilometri a est». Complessivamente, a fronte di 20.000 carri armati in più per il Patto di Varsavia, vi sarebbero 1400 aerei di vantaggio per la Nato.

È stato Pajetta — e ciò è molto significativo — a osservare che gli F 16 preesistevano e che non potevano perciò essere considerati un elemento nuovo di squilibrio o un tentativo di aggirare l'accordo Inf; e ha domandato quale avrebbe potuto essere eventualmente «un atto di buona volontà» del Patto di Varsavia, qualora l'Italia non avesse accolto gli F 16 di Torrejon. Il generale Lobov non ha raccolto lo spirito dell'osservazione e ha risposto che il Patto di Varsavia era, a questo riguardo, già in credito nei confronti della Nato.

Nonostante questo «nodino» degli F 16, l'incontro è stato utile e indicativo di un clima nuovo che è di com-prensione e di larga con-vergenza, non di pressapochistica con-fusione.

Nel salutarli ho auspicato che il negoziato convenzionale potesse essere avviato al più presto, e che in quella sede venga attuata una valutazione obiettiva delle forze in campo, al riparo dalla «tendenza dei militari che esagerano sempre la consistenza delle forze altrui». Persino l'onorevole generale Lobov mi ha elargito un mezzo sorriso.

Guidati da Flaminio Piccoli, anche i deputati della Commissione esteri della Camera hanno fatto in primavera un viaggio a Mosca. È un metodo da seguire e che io incoraggerò sempre, non solo con i membri delle assemblee di Mosca e di Washington.

Vi sarà intanto in Unione Sovietica una importante mostra di prodotti italiani, che darà l'occasione anche per colloqui politici di rilievo. In attesa che Gorbaciov, tra una crisi ministeriale e un congresso di partito, trovi la data giusta per venire a Roma, da ambedue le parti del Tevere.

Il ritorno di Dio

1

LE CONFESSIONI DI KRUSCEV

Nel febbraio 1944, in piena occupazione tedesca, un padre domenicano dall'accento straniero e da una faccia rubiconda, piuttosto rara in quel momento alimentarmente critico, chiese di vedere De Gasperi. Diceva di venire dall'America ed era latore di una lettera autografa di don Luigi Sturzo, datata da Jacksonville in Florida, eccezionalmente calorosa.

Sturzo presentava *al suo caro Alcide* «il padre Morlion, grande amico nostro e delle idee dei nostri amici belgi, che fa qui un'opera eccellente con il Centro Pro Deo e può essere di grande aiuto non solo a noi in Italia ma a tutti i nostri amici degli altri paesi». La lettera finiva in modo patetico: «Ti vorrei dire a rivederci presto, ma ciò è nelle mani di Dio. Può darsi (e spero per me che sia così quanto più presto Dio vorrà) che ci vediamo in paradiso».

Il padre Morlion era altresì latore di un messaggio sturziano — anch'esso manoscritto nel St. Vincent's Hospital della Florida — ai democratici cristiani d'Italia:

> Il padre Morlion, domenicano, è un amico nostro. Belga di origine porta in sé la fede, l'ardore e lo spirito di organizzazione dei cattolici belgi.
>
> Egli desidera trovare collaboratori alla sua opera internazionale modesta e importante. Ve ne parlerà.
>
> Che non cada in mano a professionisti senza ideali o a persone che non comprendono il significato della vittoria alleata e del vero ordine nuovo sociale.
>
> Il mio cuore e il mio pensiero sono con voi
> affezionatissimo
>
> *Luigi Sturzo*

Entrò così nel complesso giro romano questa figura, con qualche contorno misterioso, ma di una esuberanza evangelizzatrice strabocchevole. Subito dopo la Liberazione, auspice anche monsignor Montini (presso il quale, se non ricordo male, era stato accreditato dal grande editore Henry Luce), ebbe inizio l'Università Pro Deo che qualche anno dopo ebbe il riconoscimento ufficiale italiano di libero ateneo e si trasformò più tardi — per esigenze di bilancio — in una istituzione laica, sempre prestigiosa, denominata Libera Università internazionale degli studi sociali (Luiss).

Il segreto di padre Morlion consisteva nella metodologia della didattica non solo differente, ma opposta a quella da noi in uso. Pur apprezzando i professori togati, affidava a giovanissimi ruoli d'insegnamento e di esercitazioni. Io stesso, che ero alle prime armi, tenni lezioni di giornalismo e partecipai a gruppi di analisi sull'attualità (i cui appunti ritrovai con sorpresa in un archivio americano). Morlion amava il rapporto con gli *altri*. Accettava contradditori nelle cellule comuniste che, non di rado, finivano in gazzarre di cui era contentissimo, stimando che, se avesse dovuto pagare la pubblicità che ne veniva attraverso le cronache dei giornali ostili, sarebbero occorse migliaia di dollari.

Un settore che curava molto era quello del cinema e si affermò così rapidamente che nel 1949 fu cooptato membro della giuria del Festival di Venezia. Ma la cosa non piacque «alli superiori» e fu fatto bruscamente ritirare. Scrissi riservatamente a monsignor Montini protestando, tanto più che il drammaturgo cattolico Diego Fabbri, chiamato in sostituzione, non aveva potuto accettare. «Mi permetto di far considerare» osservavo «come l'ambiente dello spettacolo non si avvicini che dall'interno e così come nel settore delle sale è spinto e favorito il movimento di acquisizione di esercizi in mani di persone ben orientate, così è necessario utilizzare la presenza cristiana nel campo della produzione, le poche forze umane di cui disponiamo, nessuna esclusa.»

Ma forse si era voluto dare prevalente peso alla critica, altra volta fatta, del carattere spiccatamente mondano della manifestazione che non poteva, peraltro, non risentire delle consuetudini internazionali in materia.

Seppi da Montini che l'ordine era venuto personalmente dal Papa. Qualche zelante gli aveva mostrato la fotografia di un rotocalco nel quale padre Morlion, tutto solo, recitava il breviario sulla spiaggia — vuota — del Lido di Venezia con le bianche vesti domenicane curiosamente sollevate da una folata di vento.

Non per ingerirmi in affari ecclesiastici, ma sentii di dover reagire con una dovuta testimonianza verso questo religioso, il quale, per prendere un po' d'aria di mare, vi scendeva quando tutti ancora dormivano, in abito religioso (allora avrebbe fatto impressione il contrario) e recitando preghiere. Né partecipava mai a ricevimenti e a banchetti.

La risposta di Pio XII fu netta: «Non dubito che il padre si comporti bene e faccia dell'apostolato; ma se un sacerdote che vive *a Roma* frequenta un festival cinematografico, chi sa cosa si sentirà autorizzato a fare il clero di paesi lontani».

Tuttavia padre Morlion non si scoraggiò, obbedì prontamente e indirizzò il suo lavoro verso campi meno esposti alla notorietà immediata. In questa ottica va inquadrato il ramo «politico» della sua azione, svolto sia con elaborazioni teorico-pratiche di orientamento sia con una straordinaria capacità di creare iniziative di dialogo o di partecipare agli incontri più singolari in Italia e fuori. Conosco di questi ultimi solo frammenti, e non sarei davvero in grado di ricostruirne la portata globale; ma quanto venivo a sapere mi assicurava che non vendeva, come suol dirsi, fumo in quella che chiamava: «diplomazia privata per la pace», che coesisteva — parzialmente intrecciandosi — con atti riservati di altre fonti (si pensi all'udienza di Giovanni XXIII al genero di Kruscev, signor Adžubej, ignorata dall'«Osservatore Romano», ma conosciuta anche dai venditori di immaginette di piazza San Pietro).

In vario modo, ma specialmente dagli scritti dell'americano Norman Cousins, si sono conosciuti molti risvolti di questo «parallelismo» internazionale che ebbe il punto più clamoroso nel lungo colloquio del 1962 al Cremlino tra Cousins e Kruscev, con uno sfondo un po' più che ufficioso di collegamento con il Papa.

Che Cousins fosse collegato al padre Morlion è indubbio.

Proprio in quel dicembre 1962 il padre venne tutto gioioso a portarmi due documenti: una relazione del giornalista americano (che era anche professore di etica professionale all'Università di Los Angeles) sul suo soggiorno moscovita e, con mio grande stupore, la fotocopia di un cartoncino di auguri natalizi di Kruscev a Papa Roncalli, con sei righe manoscritte in russo: «A Sua Santità il Papa Giovanni XXIII. In occasione dei Giorni Santi di Natale, prego di accettare questi voti e congratulazioni di un uomo che augura a Voi buona salute e forza per i Vostri sforzi continuativi in favore della pace e felicità e benessere di tutta l'umanità. *N. Kruscev* — 15 dicembre 1962».

La relazione di Cousins sull'udienza di Kruscev era di non minore interesse e ne trascrivo la parte essenziale:

«... Mi ero annotato le questioni e i consigli concreti, dati da S.E. Mons. Dell'Acqua, dal Card. Tisserant, dal Card. Bea, e le conversazioni con Mons. Cardinale. L'altra parte della mia preparazione consisteva nel parlare con i principali amici, Fëdorov, Šumeile e Kornitčuk, che avevano alimentato la speranza, nelle riunioni private tenute in Russia e in America, di poter fare un passo avanti con Kruscev. Si trattava di studiare con loro la situazione attuale, vera, dell'Unione Sovietica. Avevo anche dei contatti a Mosca con due persone che credono nella libertà, come io stesso, e che avevano messo la loro vita nelle mie mani per aiutarmi ad agire bene. Ho visto così, al contrario di quello che pensavo, che la difficoltà non consisteva principalmente nell'opposizione degli stalinisti, ma nelle questioni che gli uomini di governo e il popolo che seguono Kruscev pongono a lui sulla prudenza di certi passi. Si tratta di uomini che sono leali a Kruscev, ma che qualche volta dubitano se non vada troppo rapidamente e troppo lontano nelle questioni della libertà come vissuta negli Stati Uniti. È chiaro che la posizione della Cina comunista è divergente, ma essa non è pericolosa per l'interno dell'Unione Sovietica. Kruscev ha con sé l'opinione pubblica. Ho appreso che egli ha ben altri problemi all'interno, che dipendono principalmente dall'inefficienza della burocrazia mastodontica. Egli sta riorganizzando completamente il partito e la burocrazia in due settori autonomi, l'uno per l'agricoltura e l'altro per l'industria. Nell'agricoltura il problema è enorme, perché i russi non riescono a produrre abbastanza per il popolo. Per riuscire in questo fine produttivo sono disposti a imparare cose dal capitalismo. Kruscev è in primo luogo un nazionalista, in secondo luogo un comunista. Quello che giova alla causa della produzione è buono, e quello che nuoce alla produzione è male, incluso Marx. I tre amici sopraindicati mi hanno anche avvertito che con Kruscev tutto dipendeva dai primi due minuti. Se non lo interessavo immediatamente con un punto centrale e un contatto umano, avrebbe presto trovato l'occasione di mandarmi via. Una di quelle persone di piena fiducia che ho visto segretamente mi diceva che ero troppo teso, che dovevo distendermi per presentarmi sorridente, con un aneddoto umano che tocca il cuore.

«Ho appreso che il traduttore ufficiale di Kruscev, Čarnovskij, conosce Kruscev così bene che si adatta alla conversazione, abbreviando certi passi che non pensa necessari e adattando perfino la traduzione ai suoi scopi. Allora ho cercato un traduttore, con il quale ho fatto amicizia, che capisce il mio pensiero e garantisce di essere fedele nelle traduzioni. Questo traduttore, un russo, ha assistito per settimane alle discussioni tra americani e russi nella seconda riunione culturale e politica in Crimea. Ho chiesto a Kornitčuk se lui poteva farmi avere questo traduttore per l'incontro con Kruscev. Kornitčuk lo ha fatto immediatamente, ed è stata la prima volta che uno straniero abbia potuto parlare con Kruscev tramite un traduttore non scelto da Kruscev stesso. Ho passato cinque ore con questo traduttore, a fare ripetere tutte le cose che volevo dire, in modo che non fosse solo esatto, ma che avesse anche il ritmo voluto, sottolineando le cose che volevo sottolineare, facendo perfino i gesti da me voluti, e creando l'atmosfera psicologica che volevo.

«Sono andato a vedere Kruscev, come concordato, il giorno stesso (13 dicembre), quando il Soviet Supremo era terminato. Era stato un momento terribile per lui. Sono entrato da Kruscev e gli ho detto immediatamente che i suoi amici mi avevano detto che dovevo tremare se non facevo buona impressione nei primi due minuti. Kruscev rideva. Ho detto allora che il migliore consiglio era quello della mia figliola di tredici anni, Sarah, che mi aveva detto: "Papà, non hai paura di incontrare Kruscev?". Ho risposto: "Sì". Mi ha detto allora: "Papà, non avere paura, però trattalo come il mio zio preferito, quello che gli assomiglia". A questa battuta Kruscev si è divertito immensamente, e mi ha detto: "Lo sapevo, i migliori consigli sono sempre quelli delle bambine".

«Ho allora presentato il mio interprete. Kruscev ha detto all'interprete: "Si è mai seduto alla presidenza del Soviet Supremo?". L'interprete risponde di no. "Bene," disse Kruscev "si metta nella mia sedia, io qui e Norman là." C'era il tavolo di Kruscev, non grande; di fronte vi era il grande tavolo delle riunioni. Intorno a questo tavolo eravamo seduti faccia a faccia, con non più di tre piedi e mezzo di distanza l'uno dall'altro. Kruscev parlava a voce bassa, molto calmo, non si muoveva dalla sua sedia, aveva le mani sul tavolo, e non faceva disegni.

Cousins: Lei ha avuto una settimana dura, ma trionfante.

Kruscev: Sì, queste sedute politiche sono una grande gara, ma penso di essermela cavata. In politica questo è inevitabile; è, come per le donne, la necessità di mettersi il corsetto per avere linea, ma sono felici quando possono toglierlo. Infatti abbiamo avuto, come lei sa, due sedute, una del Soviet Supremo, dove lei è stato presente, e l'altra del Plenum del Partito comunista.

Abbiamo, come lei sa, il problema dell'agricoltura. Ma abbiamo anche i problemi del partito e della burocrazia. Il partito è il cervello e l'occhio della nazione. Il partito deve vedere, deve capire, e deve fare in modo che anche gli altri capiscano, che tutta la nazione capisca. Ma il partito è divenuto una burocrazia pesante. È cresciuta, è un'enorme burocrazia che interferisce con la produzione. In agricoltura abbiamo raggiunto gli schemi prefissi, però i bisogni sono cresciuti ben oltre quelli previsti. Non siamo a posto, e questo è un gravissimo problema. Il grande dramma è che c'è troppa distanza tra quelli che hanno l'autorità e quelli che devono produrre gli alimenti. È questo che ci rompe la spina dorsale. Dobbiamo avere a disposizione più alimenti. Per questo dobbiamo diminuire gli armamenti. È vero che, in proporzione, spendiamo meno per gli armamenti che gli Stati Uniti. Abbiamo diminuito ancora, quest'anno, anche la quota per gli armamenti, mentre gli Stati Uniti l'hanno aumentata. Ma non basta, bisogna assolutamente disarmare. La grande difficoltà è dovuta agli atteggiamenti radicati dal tempo di Stalin. La gente non è più stalinista ma continua a vivere con le abitudini di terrore e di oppressione, anche senza saperlo. È molto difficile sopprimere questo. La cosa che dobbiamo fare è di ritornare all'integrità che abbiamo avuto, per un periodo breve, sotto Lenin. C'è una differenza molto interessante tra Lenin e Stalin: Lenin perdonava ai nemici, Stalin ammazzava gli amici. Io sapevo queste cose, ma come potevo dirle al popolo che si era sacrificato in guerra per la Santa Patria e per Stalin? Come potevo dire al popolo che Stalin era un pazzo? Ancora adesso ci sono molti che pensano che era un uomo sano. Per togliere queste cattive abitudini al mio popolo, abbiamo bisogno della pace, e per questo faccio tutto quello che posso per la pace, e voglio che gli americani credano che sono sincero. Ma stiamo andando fuori del nostro argomento. Mi parli lei adesso.

Cousins: Devo premettere che non sono un messaggero ufficiale, e che non rappresento nessuno. Ma delle circostanze interessanti mi hanno messo molto in contatto con i russi, e sono arrivato a delle conclusioni, che voglio comunicare a lei.

Kruscev: So bene che cosa lei ha fatto. La prima riunione con i miei a Dartmouth, la seconda in Crimea, la terza ad Andover, negli Stati Uniti; tutti adesso mi parlano bene dell'America. Sa che cosa ha fatto? Ha sovvertito la mia nazione. Perfino Žukov è tornato dall'America entusiasta.

Cousins: Devo dire che anche noi abbiamo apprezzato la visita dei russi, e abbiamo imparato molte cose che non sapevamo. Infatti, gli scambi culturali sono una delle migliori parti della cooperazione internazionale promessa dagli Usa. Ma come lei sa, abbiamo avuto collateralmente anche dei profitti. Uno di questi è stato l'incontro con un uomo molto nobile [padre Morlion, *N.d.A.*]. L'ho conosciuto in occasione della preparazione del libro che sta scrivendo in inglese sul messaggio sociale di Giovanni XXIII e le nuove linee di azione che ne derivano. È un libro molto importante, che manifesta grandi correnti storiche che non conoscevamo bene, lanciate dal nuovo Papa e dal Concilio ecumenico. Mi sembra che la Chiesa cattolica non deve essere considerata solamente come imponente un dogma ai suoi fedeli, ma anche come una grande forma per il bene dell'umanità. Ho letto parecchi capitoli di quel libro, e ho visto che eravamo d'accordo che il Papa stesso e la Chiesa dovevano approfondire i problemi spirituali della pace. Ho discusso molto con l'autore il problema basilare del nostro tempo; la guerra nucleare non è solo una guerra contro l'uomo, ma una guerra contro il Creatore e i suoi piani per l'avvenire dell'umanità. C'è voluto molto coraggio da parte del Papa di parlare, come ha fatto, durante la crisi cubana. Poche persone sapevano come fosse pericolosissima la situazione.

Kruscev: Il Papa e io possiamo essere divergenti su molte questioni, ma siamo uniti nel desiderio della pace. Le cose più importanti sono di vivere e di lasciar vivere. Tutti i popoli vogliono vivere, i musulmani, gli ebrei e tutte le religioni hanno il diritto di vivere. Specialmente nel tempo in cui la scienza può fare un bene immenso o un male immenso, è necessario che lasciamo la libertà a tutti i popoli di decidere le loro cose spirituali e politiche per proprio conto. Tutti gli uomini hanno le proprie idee e hanno il diritto di credere quello che vogliono.

In generale gli americani dicono che possono distruggere tutti i russi. Lo sappiamo; possono ucciderne molti, e forse pochi sopravvivrebbero. Anche noi possiamo fare questo.

Rispetto quello che Papa Giovanni XXIII ha fatto per la pace, il suo intervento è stato un intervento umanitario che sarà ricordato nella storia.

Cousins: Come americano, ci sono due cose che mi preoccupano. Primo, non si deve pensare che la mediazione del Papa potrebbe favorire delle crisi, e che il desiderio del Papa di servire la causa della pace potrebbe incoraggiare la nascita di crisi. E siccome si potrebbero verificare delle crisi, si potrebbe altresì pensare che sarebbe un espediente avere delle crisi, sapendo che sarebbe possibile ricorrere alle risorse della Santa Sede. In secondo luogo, ho delle preoccupazioni per il fatto che l'Unione Sovietica aveva già male interpretato la posizione del Papa circa la pace; un giornale sovietico ha comunicato che il Papa aveva voltato le spalle all'Occidente, all'imperialismo, alla Nato, all'anticomunismo. Questa è una distorsione; il Papa non ha voltato le spalle all'Occidente, al contrario, apprezza i valori dell'Occidente, e chi nega questo rende difficile la coesistenza pacifica.

Kruscev: Capisco, però questa cosa capita spesso. I giornalisti non sanno utilizzare una buona notizia. Così, per esempio, lei sa che Tito è qui e che abbiamo avuto una franca discussione sulle gravi divergenze che ci dividono. Abbiamo riconosciuto queste divergenze, e le abbiamo appianate. Come faccio spesso dopo le riunioni difficili, vado a passeggio con il mio transistor per ascoltare la musica. Si immagini come restai sorpreso nell'ascoltare un rapporto di un giornalista che riferiva il discorso di Tito al Soviet Supremo come una dichiarazione che affermava che tutte le divergenze erano sparite. Volevo schiacciare il transistor nelle mie mani. Ho riflettuto cosa fare. Se dicevo a Tito che il rapporto era sbagliato, lui poteva pensare che volevo di nuovo tornare a negare alcuni punti dell'intesa. Se invece non dicevo niente poteva pensare che aveva raggiunto un successo più grande di quello ottenuto in verità. Ho deciso di aspettare un giorno. Se lui (Tito) mi parla del riassunto giornalistico, posso correggere la sua impressione, dicendo che il giornalista aveva sbagliato. Se non me ne parla (forse non ha letto l'articolo), sarà meglio lasciare le cose così. Così nell'articolo sul Papa. Non posso correggere tutti gli errori immediatamente, ma sono d'accordo che il giornalista si è sbagliato, e mi adopererò per correggere l'impressione. Conosco la posizione del Papa per la pace e so che non è questione di voltare le spalle all'Occidente.

Io non cerco di convertire il Papa, e il Papa non cerca di convertire me!

Cousins: Ci sono delle cose più strane che si sono verificate.

Kruscev: Lei vuol dire che io cerco di convertire il Papa o che il Papa cerca di convertirmi? Ma io non posso mai convertire il Papa. Al contrario, devo riconoscere che ho un passato religioso. Perfino Stalin era stato educato in seminario. Adesso non siamo più cristiani perché abbiamo combattuto contro un regime nel quale la religione era al servizio dello Stato. La cosa contro la quale abbiamo reagito non era la religione come tale, ma una situazione specifica nella quale c'era molta politica e altre cose; una situazione molto complicata. La Chiesa non era veramente una Chiesa e i preti non erano uomini di Dio ma gendarmi dello Zar. Adesso sembra che la vera separazione tra Stato e Chiesa sia stata capita. Non abbiamo più difficoltà con la Chiesa e possiamo perfino proteggerla, se si tiene fuori dalla politica. Adesso rispettiamo la Chiesa e abbiamo un ufficio speciale per le relazioni con la Chiesa. Ultimamente ho invitato il Capo della Chiesa russa a una riunione e ha parlato dei valori spirituali. Ci tengo ad assicurare il Santo Padre che capisco che lui non ha alcuna intenzione di lasciare utilizzare la Chiesa per la politica.

Cousins: Secondo me il Papa non desidera cercare privilegi speciali per una religione particolare, mentre si preoccupa della necessità di favorire una più larga libertà religiosa, ma veramente interiore, per tutti i popoli in tutto il mondo.

Kruscev: Deve essere così; la Chiesa si occupa delle cose spirituali, io mi occupo delle cose politiche. Possiamo avere delle posizioni divergenti. Per quanto riguarda il Papa, le divergenze non interferiscono con il desiderio comune di fare che la terra sia abitabile, e garantire una buona vita per tutti gli uomini.

Le religioni vogliono tornare al Medio Evo in modo che una religione cerchi di distruggere le altre religioni? Non può fare questo la religione. Veda, Copernico era un monaco ed è stato bruciato per le cose che la scienza ora riconosce vere. Hus è stato bruciato dai cattolici e molti cattolici sono stati ammazzati da fanatici di altre confessioni. È dunque chiaro che tutte le religioni devono essere tollerate, e anche tutte le ideologie e filosofie e anche i partiti. Quando ho parlato con il Presidente Fanfani egli diceva: "Io appartengo alla Nato e lei alla Alleanza di Varsavia". E io soggiungevo: ma questo non deve portarci alla guerra. Io non voglio niente dall'Italia e l'Italia non può accampare nessun diritto dalla Russia.

Lo stesso vale per l'America che non vuole niente dalla Russia e la Russia non vuole niente dall'America.

Se permettiamo questi tipi di conflitti, i medesimi possono portare alle guerre e questo non può essere giustificato da uomini ragionevoli. È per questo che io capisco l'intervento umanitario del Papa.

Io dico, l'uomo dello Stato deve poter fare il suo lavoro e per questo è necessaria una separazione della Chiesa dallo Stato. Desidera pormi altre questioni?

Cousins: Sì, voglio sapere se lei ha desiderio di avere relazioni con il Vaticano. Non parlo di relazioni formali, perché queste richiedono il compimento di certe condizioni. Per esempio, gli Stati Uniti non possono compiere queste condizioni e dunque non hanno relazioni diplomatiche con la Santa Sede e i rapporti sono tenuti da un rappresentante personale del Presidente. Sono sicuro che la Russia non ha desiderio di adempiere a queste condizioni. Però forse può essere possibile avere delle comunicazioni in forma non ufficiale, di altro genere, e voglio sapere se lei desidera questo.

Kruscev: Evidentemente sì, lo desidero.

Cousins: Il fatto che il suo Stato non ha relazioni diplomatiche con il Vaticano non impedisce che lei possa avere una linea di comunicazione, dei contatti efficienti.

Kruscev: Desidero molto avere queste comunicazioni.

Cousins: Questo, naturalmente, prenderà del tempo e richiederà molta prudenza. Si dovranno fare diversi esperimenti privati, come già è stato fatto. Inoltre, il Card. Bea ha mandato Mons. Willebrands a Mosca per regolare la questione degli osservatori al Concilio ecumenico della Chiesa ortodossa russa. Questi contatti esistono e possono svilupparsi quando sarà utile e quando le necessità stesse si svilupperanno.

Kruscev: Šumeile e Fëdorov mi hanno scritto esaurientemente sulle discussioni svolte ad Andover. Vedo che veramente si lavora per la pace. Io credo che il Papa e io abbiamo caratteristiche comuni perché ambedue proveniamo da origini umili, abbiamo lavorato, nella gioventù, la terra, e sappiamo che cosa è lottare per ricavare dalla terra i frutti necessari per vivere.

Cousins: Voglio sottolineare che non sono in missione per ottenere dei vantaggi e fare degli accordi. Infatti, se avessi chiesto qualcosa per la Chiesa cattolica, lei avrebbe forse pensato che io ero un emissario e avrei dato una impressione falsa, perché non ho nessun incarico ufficiale. Quando il Papa lavora per la pace, non chiede nessuna cosa in cambio, eccetto la pace. E lei, certamente, deve fare lo stesso.

Kruscev: È così; voglio fare esattamente così.

Cousins: Però, mentre la Chiesa cattolica non chiede niente, penso che lei dovrebbe dare un segno delle sue buone disposizioni. Così, per esempio, lei dovrebbe dare la libertà di diffondere la letteratura sacra.

Kruscev: Sono d'accordo, e farò studiare la questione.

Cousins: Adesso parlo di una cosa che non ho detto in Vaticano, però so che il Santo Padre si preoccupa non solo dei diritti religiosi dei cattolici, ma anche dei diritti di tutte le persone umane. Voglio parlare dei rapporti che ho letto sui nuovi fatti di antisemitismo in Russia. Ci deve essere la libertà per tutti i cittadini, e siamo molto preoccupati dell'antisemitismo in Russia.

Kruscev: Voglio dire alcune cose. Uno dei deputati più vicini a me è ebreo. Mio figlio, aviatore caduto in guerra, mi ha lasciato suo figlio da educare come se fosse figlio mio. E questo figlio è ebreo. La madre è ebrea. Pensare che io sono antisemita è completamente assurdo. La signora Roosevelt mi ha scritto una lettera per lamentarsi dell'antisemitismo in Russia; non potevo rispondere, come ho detto a lei, che mio figlio aveva una moglie ebrea. È chiaro che ci sono degli abusi in tutti i paesi, e anche negli Stati Uniti c'è dell'antisemitismo e ci sono altre forme di discriminazione. È male utilizzare questi casi particolari per aumentare la politica di conflitto. Non siamo contro la religione, contro le chiese, contro gli ebrei, quando questi non fanno politica e non utilizzano la religione come strumento di politica. Se agisco qualche volta contro un ebreo non è perché è ebreo ma perché ha commesso dei crimini. Non voglio che qualcuno possa esigere l'esenzione dalla punizione perché è ebreo, quando ha violato le leggi. »

È facile immaginare l'emozione che provai nel ricevere confidenzialmente da padre Morlion questi testi. E mi disse che Kruscev non aveva escluso un invito a lui in Russia da parte di una accademia per approfondire la tematica iniziata con Cousins. Le vicende dell'Urss non consentirono che questo avvenisse, ma i colloqui russo-americani, di cui Kruscev stesso si era mostrato bene al corrente, continuarono. E io vi portai maggiore attenzione di quanto non avessi fatto negli anni Sessanta (prima riunione di Dartmouth), ritenendo allora — devo confessarlo — che padre Morlion ne esagerasse il valore millantando un po' di credito.

Così, alla vigilia del mio viaggio ufficiale a Mosca dell'ottobre 1972, potei conoscere in dettaglio il programma del settimo di questi simposi, previsto a Dartmouth dal 3 al 7 dicembre ed elaborato pochi giorni prima dal comitato direttivo misto con la partecipazione di sei delegati sovietici: l'ex ministro della Cultura Jurij Žukov; il presidente dell'Accademia delle scienze, Evgenij Fëdorov; il direttore dell'Istituto di studi americani, Jurij Arbatov; un esperto di relazioni commerciali, Boris Ivanovič Stuchalin; il decano della facoltà di giornalismo dell'Università di Mosca, Jassen Zasuzskij; la signora Furceva, ministro della Cultura.

I temi centrali per Dartmouth erano: « La riduzione delle tensioni internazionali »; « L'intensificazione dell'interscambio Usa-Urss »; « I problemi ecologici comuni per una politica globale dell'ambiente ».

Padre Morlion, nel darmi questa informativa, mi prospettò l'idea di una riunione riservata durante il soggiorno a Mosca con il gruppo di Dartmouth, ma alla cosa non aderii perché mi parve giusto non confondere il prezioso contatto informale del gruppo di lavoro e di persuasione con una agenda politico-diplomatica ufficiale. Credo del resto che la stessa preoccupazione animasse il signor Žukov, che lasciò cadere l'idea suggeritagli dai membri americani.

Né si verificò un riservatissimo colloquio che, mi era stato detto, avrei dovuto avere a domanda della signora Furceva. Questa si limitò a stringermi per due volte e a lungo calorosamente le mani.

Ma in dicembre, subito dopo il colloquio di Dartmouth — nel quale la «squadra» americana era stata guidata dal mio amico David Rockefeller —, mi furono fatti conoscere i resoconti, tra cui due relazioni assai interessanti del professor Gregory Grossman, dell'Università di Berkeley, e di uno studioso di commerci nella Accademia delle scienze di Mosca, Michail Ivanovič Zachmatov. L'uno e l'altro elaboravano premesse per accordi Usa-Urss reciprocamente profittevoli. Ed era interessante che a tali impostazioni avessero dato non solo il consenso il vicepresidente della Banca sovietica del commercio estero, Georgij Trovsevič, ma la... benedizione strategica l'ex comandante della Nato, generale Lauris Norstad.

In questo rapporto mi aveva colpito la franchezza di uno dei partecipanti, il professor Nikolaj Orlov, che, parlando dello scarso entusiasmo per la cooperazione con gli Stati Uniti, auspicava un rapporto più intenso con l'Europa occidentale. A sua volta, David Rockefeller aveva fatto intelligenti notazioni sulla necessità di maggiori contatti con gli uomini di scienza, mentre il figlio di Gromyko, Anatolij Andreevič, aveva invocato più «ingegnosità e immaginazione» per accelerare buone soluzioni nel comune sviluppo economico; e Helmut Sonnenfeldt, che parlava anche per Henry Kissinger, aveva sostenuto la diminuzione delle «spese militari da ambo le parti e di una politica concertata per la conservazione dell'ambiente naturale». A una domanda di Gromyko jr., Sonnenfeldt era stato anche in grado di assicurare che la Casa Bianca avrebbe approvato il progetto di una Camera di commercio Urss-Usa, fermo restando che le azioni pratiche sarebbero state decise dagli uomini d'affari.

Negli anni successivi, padre Morlion mi parlò alcune volte di altre iniziative «coadiuvanti» della politica del disgelo Usa-Urss, da lui promosse a New York, all'insegna del Crop (Committee of Human Relations for Peace), collegato a Roma con l'Unir (Union of International Research for full Development) e negli Stati Uniti con il Cip (Council for International Progress). Ma, poiché non ho elementi *diretti* e verificati al riguardo, sarebbe fuor di luogo nell'economia di questo libro occuparsene.

Né sto a indugiare sul «giallo» del coinquilinato di padre Morlion — da poco tornato, come si dice dai buoni cattolici, alla Casa del Padre — con quell'Antonov che è stato al centro della infausta *Bulgarian Connection*. Non spetta a me di aggirarmi nei vari piani di viale Pola 29, in Roma. Aggiungo solo che, quando nel giugno 1983 il padre era andato a Praga all'Assemblea nazionale per la pace e aveva tenuto un impegnativo discorso sulla rivoluzione della fiducia come condizione basilare per una pace durevole, né gli ambienti di sinistra nostri né quelli internazionali avevano lesinato elogi per lui, non certo difendendo un uomo della Cia o di altre istituzioni sommerse.

Ed è giusto dirlo ora che nell'Unione Sovietica sta tornando Iddio.

2

IL RITORNO DI DIO

Nel fedele resoconto dell'udienza di Kruscev a Norman Cousins si erano già intraviste le premesse per una inversione di tendenza nella politica religiosa dell'Urss. Da un lato, l'allontanarsi nel tempo dalla (relativa) confusione zarista tra Chiesa e Impero e, dall'altro, la constatazione che le radici religiose del popolo erano dure a morire, anzi si maturavano anche nei giovani nonostante la pedagogia dell'ateismo, e costituivano solide premesse per la revisione.

In un documentario cinematografico girato da dilettante dal corrispondente del «Corriere della Sera» Vero Roberti, avevo visto con interesse e commozione un certo numero di giovani partecipare, candelina in mano, ai riti della Pasqua ortodossa. E questo significava — ci spiegava Roberti — essere esclusi da ognuno di quei privilegi (compreso un impiego) riservati ai membri del partito.

Restavano, però, le *interna corporis* della divaricazione storica tra Roma e i patriarcati d'Oriente.

Giovanni XXIII aveva dichiarato apertamente che dovevano terminare le accuse reciproche tra cattolici e fratelli separati. Paolo VI con coraggiosa umiltà fece passi sempre più marcati sulla via della riconciliazione e della pace.

I due invitati del Patriarcato di Mosca al Concilio erano stati ricevuti con tutti i riguardi. Chi, scettico, li definiva agenti del Kgb vestiti da ecclesiastici, si sentì bruscamente rispondere in Vaticano che anche i nunzi apostolici sono talvolta irrisi come diplomatici che dicono Messa e non come sacerdoti che curano *anche* le relazioni con gli stati.

Con quella ricerca di concetti a effetto che gli era propria, padre Morlion aveva detto: «Senza dubbio l'èra di Costantino, che introdusse nella Chiesa l'autoritarismo e l'intolleranza, in antitesi al cristianesimo primitivo, è ora definitivamente superata; come pure la vetusta unione tra Chiesa e Stato è diventata un relitto della storia, difesa da ben pochi».

Non so se le riserve della Chiesa russa fossero per quel governo una remora o un alibi per superare la diffidenza verso Roma. D'altronde, la propaganda dell'ateismo colpiva congiuntamente i cattolici e gli altri cristiani; gli ebrei e i musulmani. A proposito di questi ultimi l'attenzione dei dirigenti sovietici è stata sempre viva. E non è da escludere, senza nulla togliere alla saggia filosofia globale di Gorbaciov, che certe aperture, almeno di rispetto, verso le religioni siano state stimolate — accanto alla coerenza per i princìpi di Helsinki e per i diritti umani — dalla opportunità di non offrire nelle repubbliche islamiche dell'Urss un terreno fertile al proselitismo del fondamentalismo islamico, eccitato o meno da Khomeini.

La grande occasione per la svolta è stata offerta dall'approssimarsi del 1988, ricorrenza di dieci secoli della conversione della Russia. In parziale analogia con ciò che i tedeschi dell'Est avevano fatto nel 1983, dando forte rilevanza al quinto centenario della nascita di Martin Lutero, in quanto tappa di fondo dell'identità germanica, i sovietici hanno prestato il massimo concorso al Patriarcato per dare al millenario anche lustro civile.

La delegazione della Santa Sede, presieduta dal segretario di Stato cardinale Agostino Casaroli, ha avuto un'accoglienza d'onore, teletrasmessa per ore *urbi et orbi*. Al cardinale, latore di un messaggio personale a Gorbaciov di Giovanni Paolo II, è stato anche riservato un ricevimento al Cremlino. «Si è trattato di un incontro storico» ha dichiarato Casaroli «e mi sono convinto che il nostro dialogo è necessario e possibile. Sia il Papa che Gorbaciov desiderano che l'autorità dello Stato sia al servizio dell'uomo e della società.»

Nel frattempo, con la copertina dedicata e con molte fotografie del Papa, veniva diffusa una rivista con il *Ritratto politico di Giovanni Paolo II*, autore l'osservatore politico della «Tass» Anatolij Krasikov, che era stato ricevuto dal Pontefice in udienza *privata* prima della sua partenza da Roma.

La cito come esempio fedele di una analisi sovietica sulla persona del Papa che non è solo dell'autorevole giornalista.

Del Papa si descrivono anche le innovazioni sportive, come la pratica del nuoto e dello sci; e lo si fa in chiave più che rispettosa («Forse qualcuno riterrà uno scandalo che il Papa scii. Ma non può esserci davvero scandalo, là dove trionfano l'amicizia, la semplicità e i valori umani»).

A parte questi delicati cenni biografici e ampi squarci sul periodo polacco, vale la pena di leggere quel che Krasikov scrive del contenuto del magistero del Pontefice:

> Su esempio del suo diretto predecessore, Giovanni Paolo I, che rimase al soglio pontificio solo trentatré giorni, Karol Wojtyla ha riunito nel suo nome i nomi di due grandi esponenti della Chiesa, che l'hanno decisamente indirizzata verso i problemi reali del mondo di oggi: Giovanni XXIII e Paolo VI. Ciò testimonia il suo impegno a seguire fedelmente la loro linea.
>
> In effetti, nell'Enciclica programmatica *Redemptor Hominis*, pubblicata nel marzo del 1979, ha sottolineato con forza che «il bisogno e la fame nel mondo potrebbero essere liquidati in brevissimo tempo, se gli enormi budget militari, impiegati per la guerra, fossero indirizzati alla produzione dei mezzi necessari di sussistenza». Nel 1980 nell'Enciclica *Dives in misericordia*, il Papa ha espresso il timore che un conflitto bellico che si scateni con l'utilizzo degli attuali arsenali nucleari possa portare alla «distruzione dell'umanità».
>
> In breve, tuttavia, gli osservatori stranieri hanno notato che, nel trarre le proprie conclusioni, il Pontefice comincia a valutare le cose diversamente da Giovanni XXIII e da Paolo VI. La stampa progressista in tutto il mondo ha constatato, in particolare, la «sterzata» ufficiale del Vaticano, volta al rafforzamento dei dogmi tradizionali e conservatori della Chiesa. Una delle manifestazioni concrete di questa svolta a destra è rappresentata dagli attacchi della gerarchia della Chiesa cattolica alla «teologia della liberazione» antimperialistica, che ha ottenuto una diffusione particolarmente ampia nella Chiesa dell'America Latina. («Ciò nondimeno siamo convinti della sua giustezza» mi ha detto uno dei leader di questa corrente religiosa, il teologo francescano brasiliano Leonardo Boff).

Un carattere contradditorio l'aveva anche l'Enciclica *Slavorum Apostoli*. Commentando questo documento, il settimanale polacco «Argomenti» lo ha definito «un elemento ordinario del programma vaticano di espansionismo ideologico, mirato al confronto tra materialismo e idealismo». Nel contempo, quest'Enciclica conteneva l'invito ai cristiani di ricordare le lezioni della vita e l'attività di Cirillo e Metodio, che aspiravano al «reciproco arricchimento delle tradizioni culturali dell'Oriente e dell'Occidente», e sottolineava l'importanza dell'attività di Giovanni XXIII che rivolse un appello alla salvezza, alla pace e alla concordia tra i popoli e le nazioni.

Poco tempo dopo, il 18 maggio 1986, il Papa pubblicò l'Enciclica *Dominum et vivificantem*, che fu accolta in maniera più che contenuta non solo dagli ambienti laici, ma anche da quelli religiosi. Ad esempio, il capo della Chiesa ortodossa russa, il Patriarca Pimen, ha espresso una certa perplessità, dichiarando che l'Enciclica «contiene elementi volti a separare e a contrapporre i cristiani e i marxisti nella loro impostazione sui problemi del mondo d'oggi e dello sviluppo».

Senza prefiggerci alcun fine apologetico — ha dichiarato il Patriarca — riteniamo doveroso dire che soprattutto nei paesi socialisti viene realizzata da credenti e non credenti, in uno spirito di collaborazione fraterna, la creazione di una nuova vita, basata — noi riteniamo — su princìpi giusti, più vicini alle idee sociali del cristianesimo.

Molti noti esponenti della stessa Chiesa cattolica romana hanno espresso serie riserve sulla posizione presa da Giovanni Paolo II. Un gruppo di teologi di Germania Federale, Francia, Olanda, Austria, Svizzera, Usa e altri paesi ha pubblicato nel 1986 una raccolta di articoli nei quali, in particolare, si affermava: «Gli appelli del Papa non aiutano affatto la causa della pace e portano acqua al mulino della Nato» (Franz Klüber), «Il Vaticano blocca l'ecumenismo» (Hans Küng), «Wojtyla dovrebbe chiamarsi Pio XIII» (George F. Denzler).

È difficile dire in quale misura il Pontefice abbia tenuto conto di queste osservazioni, e se ne sia venuto a conoscenza o meno. I fatti, comunque, restano: il tono dei suoi ultimi documenti ha assunto un carattere di sincero confronto, e il contenuto ha ricominciato a far eco alle vere preoccupazioni della gente, cattolici e non cattolici.

«Le numerose Encicliche di Papa Wojtyla» ha scritto il 7 aprile 1988 l'«Unità» «seguono una linea sinuosa, nella quale ci si può anche confondere. Si può notare, tuttavia, un passaggio da un'iniziale ampiezza di vedute, caratterizzata dallo spirito del Concilio, a una graduale marcia indietro, fino a tornare a una maggiore moderatezza.»

L'esattezza di questa valutazione è confermata dalle principali conclusioni dell'Enciclica *Sollicitudo Rei Socialis*:

— Ci siamo trovati di fronte al serio problema dell'ineguaglianza nella distribuzione dei mezzi di sussistenza che sono destinati invece a tutti gli uomini. Un numero immenso di uomini e donne, bambini, adulti e anziani — personalità umane concrete e irripetibili — soffrono sotto il giogo intollerabile del bisogno. I confini, che separano la ricchezza e la povertà, passano all'interno delle società, sia sviluppate che in via di sviluppo.

— Dobbiamo bollare con la vergogna l'esistenza dei meccanismi economici, finanziari e sociali i quali, sebbene vengano gestiti dall'uomo, agiscono spesso quasi in maniera automatica, rafforzando la ricchezza di alcuni e la povertà degli altri.

— Lo scontro ideologico, sviluppando i sistemi antagonistici e i centri di potere, ciascuno con le sue forme propagantistiche e dottrinali, ha assunto sempre più l'aspetto dello scontro militare e ha portato alla nascita di due blocchi di potenze militari, ciascuno dei quali guarda con sospetto alla predominanza dell'altro e lo teme. Ciascun blocco nasconde in sé la tendenza all'imperialismo, come si suol dire, o alle forme del neocolonialismo.

— Nel momento attuale il pericolo, evidentemente, si è alquanto ridotto, sebbene non sia del tutto scomparso. È stato raggiunto il primo accordo sull'eliminazione di una classe di armamenti nucleari. L'esistenza dei blocchi e lo scontro fra essi rimangono, ciò nondimeno, un fatto reale e preoccupante, che esercita un'influenza sulla situazione internazionale.

— La dottrina sociale della Chiesa assume un carattere critico sia verso il capitalismo, basato sul libero scambio, sia verso il collettivismo marxista. Dal punto di vista dello sviluppo sorge involontariamente una domanda: in qual modo o in quale misura questi due sistemi possono essere ricostruiti o rinnovati, per favorire un reale sviluppo complessivo dell'uomo e dei popoli nella società moderna?

— Nel mondo, che è spaccato e sconvolto dai più diversi conflitti, aumenta il convincimento della nostra profonda interdipendenza e, conseguentemente, della necessità di una solidarietà che concretizzi quest'interdipendenza nella vita. Oggi, forse più che in passato, la gente si rende conto del fatto di essere legata da un destino comune e che bisogna costruire un futuro insieme, se vuole evitare la catastrofe per tutti.

— Non hanno giustificazione né la disperazione, né il pessimismo, né la passività. Tutti noi siamo chiamati, anzi obbligati, a dare una risposta alla sfida tremenda del Duemila. Ognuno deve occupare il suo posto in questa pacifica comunità, che deve usare mezzi pacifici per raggiungere lo sviluppo nella pace, per salvare la natura e il mondo che ci circonda.

Si intende, noi sovietici non possiamo concordare con l'intero contenuto dell'Enciclica, soprattutto là dove si dà una valutazione del marxismo e viene menzionata «la tendenza all'imperialismo», che sarebbe connaturata all'unione difensiva dei paesi socialisti.

Per quanto riguarda il capitalismo, un regime basato sullo sfruttamento dell'uomo sull'uomo, secondo noi merita un giudizio ancora più severo, perché non è solo contrario all'elementare giustizia, ma anche ai princìpi fondamentali della morale cristiana. E non lo si può mettere assolutamente sullo stesso piano di un tipo di ordinamento sociale, nel quale l'insegnamento di san Paolo, «Chi non vuole lavorare, non mangia», riecheggia nel famoso principio socialista «Chi non lavora, non mangia».

Durante i miei incontri con personalità a Roma, Napoli, Viterbo e altre città, veniva posta in primo piano la questione della possibile visita di Giovanni Paolo II in Urss.

Alcuni partecipanti alle discussioni hanno posto questa questione in forma particolarmente dura: «Perché l'Urss non permette al capo della Chiesa romana-cattolica di visitare il suo gregge in questo Paese?».

Rispondendo a queste domande, si insisteva sul fatto che in un momento in cui si avvicinavano le celebrazioni per il millennio della cristianizzazione in Russia, non mostravano interesse per questa visita né la Chiesa ortodossa russa, né il

Vaticano stesso. Per quanto riguarda il futuro, il viaggio del Papa deve essere preceduto da un attento lavoro di preparazione.

Si sono estremamente acutizzate, in particolare, le divergenze tra le due chiese sul destino degli ex uniati (si tratta di quegli ucraini e bielorussi ortodossi, che per alcuni secoli sono stati sotto il potere di Roma, e in seguito sono tornati alla religione ortodossa). Ai sovietici risulta altresì incomprensibile la posizione del Vaticano circa le frontiere occidentali dell'Urss. Pur avendo firmato l'atto finale della Csce, il Vaticano allo stesso tempo continua a ricevere «l'ambasciatore» del governo inesistente della Lituania.

E sebbene le delegazioni dell'Urss e del Vaticano abbiano collaborato fruttuosamente durante la conferenza paneuropea e nei susseguenti incontri dei rappresentanti degli stati partecipanti a questa conferenza, la maggior parte dei problemi che toccano gli interessi di entrambe le parti attende ancora una soluzione.

Già dai primi tempi del mio soggiorno a Roma furono stabiliti a livello abbastanza alto contatti diretti con la gerarchia vaticana, e io ebbi la possibilità di incontrare alcuni collaboratori del Pontefice.

Alla vigilia del mio ritorno in patria, nell'ufficio della «Tass» a Roma arrivò la lettera del prefetto del Papa, monsignor Dino Morduzzi, che mi informava che il Santo Padre mi avrebbe ricevuto a mezzogiorno.

L'attesa nella sala d'aspetto prima dell'ingresso nella sala dove il Papa riceve i suoi ospiti non fu lunga, ma mi permise di chiarire molti dettagli che lo caratterizzano come uomo.

Mi parlarono in quell'occasione dell'eccezionale capacità di lavoro del Pontefice, della sua devozione, delle sue lunghe preghiere, del suo attaccamento al culto della Vergine. Il Papa segue attentamente gli avvenimenti mondiali. Le sole udienze private ammontano a circa 500 l'anno. Il Papa è particolarmente esigente verso i vescovi. Regolarmente, ogni cinque anni, devono visitarlo *ad limina*, riunendosi, di regola, in gruppi per regioni. Poco tempo prima di ricevermi, il Papa aveva ricevuto in Vaticano un gruppo di vescovi lituani. Rivolgendosi a loro con un discorso, egli in particolare ha affermato:

«I venti di rinnovamento che soffiano, ci sembra, nella

vostra società, suscitano grandi aspettative per milioni di uomini e donne».

Un noto osservatore italiano del Vaticano, il giornalista dell'«Unità» Alceste Santini, ha visto in queste parole di Giovanni Paolo II una novità nelle posizioni politiche del Vaticano. «Considerare la Lituania nel contesto di tutta la realtà sovietica, dove è soffiato il vento del rinnovamento,» ha scritto sulle pagine del suo giornale «significa riconoscerne di fatto l'appartenenza all'Urss.»

Un collaboratore del Pontefice mi ha raccontato che attualmente Karol Wojtyla prende lezioni di russo ogni settimana. Questo studio non suscita grosse difficoltà, considerata l'origine slava del Papa. Tuttavia, rimasti soli, il Papa e io abbiamo parlato in italiano, che il Papa padroneggia. Ascoltandolo, mi è venuto involontariamente in mente il quadro dato del Papa dallo scienziato e pubblicista francese Jean Scelin, vicino al Vaticano, la cui obiettività è stata autorevolmente confermata dall'ex prefetto della corte papale, monsignore e ora cardinale, Jacques Marten: la coscienza di quest'uomo non è mai turbata dai dubbi, così tipici per i credenti in Occidente. Niente a che vedere col temperamento ansioso di Paolo VI. Forse va detto che non proprio tutti in Italia hanno capito e accolto «il Papa polacco». Ad esempio, il noto esponente cattolico Gianni Baget Bozzo, che è stato privato degli ordini a causa delle sue critiche «da sinistra» a Giovanni Paolo II, ha detto spesso di non credere alla sincerità del Papa.

Secondo lui, «Wojtyla, col suo grande talento di attore, si esibisce in ruoli svariati e sorprendenti». In modo del tutto singolare si è espresso invece a favore del Papa il famoso artista italiano Dario Fo. «Non pensate che recitare sia facile» ha detto Fo. «Spesso le altre personalità ricordano i preti di campagna, gli attori di terza categoria, mentre Wojtyla sembra proprio un attore che non ricorda per niente un prete.»

Non starò qui a giudicare cosa prevalga di più in questi giudizi: una critica velata o una stupita ammirazione.

Nonostante la relativa brevità dell'udienza, essa è stata piena di contenuto. Giovanni Paolo II non ha sottolineato la differenza nella nostra situazione sociale né con un cenno, né con una parola; si è comportato con la dignità propria alla sua posizione, ma nel contempo in maniera estremamente semplice. Ha dimostrato di essere capace non solo di parlare, scegliendo le parole più precise per esprimere i suoi pensieri, ma anche di ascoltare l'interlocutore — una qualità che non posseggono tutti « i forti di questo mondo ».

Non so che cosa abbia pensato di me il Pontefice, quando l'incontro si è avvicinato al termine. Dal canto mio ho tratto la mia conclusione — il dialogo con Giovanni Paolo II è davvero possibile e può essere molto utile.

Krasikov non manca, a un certo punto, di far cenno al processo Antonov cui aveva assistito e durante il quale l'accusatore Ali Agca « aveva cambiato alcune volte le sue dichiarazioni, fino all'annuncio di essere... Gesù Cristo », lasciando *sgomenti* perfino coloro che a tutti i costi volevano sostenere la « pista bulgara ».

Se ho citato diffusamente, trovandolo espressione riassuntiva fedele di uno stato d'animo non più chiuso, ma neppure tuttora aperto di Mosca verso la Roma cristiana, è chiaro che ben più rilievo deve essere dato ai documenti ufficiali con i quali l'Urss sta contrassegnando il proprio ripensamento globale.

Prescindo qui dalle novità profonde introdotte dal *ringiovanimento socialista* nelle concezioni economiche, in quelle politiche e nel rapporto fondamentale tra i cittadini e il potere (« creazione di uno Stato di diritto nel quale il primato della legge deve assurgere a principio cardine »). Mi soffermo invece sull'approccio al problema religioso, elaborato da Michail Gorbaciov nel basilare rapporto con cui ha aperto il 28 giugno 1988 la XIX Conferenza del Partito comunista dell'Unione Sovietica, attesissima come chiarimento e verifica della nuova politica.

Voglio abbordare la fondamentale questione della libertà di coscienza, cui pongo una attenzione particolare nell'occasione del millenario della cristianizzazione della Russia. Non dissimuliamo il nostro atteggiamento di fronte alla concezione religiosa che è non materialista, non scientifica, ma non per questo autorizza a mancare di rispetto verso il mondo spirituale dei credenti e ancor meno a far ricorso a qualunque pressione amministrativa a sostegno delle idee materialiste.

Sessanta anni fa il decreto leninista sulla separazione tra Chiesa e Stato, tra Chiesa e scuola, permise di fondare su basi nuove i rapporti. È noto che questi rapporti non si sono però sempre sviluppati in un modo normale; ma la vita stessa e la storia hanno unito credenti e non credenti in quanto cittadini del Paese dei Soviet, in quanto patrioti durante le prove della grande guerra nazionale; nella edificazione della nostra società socialista e nella lotta per la pace.

Tutti i credenti, indipendentemente dalla religione che professano, sono cittadini dell'Urss a pieno titolo. La grande maggioranza di essi partecipa attivamente alla nostra vita produttiva e sociale, al raggiungimento delle mete della perestrojka. *Il progetto di legge sulla libertà di coscienza in corso di elaborazione* riposa sui princìpi leninisti, tiene conto di tutte le realtà moderne.

Il documento prosegue riconoscendo che, in generale, è necessaria una regolamentazione legislativa più netta a garanzia dei *diritti individuali dei cittadini*.

Non ho davvero la competenza per inquadrare adeguatamente questo riconoscimento dei valori spirituali e della libertà religiosa in una organica serie di «precedenti», sia negativi che positivi. Ma se, da un lato, si deve notare l'abissale differenza tra Kruscev che, sia pur abbozzando una apertura spirituale, liberava dal campo di concentramento l'arcivescovo Slipyj solo per compiere un gesto distensivo e quasi per fare un isolato piacere personale a Giovanni XXIII, e Gorbaciov che imposta la dottrina dei diritti personali del suo popolo, sarebbe tuttavia erroneo — almeno a mio giudizio — rifiutare rozzamente di stabilire un qualche collegamento in questo lento processo storico, di cui avemmo la prima percezione quando Malenkov e Molotov, andati in disgrazia, non vennero fisicamente liquidati, ma inviati, il primo, a dirigere una centrale elettrica e, l'altro, all'ambasciata dell'Urss in Mongolia. Furono piccole scintille di ottimismo, che il pensionamento indolore di Kruscev convalidò.

E mentre tutti cerchiamo di scrutare nell'avvenire, ansiosi di trovare argomenti per la irreversibilità della perestrojka, personalmente continuo a ritenere che, senza Kruscev e il XX Congresso, difficilmente si sarebbe potuta concepire e attuare l'èra gorbacioviana. Ma vorrei anche aggiungere che, forse, tutto ciò non sarebbe stato possibile senza la coraggiosa resistenza sul piano internazionale di tanti sinceri fedeli della pace, tra cui non dispiaccia se colloco Pio XII e Alcide De Gasperi.

Indice dei nomi

Indice generale

DIALOGANDO TRA ROMA E MOSCA (E ALTROVE)

L'ANNO DI ČERNENKO

L'ÈRA DI GORBACIOV

IL RITORNO DI DIO

Finito di stampare nel mese di ottobre 1988
dalla RCS Rizzoli Libri S.p.A. - Via Scarsellini, 17 - 20161 Milano

Printed in Italy